Emanuela Marinelli y Marco Fasol

Luz del Sepulcro

Investigaciones sobre la autenticidad de la Síndone y de los Evangelios

Presentación del Card. Agostino Vallini

gondolin press

LUZ DEL SEPULCRO – *Emanuela Marinelli y Marco Fasol*

Título original: *Luce dal sepolcro (2015)*
© Fede & Cultura (Italy)
www.fedecultura.com

Traductor: Ignacio Villar Revilla

© **gondolin institute**
1915 Aster Rd.
60178 Sycamore IL

www.gondolinpress.com
info@gondolinpress.com

Book ISBN: 978-1-945658-08-2
eBook ISBN: 978-1-945658-09-9

Primera edición: Julio de 2018

Los autores agradecen al Prof. Antonio Calisi sus valiosos consejos. Igualmente agradecen a Ignacio Villar Revilla, licenciado en Ciencias Biológicas y Sagrada Teología, del Centro Español de Sindonología, la traducción al castellano.

Todas las ilustraciones han sido sacadas del archivo de "Collegamento pro Sindone".

PRESENTACIÓN

Ilustres Señores,

el volumen *Luz del sepulcro*, del que sois autores, pretende responder a las objeciones que se ponen sobre la historicidad de los Evangelios y particularmente sobre los textos de la Resurrección del Señor. Dudar de cuanto han escrito los evangelistas sobre la Pasión, Muerte y Resurrección de Jesús haría problemática la adhesión a Él y, en consecuencia, una profesión de fe madura y la obligación de dar testimonio de El. Los Evangelios, en cambio, están muy fundamentados históricamente.

Las aportaciones de este libro conducen a los lectores, a través de la profundización del misterio que encierra la Sábana de la Síndone, a comprender que el relato evangélico encuentra comprobaciones objetivas en la imagen del Hombre que fue envuelto en aquella tela y a confirmar la historicidad de los Evangelios.

Se trata, por tanto, de un volumen que puede ayudar, a cuantos intentan abrirse a la fe, a encontrar motivaciones también racionales para creer y al mismo tiempo a profundizar en las razones de la esperanza de cuantos ya se han adherido al Señor Jesús.

Confío que el libro consiga el aprecio de numerosos lectores y los lleve a comprender, como dijo el Papa Benedicto XVI, que la Resurrección es "la mayor mutación, el salto absolutamente más decisivo hacia una dimensión totalmente nueva, que jamás ha habido en la larga historia de la vida y su evolución: un salto hacia un orden completamente nuevo que nos afecta a nosotros y concierne a toda la historia"

Agradezco la ocasión para darles mi más cordial saludo.

Roma, 15 de Enero de 2015

Agostino Card. Vallini
Vicario General
de la Diócesis de Roma

INTRODUCCIÓN

La ostensión de la Sagrada Síndone en 2015 nos ofrece una ocasión preciosa para una puesta al día sobre las investigaciones científicas más recientes relacionadas con la Sagrada Tela, pero también sobre la fiabilidad histórica de los Evangelios, que son su clave de lectura.

En efecto, sin los Evangelios la Síndone quedaría como un enigma indescifrable y, viceversa, los Evangelios reciben una inesperada confirmación a través de la reliquia conservada en Turín. Así que parece que el núcleo genético de la fe cristiana, es decir, la muerte y resurrección de Jesús de Nazaret, ha quedado fotografiado en una instantánea que resume todos los momentos más importantes de lo relatado. Precisamente por ello la Síndone ha sido en ocasiones definida como *quinto Evangelio*, o *Evangelio científico*.

Esta conexión evidente entre la Síndone y los Evangelios nos ha sugerido unificar el estudio de lo descubierto en la sábana con otro estudio no menos científico y documentado como es la fiabilidad de los Evangelios. En un único libro hemos resumido, de forma breve y esencial, los logros de las ciencias históricas, como ofreciendo un breve *vademecum* para el hombre moderno que no quiera permanecer analfabeto sobre los interrogantes más profundos.

Proponemos este tipo de investigación porque hace falta entender el mundo contemporáneo, los signos de los tiempos. La revolución científica y el Iluminismo, con su actitud crítica, han cambiado en sólo tres siglos nuestra visión del mundo. En las escuelas, los jóvenes estudian siempre afirmaciones científicas. No se acepta nada que no esté garantizado con pruebas. Así que debemos saldar cuentas con esta revolución cultural. Por esto resulta cada vez más necesaria una investigación crítica y puesta al día también sobre los Evangelios.

Los jóvenes sobre todo constatan una gran distancia cultural entre el mundo tecnológico en el que todo se explica y demuestra y el mundo de las distintas fes religiosas, a veces acríticas, fanáticas y deslegitimadas ante sus ojos. Una profesora universitaria de historia ha dicho que dos tercios de sus alumnos consideran que entre Jesús y Júpiter no hay diferencias en lo que respecta a la documentación histórica: ambos son considerados personajes míticos y legendarios. Si los adultos no poseen argumentos frente a esta ignorancia histórica se convierten, al menos en parte, en responsables de la desorientación y de la crisis de fe de los jóvenes. Nuestra experiencia de más de treinta años de enseñanza nos confirma esta responsabilidad ante los jóvenes.

Obviamente el estudio que vamos a hacer no va a ser una apología anacrónica. No tiene intenciones de triunfo, sino que parte desde una perspectiva laica que tiene por fin el diálogo y el encuentro. Se limita a ofrecer los instrumentos indispensables para redescubrir los fundamentos históricos de la identidad cristiana, sin los cuales no es posible ningún diálogo. Un creyente adulto debe al menos conocer en síntesis los logros de las ciencias históricas, ya que sólo gracias a éstas quedará resguardado frente a la sospecha de falsificaciones o estafas.

Nuestro viaje se iniciará con la presentación de la Síndone. Partimos de su fortísimo impacto visual y emotivo, que ha conmovido a millones de creyentes y no creyentes a lo largo de los siglos. La Síndone se constituye, sin duda, en el hallazgo arqueológico más estudiado del mundo. Aun desde los rincones más lejanos del planeta existe un interés extraordinario hacia esta tela misteriosa. La Síndone nos interpela, en efecto, con sus huellas de un dolor que parece insoportable para un ser humano. El hecho de que nadie todavía, incluso en los laboratorios más sofisticados de todo el mundo, haya logrado reproducir íntegramente la tela sindónica, con sus características específicas macroscópicas y microscópicas, desmiente definitivamente la hipótesis de un falsificador medieval, formulada apresuradamente después de la prueba de datación con el carbono radiactivo, en 1988. Las más recientes investigaciones se orientan, por tanto, hacia la autenticidad de la Síndone, que ya hoy se puede definir como la más preciosa reliquia de la cristiandad.

En esta situación ciertamente no podemos eludir o ignorar las grandes preguntas sobre el Jesús histórico. Resulta, pues, indispensable extender la investigación a la autenticidad de los textos evangélicos, que constituyen la única clave de lectura, la única interpretación resolutiva del enigma de la Síndone. La empresa parece titánica, ya que la sola consulta de la bibliografía al respecto resulta imposible para la mente humana. Piénsese que, en el siglo pasado, se publicaron en el mundo ¡cerca de 100.000 libros sobre Jesús de Nazaret! Cerca de 1.000 libros al año. Obviamente es imposible presentar un análisis completo, que por lo demás sería absolutamente inútil y fuera de lugar, ya que la mayor parte de esos libros han sido escritos por autores incompetentes, o no preparados.

Por ello, el segundo ensayo de este libro ha seguido un camino más directo e inmediato para este obligado análisis científico. Ha concentrado la discusión sobre tres certezas irrefutables para las ciencias históricas. La primera concierne a la impresionante coincidencia de más de 15.000 manuscritos antiguos de los Evangelios y de los demás escritos del Nuevo Testamento. Esta certeza nos garantiza que los Evangelios son, con mucho, el texto más documentado de la historia antigua. En segundo lugar se explica, con ejemplos comprensibles fácilmente, el origen arameo y hebreo del texto evangélico, que resulta así un testimonio fiel de la predicación auténtica del Maestro de Nazaret. Por último se explica cómo las apariciones reales del Resucitado, verdadero núcleo genético de la fe cristiana, constituyen la única explicación posible del la difusión del anuncio en todo el mundo antiguo.

Si estas apariciones no hubiesen sido reales no habría sido posible afirmar que un hombre flagelado, coronado de espinas, crucificado y puesto en el sepulcro era verdaderamente el Hijo de Dios.

Nos hemos propuesto utilizar un lenguaje accesible y de comprensión inmediata, a pesar de la dificultad objetiva de los temas. La relativa brevedad de lo que exponemos favorece lo que todos exigimos, sin que por ello quede menguada la intención que recorre cada página: el convencimiento de que la más grande revolución ética de la historia no se funda en leyendas, sino en certezas testificadas por el saber científico más actualizado.

Nuestra investigación parece dirigida hacia el pasado, de modo que un lector moderno podría preguntarse: "La Síndone y los Evangelios son documentos de hace dos mil años, mientras que nosotros hoy día ¡ya hemos entrado en el tercer milenio! ¡Deberíamos mirar al futuro más que al pasado! ¿Qué sentido tiene todo este estudio?"

No es difícil responder.

Nuestra pregunta más importante es la del sentido de nuestra existencia: "¿Qué sentido tiene mi vida?". Se lo preguntan también los cantautores: "¡Decidme qué sentido tenemos nosotros!". "¡Quiero encontrar un sentido a esta vida!"

Y es suficiente una simple mirada sobre nuestro pasado para entender que han sido precisamente los Evangelios los que han dado un sentido a nuestra vida. Nos han revelado que hemos nacido para amar. Nos han explicado cómo amar y nos han hablado de nuestro destino último.

En pocas palabras, cuando estudiamos la Síndone y los Evangelios, nos estudiamos a nosotros mismos, adquirimos una conciencia crítica del significado de nuestra vida; entonces nuestra búsqueda resulta apasionante, en la misma medida que lo es nuestra aventura humana. Al final de este viaje, en el párrafo conclusivo, podremos responder todavía mejor a esta demanda de sentido que es la pregunta más importante para todos nosotros.

Estamos convencidos de que éste es el único camino para garantizar un futuro a nuestros jóvenes.

Los Autores

EMANUELA MARINELLI

LA SÍNDONE, UNA RELIQUIA LUMINOSA

¡Este es el misterio del Sábado Santo! Precisamente desde allí, desde la oscuridad de la muerte del Hijo de Dios, ha surgido la luz de una nueva esperanza: la luz de la Resurrección. Me parece que al contemplar este sagrado lienzo con los ojos de la fe se percibe algo de esta luz. La Sábana Santa ha quedado sumergida en esa oscuridad profunda, pero es al mismo tiempo luminosa.

(Meditación del Santo Padre Benedicto XVI, el Domingo 2 de Mayo de 2010[1])

Un objeto extraordinario

La Síndone es un objeto extraordinario que sucita curiosidad y fascinación por el misterio que encierra. Lo expresa bien una reflexión del escritor Juan Arpino[2]: "Una pieza de lino. Sólo una pieza de lino. En un planeta que está repleto de monumentos, pirámides, arcos de triunfo, estatuas ecuestres, templos, incontaminados o destruidos por el moho, o por el abandono, en este planeta, sólo una pieza de lino, con esa Huella, mantiene guardado su misterio."

Cuando se oye hablar de ella por primera vez parece algo increíble. ¿Es posible que se haya conservado la auténtica sábana fúnebre de Jesucristo y que además tenga impresa sobre ella su fotografía? Para muchos la grandiosidad de estas afirmaciones es un obstáculo infranqueable: no se interesan por un objeto que, a primera vista, tiene pocas probabilidades de ser auténtico.

---

[1] http://w2.vatican.va/content/benedict-xvi/es/speeches/2010/may/documents/hf_ben-xvi_spe_20100502_meditazione-torino.html

[2] ARPINO G., *Presentazione*, en *La Sindone, la Storia, la Scienza*, Edizioni Centrostampa, Leinì (TO) 1986, pp. 9-11, en p. 9.

La Síndone, sin embargo, es una reliquia muy particular que asusta siempre a quien por un motivo u otro se topa con ella. No es fácil apartarla o dejar de interesarse por ella. Aquel rostro, majestuoso en el sufrimiento, intriga, fascina y espanta. Su presencia, imposible de eliminar, reabre interrogantes que permanecían en calma, pero que condicionan ineludiblemente la vida.

Es un objeto que suscita numerosos e inquietantes interrogantes. Una treintena de disciplinas científicas se han medido con esta sábana misteriosa resolviendo algunos enigmas y encontrando en ella otros nuevos.

Mucho se ha dicho ya, en pro y en contra de la autenticidad de la Síndone. Frecuentemente acaba uno trastornado por el bombardeo de los mass media que lanzan, acumulan y contraponen noticias y noticias, en una especie de torbellino de afirmaciones, con frecuencia confusas, cuando no completamente falsas o sectarias. Tanto es así que incluso alguna voz autorizada ha terminado por declarar que no sabemos de dónde viene la Síndone y que, en resumidas cuentas, su autenticidad como sábana fúnebre de Jesús no tiene importancia.

Indudablemente la autenticidad o no de la Síndone no cambia en nada el Credo cristiano y no se puede obligar a nadie a sostener "por fe" que la Síndone es auténtica. Si acaso es la ciencia la que nos puede convencer en tal sentido.

También parece cierto que la ciencia fue la que dio un mensaje contradictorio y desviado con el resultado de que es medieval del análisis con carbono radiactivo. Desde entonces las preguntas se han multiplicado pero también se han adquirido mayores certezas a favor de la autenticidad y será bueno poner a punto los conocimientos actuales respecto a la más preciosa reliquia de la cristiandad. En este camino entre historia y ciencia el lector descubrirá la antigua tela y los misterios que encierra. No podrá por menos que quedar fascinado.

Capítulo I

Bajo el tamiz de la ciencia

Una antigua sábana

La palabra *Síndone* (del griego *Sindon*, sábana) señala a la tela conservada desde hace más de cuatro siglos en la Catedral de Turín y considerada, según una tradición permanente, como la sábana fúnebre en la que fue envuelto el cuerpo de Jesucristo cuando fue bajado de la cruz. Es un lino de color amarillento, confeccionado en época muy antigua. Sus medidas son 442 por 113 cm.

El tejido, muy resistente a todas las alteraciones que producen los agentes atmosféricos, se obtiene a partir de la corteza del *Linum usitatissimum*, una planta de 50 a 110 cm de altura, cuyo tallo se macera en agua; el vástago es después machacado para liberar las hilachas de los restos leñosos. Los haces de fibras son después lavados, estirados y colocados uno detrás de otro; sigue después la torsión que los transforma en hilos y el blanqueamiento con cenizas o saponaria que, además, contribuye al mantenimiento del tejido.

Vista al microscopio la fibra de lino aparece como un tubo transparente, con un canal interno, como una pequeña caña. Cada hilo del tejido está compuesto por 70-80 (incluso 100-120) fibrillas.

Los hilos usados para la confección de la Síndone fueron hilados a mano: en efecto, presentan un diámetro variable. La torsión de los hilos es del tipo "Z", es decir, en el sentido de las agujas del reloj[3]. Los restos de tejidos fúnebres encontrados en tumbas en Israel son en su mayor parte de lino, pero con torsión en "S", en sentido contrario a las agujas del reloj[4].

La trama del tejido es irregular y fue realizada sobre un telar manual de pedales, muy rudimentario. Eso hace que presente saltos de orden y errores, pero para la época en que fue confeccionado ha de ser considerada como una tela fina. En efecto la trama es en "espina de pez" (3/1), que forma tiras de cerca de 11 mm de ancho. Era, pues, un tejido muy apreciado, destinado a compradores ricos. Hay que saber

---

[3] TYRER, J., *Looking at the Turin Shroud as a textile*, en *Textile Horizons*, Diciembre de 1981, pp. 20-23.

[4] SHAMIR O., *A burial textile from the first century CE in Jerusalem compared to Roman textiles in the land of Israel*, en *ATSI 2014 - Workshop on advances in the Turin Shroud investigation*, Bari 4-5 de Septiembre de 2014, pp. 102-107.

que la elaboración en "espina de pez" (3/1) era ya conocida en el área de Oriente Medio en los tiempos de Jesús.

Como tejido, la Síndone puede muy bien remontarse al siglo I d.C. puesto que en antiguas tumbas egipcias (Beni Assan) se encuentran dibujados telares idóneos para producir tal tipo de tela. En la necrópolis de Antinoe (Alto Egipto, inicio del siglo II d.C.) se encontraron tejidos análogos al de la Síndone[5]. Incluso sus dimensiones no resultan sorprendentes: en 1993 fueron encontrados restos de una gran tela funeraria en la Gruta del Guerrero, a tres kms al N.O de Jericó. Esta sábana de lino, que se remonta hasta el 4000 a.C., mide 7 por 2 metros[6].

La tela sindónica está formada por una gran banda de tejido de poco más de un metro de ancha a la que fue añadida una franja de cerca de 8 cm de ancha que originalmente formaba parte de la misma tela. Tal franja, sin embargo, es un poco más corta que la Síndone, unos 16 cm a un lado y 36 cm al otro, por lo que en estas zonas se ve la tela de soporte sobre la que está cosida toda la sábana. Los extremos de esta franja probablemente fueron retirados por estar desgastados; pues antiguamente existía de hecho la costumbre de sostener la tela con las manos a lo largo del borde superior durante las ostensiones públicas y de ahí que los ángulos habrían sido los más expuestos al desgaste.

Los lados largos externos del lienzo tienen orillos. Dado que, en cambio, sobre los lados cortos del lienzo hay remates, la Síndone debió haber sido cortada a partir de un rollo de tejido más largo. La textura y manufactura de la sábana fúnebre no dejan ninguna duda acerca de su producción profesional. Esta tela no ha sido ni tejida en un telar doméstico ni cosida por mano poco cualificada.

Es un lino de gran valor. Podría tratarse de una mercancía cara de importación procedente de manufacturas de Egipto o de Siria, cuyas fábricas de tejidos en la antigüedad eran mejores que las de Palestina. En todo caso esta sábana fúnebre fue cosida cuidadosamente por una mano profesional y obtenida a partir de un artículo vendido a metros. Tanto el cosido longitudinal como el remate de los lados cortos han sido trabajados con la misma profesionalidad lo que claramente habla a favor de una ejecución del lienzo en una única fase de trabajo.

---

[5] SAVIO P., *Ricerche sul tessuto della Santa Sindone*, Tip. San Nilo, Grottaferrata (Roma) 1973.

[6] FULBRIGHT D., *Akeldama repudiation of Turin Shroud omits evidence from the Judean Desert*, en DI LAZZARO P. (Ed.), *Proceedings of the IWSAI 2010, International Workshop on the Scientific approach to the Acheiropoietos Images*, 4-6 Mayo de 2010, ENEA, Frascati (Roma) 2010, pp.79-85, en pp.80-81, http://www.acheiropoietos.info/proceedings/FulbrightAkeldamaWeb.pdf.

Han quedado documentadas tanto la presencia de este tipo de estructura del tejido (3/1) "en espina de pez" por el hallazgo de tales tejidos en Krokodilô (Egipto, Mar Rojo) que se remontan al período 100-120 d.C. como la tipología especial de la estructura del orillo para el período en torno al nacimiento de Cristo en los hallazgos de tejidos en Masada, en Israel. Los hallazgos de las excavaciones de Masada han proporcionado una gran cantidad de trozos de tejido que han sido examinados detenidamente en los pasados años noventa. Las investigaciones dan importante información sobre la estructura de los tejidos y sobre la elaboración de vestidos ricos durante el período comprendido entre el 40 a.C. y la caída de Masada en el 74 d.C.

La costura longitudinal que une la franja estrecha al lienzo sindónico no es usual. Se escogió un tipo de costura que tenía la finalidad de hacerla lo más posible invisible por el lado superior: un argumento más en pro de la profesionalidad con que se proyectó y ejecutó la confección de la sábana fúnebre. La costura fue realizada por el lado inferior y las puntadas, dadas con muchísimo cuidado a duras penas son visibles desde el lado superior: aquí la costura resulta plana e invisible, mientras que en el lado inferior aparece sobre la tela una especie de abombamiento. También para la estructura particular del cosido longitudinal se han encontrado ejemplos en los trozos de tejido hallados en Masada. Por tanto el tejido de lino de la Síndone no presenta ninguna señal, ni desde el punto de vista de la técnica textil, ni desde el de la costura, que testimonie en contra de sus orígenes como producto de alto valor de una manufactura del siglo l d.C.[7]

La biblista Maria Luisa Rigato[8] sostiene que la Síndone puede ser un lino muy apreciado, disponible en el Templo de Jerusalén, usado para la sepultura "regia" de Jesús:

Sabemos además que había cantidad de lino finísimo (biso) en el Santuario porque se necesitaba para los vestidos de los sacerdotes levitas y para los velos del Templo (...). Pero, ¿por qué precisamente de lino y además muy fino? Porque era el tejido más apreciado que existía, cargado de simbolismo. Se trataba de un homenaje al *¡Rey de los Judíos!*

[7] FLURY-LEMBERG M., *The linen cloth of the Turin Shroud: some observations on its technical aspects*, en *Sindon N.S.*, Cuaderno n. 16, Diciembre de 2001, pp. 55-76.

[8] RIGATO M.L., *Il Titolo della Croce di Gesù. Confronto tra i Vangeli e la Tavoletta-reliquia della Basilica Eleniana a Roma*, Editrice Pontificia Università Gregoriana, Roma 2005, pp. 222-223.

«Es interesante notar - subraya la paleógrafa Ada Grossi[9] - que en el Nuevo Testamento, el hombre rico que aparece en Lc 16,19 viste vestidos de púrpura y de lino finísimo: estos dos, en efecto, eran los tejidos más apreciados disponibles».

Una mirada de conjunto

Observando la Síndone percibimos algunas señales que conviene analizar y distinguir para profundizar en el conocimiento de la reliquia.

Dos evidentes líneas oscuras la recorren en toda su longitud: son producto de un incendio ocurrido en la noche del 3 al 4 de diciembre de 1532, en el que la Síndone corrió el riesgo de quedar destruida. En aquella época el sagrado lino se conservaba plegado en un relicario de madera revestido de plata, en la *Sainte Chapelle* del Castillo de Chambèry, entonces capital del Ducado de Saboya. El incendio calentó al rojo vivo la parte más expuesta del relicario y los pliegues de la tela más cercanos resultaron chamuscados. Se formaron así las dos rayas oscuras longitudinales. Una parte del relicario sufrió un posterior daño y en la sábana se produjeron algunos agujeros simétricos que fueron después recubiertos con trozos triangulares cosidos por las monjas Clarisas de Chambèry en 1534. Las hermanas además fijaron la Síndone sobre una tela de Holanda. En 2002 todos esos remiendos fueron retirados, de manera que los agujeros han quedado al descubierto. En esa ocasión fue también sustituida la tela de Holanda con una nueva tela de soporte.

Sobre las dos líneas paralelas chamuscadas se entrevén las trazas de otro incendio en forma de cuatro grupos de circulitos oscuros, cada uno compuesto por cuatro agujeros en forma de L, a la altura de las manos del Hombre de la Síndone y en la parte correspondiente de la impronta dorsal, es decir, a nivel de las nalgas. La Síndone debía estar plegada en cuatro capas cuando quedó así dañada. Testimonios más antiguos de estas otras quemaduras se encuentran en una copia de la Síndone realizada en Chambèry en 1516, dieciséis años antes del posterior incendio. Se le atribuye a Albrecht Dürer y se conserva actualmente en Lier, en Bélgica, en la Iglesia de San Gommaire. Sobre esta pintura se ven cuatro grupos de manchas, que se corresponden exactamente con los agujeros en L de la Síndone.

---

[9] GROSSI A., *Jewish Shrouds and Funerary Customs: a Comparison with the Shroud of Turin*, en *I Congreso Internacional sobre la Sabana Santa en España*, Valencia (España) 28-30 Abril de 2012, pp. 1-33, en p. 28, http://www.academia.edu/2427474/Jewish_Shrouds_and_Funerary_Customs_a_Comparison_with_the_Shroud_of_Turin_in_1st_International_Congress_on_the_Holy_Shroud_in_Spain_-_Valencia_April_28-30_2012_ed._Centro_Español_de_Sindonologia_CES_.

Entre las dos líneas oscuras pero también en la parte exterior a ellas existen algunas marcas en forma de rombo o semirrombo difuminadas: son halos formados por el material transportado por el agua desde zonas mojadas anteriormente hasta el punto en el que ha quedado retenido. Durante mucho tiempo se pensó que esta agua había sido arrojada sobre el relicario de la Síndone durante el incendio de 1532, pero en 1998, la experta textil Mechthild Flury-Lemberg[10] hizo que solamente las pequeñas manchas que están a lo largo de las trazas del incendio se pueden atribuir a aquel incendio, mientras que los grandes halos hacen referencia a una modalidad de plegamiento en acordeón diferente del que tenía la sábana en Chambèry. Estos halos se formaron en otra época. En 2002 los investigadores Aldo Guerreschi y Michele Salcito[11] expusieron la hipótesis de que la Síndone, plegada en fuelle (o acordeón) podría haber estado colocada verticalmente en un ánfora sobre cuyo fondo se depositó un poco de agua que impregnó un ángulo de la tela.

En la zona que está entre las dos líneas oscuras se distingue, aunque difuminada, la doble impronta, frontal y dorsal de un cuerpo humano torturado. La singularidad de la Síndone es precisamente esta imagen, dejada misteriosamente por el cadáver que fue envuelto en ella. En efecto, lo que sorprende no son las manchas de sangre sino las facciones humanas impresas en la tela de modo inexplicable.

El revelado de la fotografía

El inicio de las investigaciones científicas sobre la Síndone se remonta a la primera fotografía que fue hecha a la reliquia. El negativo fotográfico reveló la inversión del claroscuro en la impronta corpórea haciéndola aparecer con todos sus detalles.

El 25 de mayo de 1898 comenzaba en Turín, con ocasión de la Exposición de Arte Sacro, una ostensión pública de la Síndone que convocaría durante los ocho días de duración a casi un millón de personas impulsadas por la curiosidad y el deseo de venerarla.

El salesiano Noël Noguier de Malijay, profesor de física y química, tuvo la idea de fotografiar la Síndone, con la venia del rey Humberto I que, después de una primera opinión negativa, consintió.

Fue encargado de la ejecución el abogado y fotógrafo Secondo Pia, originario de Asti. La empresa, con los medios técnicos que había en aquellos tiempos, no era ni mucho menos sencilla de llevar a término.

---

[10] FLURY-LEMBERG M., *Stato e problemi di conservazione della Sindone di Torino*, en BARBERIS B., ZACCONE G.M. (Edd.), *Sindone, cento anni di ricerca*, Istituto Poligrafico e Zecca dello Stato, Libreria dello Stato, Roma 1998, pp. 255-267.

[11] GUERRESCHI A., SALCITO M., *Tra le pieghe di un mistero*, en *Archeo*, n. 4, Abril de 2008, pp. 62-71.

El primer intento realizado el 25 de mayo mismo, falló a causa del excesivo calor de las lámparas de iluminación que hizo que estallaran las placas de vidrio esmerilado.

En el segundo intento, que tuvo lugar tres días después, tras algunas dificultades, Secondo Pia consiguió realizar dos tomas sin incidentes. Llevó en seguida las placas al gabinete fotográfico de su casa donde las colocó en una solución de oxalato de hierro. Poco después comenzaron a revelarse los primeros contornos. Después, poco a poco todo el resto, cada vez más nítidamente y con riqueza de detalles. Con enorme sorpresa, Pia se dio cuenta de que la imagen de la placa era mucho más nítida y comprensible que la que mostraba la Síndone misma.

El historiador Ian Wilson[12] evoca así aquel hecho histórico:

> En la noche del 28 de mayo Pia logró impresionar dos placas de vidrio como las que se usaban entones para las fotografías, y rápidamente volvió a su cámara oscura para revelarlas. Dada la naturaleza de la imagen de la Síndone, de por sí difuminada y espectral, Pia esperaba que cualquier detalle interesante que hubiera querido fijar sobre la placa fotográfica negativa, siendo ésta un espectro del original, quedaría todavía más difícil de reconocer. Nada, por ello, lo había preparado para el shock que le esperaba aquella noche. A medida que empezaron a aparecer, bajo el proceso de revelado, los detalles de la Síndone - el paño, ahora negro, y las marcas de las quemaduras del incendio de 1532, que ahora resultaban blancas - notó un cambio extraordinario en la doble impronta de la imagen sindónica. Por primera vez era posible ver en relieve natural, con claros y oscuros reales, como en una verdadera fotografía, que el cuerpo estaba bien proporcionado y con una configuración impresionante. Las manchas sanguinolentas, que aparecían blancas, tomaron también ellas un aspecto de realismo sorprendente como de heridas en las manos, en los pies, en el tórax y las causadas por una corona sobre la cabeza. En lugar del rostro de búho, semejante a una máscara, el negativo fotográfico revelaba una actitud de impresionante majestad, con los ojos cerrados por la muerte. Tal como se vio inducido a creer en aquel momento así como durante el resto de su vida, la imagen del negativo debía ser la que el cuerpo de Cristo tenía realmente cuando fue depositado en la tumba. De algún modo la propia Síndone era una especie de negativo fotográfico que resultaba positivo cuando la máquina fotográfica invertía el claroscuro.

Otro escritor, John Walsh[13], describe así aquel momento emocionante: «Lo que vio hizo que le temblaran las manos y la placa bañada se le resbaló hasta casi caer a tierra. El rostro con los ojos cerrados había adquirido un realismo impresionante». El mismo Pia afirmó: «Encerrado en mi cámara oscura y absorto en mi trabajo experimenté

---

[12] WILSON I., *The mysterious Shroud*, Doubleday & C., Garden City, New York (USA) 1986, p. 10.

[13] WALSH J., *The Shroud*, Echo Books, New York (USA) 1965, pp. 31-32.

una emoción fortísima cuando durante el proceso vi aparecer por primera vez sobre la placa el Santo Rostro con tal claridad que quedé aturdido». Al recordar aquellos instantes, al revivir los temblores que le invadieron, los ojos del fotógrafo de Asti se humedecían de emoción.

Escribe también Walsh:

> La imagen manchada que sobre la reliquia aparecía difusa y plana, quedaba ahora resaltada como el retrato de un cuerpo real, cuyos contornos quedaban señalados por mínimas graduaciones de esfumado. El rostro, que en la tela aparecía bronco, resultaba ahora como el retrato armonioso y reconocible de un hombre con barba y cabellos largos. De las facciones emanaban las emociones fijadas por la muerte; era una fisonomía que hablaba de una inmensa paciencia, de una noble resignación. Incluso con los ojos cerrados el rostro estaba inundado por una expresión de majestad que resultaba imposible analizar. Y todo ello ¡en una placa negativa! Pia sabía muy bien que en el negativo tenía que haber encontrado tan solo una redistribución de las luces y de las sombras invertidas. Las zonas claras debían aparecer oscuras y las oscuras debían resultar claras. El resultado tendría que haber sido la acostumbrada y grotesca caricatura del original, destinada a tener sentido sólo tras fijarla en positivo. En cambio aquí, sobre el negativo había una imagen positiva, real como jamás había visto en ningún otro caso.

El abogado de Asti pensó en distintas hipótesis para explicar este fenómeno, pero no tuvo más remedio que «rechazar toda explicación distinta de la más evidente: lo que aparecía sobre el negativo era exactamente lo que su cámara fotográfica había visto en la tela». Como contraprueba de ello hizo una copia en positivo de aquel negativo y confrontó ambas: «No quedaba ninguna duda», concluye Walsh. «Aquel increíble retrato existía en la imagen con manchas. A pesar de que a simple vista las zonas parduzcas presentaban sobre la reliquia solamente contornos informales, en realidad formaban un negativo o, al menos, poseían de manera misteriosa la cualidad de un negativo».

«El hallazgo fotográfico de la Síndone – afirmaba en una carta del 16 de agosto de 1935 el escritor Paul Claudel[14] - es tan grande, tan importante que no dudo en parangonarlo como una segunda resurrección. Más que una imagen es una presencia. Es un negativo, como decir, un testimonio escondido, me atrevería a decir un poco como la Sagrada Escritura, en cuanto que revela una evidencia».

El fotógrafo profesional italiano Giuseppe Enrie en 1931 volvió a realizar una nueva y más determinante serie de fotografías, que comprendía detalles del rostro y fotografías en primeros planos de las manchas de sangre. En 1969 y en 1973 fueron hechas a la Síndone

---

[14] P. CLAUDEL, *Lettre à Monsieur Gérard Cordonnier*, en *Les Nouvelles de l'Association Jean Carmignac*, n. 45, Mayo de 2010, pp. 5-6, en p. 5, http://abbe-carmignac.org/bulletins/n45.pdf

muchas fotografías y en 1978 millones de visitantes, en la ostensión de aquel año, pudieron usar, libremente, sus cámaras fotográficas. Cada progreso técnico de la fotografía en blanco y negro ha revelado, con claridad cada vez mayor, las características del negativo.

Investigaciones con el microscopio

En 1969 el Card. Michele Pellegrino, arzobispo de Turín, nombró una comisión de expertos para realizar algunas investigaciones sobre la Síndone. En aquella ocasión Giovanni Battista Judica Cordiglia sacó fotografías, también a color. Dos hilos extraídos de la Síndone fueron examinados por Guido Filogamo, profesor titular de Anatomía Humana Normal en la Universidad de Turín, junto con su colaborador Alberto Zina[15]. Fueron ellos quienes encontraron algunos gránulos de material amorfo de naturaleza indefinible, esporas bacterianas y otros cuerpos redondeados de naturaleza orgánica, que sin embargo no identificaron. También Ettore Morano[16], director del Centro de Microscopía electrónica en el Hospital de San Andrés de Vercelli, encontró en la Síndone una gran cantidad de material extraño a la tela como esporas e hifas de hongos.

En 1973 se nombró una comisión para autentificar las fotografías sacadas en 1969. Formaba parte de ella el botánico Max Frei[17], director del servicio científico de la policía de Zúrich. Experto en microtrazas, fue él quien descubrió la presencia de notable cantidad de polvillo atmosférico sobre el tejido y obtuvo permiso para entresacar 12 muestras de ese polvo con cinta adhesiva.

Tras tres años de trabajo paciente comunicó los primeros resultados: había descubierto gránulos de polen procedentes de plantas desérticas que florecen en distintas épocas en Palestina. Otros de plantas del Este de Turquía; otros de los alrededores de Constantinopla;

---

[15] FILOGAMO G., ZINA A., *Esami microscopici sulla tela Sindonica*, en *La S. Sindone. Ricerche e studi della commisione di esperti nominata dall'Arc. di Torino, Card. Michele Pellegrino nel 1969*, Supplemento *Rivista Diocesana Torinese*, Torino 1976, pp. 55-57.

[16] MORANO E., *Aspetti ultrastrutturali al microscopio elettronico a scansione di fibre della Sindone di Torino*, en COERO-BORGA P. (Ed.), *La Sindone e la Scienza, Atti del II Congresso Internazionale di Sindonologia*, Torino 7-8 Octubre de 1978, Ed. Paoline, Torino 1979, pp. 201-204 y 379-384.

[17] FREI M., *Il passato della Sindone alla luce della palinologia*, en COERO-BORGA P. (Ed.), *La Sindone e la Scienza*, o. cit., pp. 191-200 y 370-378; FREI M., *Identificazione e classificazione dei nuovi pollini della Sindone*, en COPPINI L., CAVAZZUTI F. (Edd.), *La Sindone, Scienza e Fede, Atti del II Convegno Nazionale di Sindonologia*, Bologna 27-29 Noviembre 1981, CLUEB, Bologna 1983, pp. 277-284.

también otros de especies existentes en Francia e Italia. Esto confirmó las verosímiles etapas históricas de la Síndone. El polen más frecuente sobre el lienzo era idéntico al que es abundante en los sedimentos del lago de Genesaret y del Mar Muerto, depositados hace cerca de dos mil años.

Al terminar la ostensión de 1978, desde el 8 hasta el 14 de octubre una cincuentena de científicos e investigadores de diversas naciones, en su mayoría estadounidenses pertenecientes al STURP (Shroud of Turin Research Project), prepararon un bien equipado laboratorio de investigación físico-química en el Palacio Real de Turín y dirigieron una serie sistemática de investigaciones sobre la reliquia como nunca antes había sucedido. Tomaron muestras y medidas e hicieron análisis sobre la Síndone a lo largo de 120 horas consecutivas con el fin de completar una indagación científica multidisciplinar. Los resultados de tal investigación[18] resultaron muy conformes con la autenticidad de la Síndone.

En aquella ocasión también Frei pudo tomar nuevas muestras, de modo que en los años sucesivos continuó sus estudios, desgraciadamente interrumpidos por su muerte en 1983. Además de pólenes él había encontrado fragmentos de fibras y tejidos vegetales, esporas de hongos y partículas minerales.

En cuanto al polen se sabe que el 95 % de la producción de una planta se deposita en un radio de unos 100 metros en torno a ella y el resto puede alcanzar como máximo alguna decena de kilómetros. Los pólenes encontrados sobre la Síndone no son de los adaptados a un transporte "ultralejano" que además son raros. El estudio de los vientos típicos del área mediterránea hace deducir que el *Khamsin*, viento procedente del sudeste en primavera y en otoño, es el responsable del transporte hacia Jerusalén del polvo y pólenes desde las zonas desérticas.

Las especies identificadas por Frei sobre la Síndone fueron 58: de ellas 38 crecen en Jerusalén pero no existen en Europa y entre ellas 17 son típicas y frecuentes en Jerusalén y sus alrededores. Esto prueba la procedencia palestina de esta sábana. Poco antes de morir, Frei estaba trabajando en la identificación de otros 19 pólenes presentes en las muestras sindónicas[19]. Es de subrayar la importancia de la presencia sobre la Síndone del *Zygophillum dumosum*, que crece solamente

---

[18] JUMPER E.J., ADLER A.D., JACKSON J.P., PELLICORI S.F., HELLER J.H., DRUZIK J.R. - *A comprehensive examination of the various stains and images on the Shroud of Turin*, en *Archaeological Chemistry III*, ACS Advances en Chemistry, n. 205, J.B. Lambert Editor, Chapter 22, American Chemical Society, Washington D.C., 1984, pp. 447-476.

[19] MALONEY P.C., *The current status of pollen research and prospects for the future*, en *The ASSIST Newsletter*, vol. 2, n. 1, Junio de 1990, pp. 1-7, en p. 2.

desde Jerusalén hacia el sur en Israel, en una parte de Jordania y en el Sinaí. Una parte del polen podría proceder también de la fabricación del tejido y de las sustancias aromáticas usadas para la sepultura, como el Áloe Socotrina, del que se encontraron células epidérmicas. Los análisis de Frei han sido posteriormente confirmados por otros botánicos[20].

Pierluigi Baima Bollone[21], director del Instituto de Medicina Legal de la Universidad de Turín, identificó algunas partículas de áloe y mirra, sobre todo en las zonas manchadas de sangre. Además son también evidentes sobre la Síndone gotas de cera y trazas de plata.

En 1978 el técnico Giovanni Riggi[22] con una aspiradora especial tomó algunas muestras de polvo de la Síndone. Constató que los elementos químicos de ese polvo eran análogos a los encontrados en antiguas telas funerarias egipcias en las que se encuentran elementos ligeros (Ca, K, Mg, Cl, Na) imputables al uso del *Natron*, polvo empleado para la deshidratación de los cadáveres. También eran semejantes pequeños parásitos identificados como ácaros.

Un nuevo estudio sobre los pólenes presentes sobre la Síndone ha sido llevado a cabo por Marzia Boi[23], palinóloga, investigadora de la Universidad de las Islas Baleares. Analizando la lista de los pólenes encontrados sobre la Síndone dada por Frei y observando las fotografías publicadas por él, Boi ha dado a conocer la presencia de las plantas más usadas para obtener costosos bálsamos que eran empleados en los antiguos ritos funerarios de Oriente Medio. Escribe Marzia Boi:

> Los pólenes reconocidos en la Sábana Santa de Turín, pueden así esclarecer el ritual funerario aplicado al cuerpo que ha envuelto, como testigos y descriptores del entorno y las prácticas propias de aquel tiempo. Considerando que parte del cuerpo y de la vestimenta funeraria han sido

---

[20] MARINELLI E., *La questione dei pollini presenti sulla Sindone di Torino e sul Sudario di Oviedo*, en *I Congreso Internacional sobre la Sabana Santa en España*, o. cit., pp. 1-13, www.sindone.info/VALENC-4.PDF.

[21] BAIMA BOLLONE P., *Primi risultati delle ricerche sui fili della Sindone prelevati nel 1978*, en *Sindon*, Cuaderno n. 30, Diciembre de 1981, pp. 31-35; BAIMA BOLLONE P., *La presenza della mirra, dell'aloe e del sangue sulla Sindone*, en COPPINI L., CAVAZZUTI F. (Edd.), *La Sindone, Scienza e Fede*, o. cit., pp. 169-174.

[22] RIGGI G., *Rapporto Sindone 1978/1982*, Il Piccolo Ed., Torino 1982, p. 208.

[23] BOI M., *El significado etnocultural del empleo de plantas en rituales funerarios y sus posibles implicaciones en el caso de los pólenes de la Sábana Santa de Turín*, en *I Congreso Internacional sobre la Sábana Santa en España*, o. cit., pp. 1-23, www.shroud.com/pdfs/boivspan.pdf; BOI M., *Pollen on the Shroud of Turin. The trace left by anointing and embalming*, en *ATSI 2014*, o. cit., pp. 6-11.

tratadas con aceites y ungüentos, acordes con el rito ceremonial y de preparación de los judíos de hace 2000 años, es posible que estos productos grasientos hayan permitido que los pólenes, como trazas invisibles, persistieran y se quedaran adheridos al tejido hasta nuestro tiempo.

Los pólenes más abundantes sobre la Síndone son los de *Helichrysum spp.*, *Cistus spp.* y *Cistaceae*, *Ferula spp.* y *Pistacia spp.* Esto indica que la Síndone fue tratada con aceite de Helichrysum, resinas de láudano (Cistus), aceite de Cistaceae, aceite de lentisco (Pistacia spp.), terebinto y gálbano aromático (Ferula spp.), o que estuvo en contacto con ellos en un momento del ritual fúnebre.

Concluye Boi:

Podemos afirmar que la tela y posiblemente el cuerpo envuelto, han sido tratados con honor de rey. Los polen revelan también la unción de algunas partes del cuerpo y de la sábana con aceite de Helichrysum cual símbolo de inmortalidad y como conservante del tejido y del cuerpo.

Fueron hallados también fragmentos de restos terrosos en la zona de la punta de la nariz y de la rodilla izquierda[24]. En otras muestras de material terroso, tomadas de la Síndone, correspondientes a la zona de los pies, fue identificado aragonito con impurezas de estroncio y de hierro. Muestras extraídas en grutas de Jerusalén han resultado ser muy semejantes, dado que contenían también ellas aragonito con estroncio y hierro[25].

La datación del tejido por el carbono radiactivo

En 1988 tuvo gran resonancia la datación realizada con el método del ^{14}C, que dató a la Síndone entre los años 1260 y 1390 d.C.[26] Este examen se sirve de la existencia en la naturaleza de pequeñas cantidades de carbono radiactivo[27], que se combina con el oxígeno formando anhídrido carbónico. Este anhídrido carbónico radiactivo es

---

[24] PELLICORI S., EVANS M.S., *The Shroud of Turin through the microscope*, en *Archaeology*, vol. 34, n. 1, Enero-Febrero de 1981, pp. 34-43.

[25] KOHLBECK J. A., NITOWSKI E. L., *New evidence may explain image on Shroud of Turin*, en *Biblical Archaeology Review*, vol. 12, n. 4, Julio-Agosto de 1986, pp. 23-24.

[26] DAMON P.E. et al., *Radiocarbon dating of the Shroud of Turin*, en *Nature*, vol. 337, 16 de Febrero de 1989, pp. 611-615, www.shroud.com/nature.htm

[27] SAVARINO P., *La Sindone e le ricerche chimico-fisiche*, en SCHIATTI L. (Ed.), *Il grande libro della Sindone*, Ed. San Paolo, Cinisello Balsamo (MI) 2000, pp. 183-188.

asimilado por las plantas y acaba en los animales y en los hombres a través de la alimentación.

El ^{14}C decae con el paso del tiempo. Al morir el ser vivo, cesa la asimilación de nuevo [14]C y continúa sin embargo su decaimiento radiactivo. Cuanto más tiempo pasa menos ^{14}C permanece en los restos del organismo. Midiendo el ^{14}C residual, se puede calcular la "edad radiocarbónica" en proporción. Sin embargo si la muestra ha sido contaminada por ^{14}C de otra procedencia, éste ^{14}C extraño entrará también en el cálculo, de manera que el objeto estudiado tendrá más radiactividad y, por tanto, resultará, en cuanto a la datación, más "joven". Los científicos son, por ello, muy precavidos a la hora de evaluar los resultados de los análisis obtenidos por el método del ^{14}C, ya que algunas de esas contaminaciones no es posible eliminarlas con los métodos normales de limpieza de las muestras. La literatura científica refiere casos llamativos de dataciones erróneas. Por ejemplo, una momia egipcia, conservada en el Museo de Mánchester, suministró datos para los huesos distintos a los de las vendas, de manera que éstas últimas eran alrededor de 1.000 años más "jóvenes" que los huesos[28].

Muchos científicos se habían mostrado contrarios a la propuesta de someter a la Síndone a la prueba de datación con el ^{14}C, debido a las peculiaridades de la tela que sufrió mil peripecias y ha sido contaminada con muchas sustancias. Mohos, hifas de hongos, humo de los cirios, sudor, incendios, agua, contacto con otras telas más recientes, y restauraciones pueden haber alterado notablemente el ^{14}C del lino, comprometiendo la validez del examen.

La urna que guardaba la Síndone fue envuelta por las llamas en el incendio del 4 de diciembre de 1532 en Chambéry. La alta temperatura en un ambiente cerrado pudo provocar un intercambio de isótopos[29] produciendo un enriquecimiento de carbono radiactivo y, por ello, que el tejido resulte proporcionalmente más "joven".

Leoncio Garza Valdés[30], investigador del Instituto de Microbiología de la Universidad de San Antonio (Texas), identificó sobre algunos hilos de la Síndone, procedentes de la zona de la muestra que se tomó para la datación, la presencia de un complejo biológico compuesto por

---

[28] BARRETT J., *Science & the Shroud, microbiology meets archaeology in a renewed quest for answers*, en *The Mission*, vol. 23, n. 1, Primavera 1996, pp. 6-11, www.sindone.info/BARRETT.PDF

[29] BRANDONE A., *Datazione di reperti archeologici: problematiche connesse*, en *Sindon N.S.*, Cuaderno n. 1, Junio de 1989, pp. 31-33, en p. 32.

[30] GARZA-VALDÈS L.A., CERVANTES-IBARROLA F., *Biogenic varnish and the Shroud of Turin*, en UPINSKY A.A. (Ed.), *L'identification scientifique de l'Homme du Linceul: Jésus de Nazareth, Actes du Symposium Scientifique International*, Rome 1993, OEIL-F.-X. de Guibert, Paris (France) 1995, pp. 279-282.

hongos y bacterias que recubre como una pátina los hilos y que no es eliminable con los tratamientos normales de limpieza empleados. Eso, por lo tanto, habría falsificado la datación radiocarbónica. La posibilidad de que esta contaminación haya influido en la datación de la Síndone suscitó el interés del físico Harry Gove, inventor del método moderno de datación con carbono radiactivo que utiliza el espectrómetro de masas con acelerador[31].

Los sindonólogos Joseph Marino y M. Sue Benford[32] han suministrado una serie de pruebas de la existencia de un remiendo "invisible" del siglo XVI en la zona de la que fue tomada la muestra para el análisis del carbono radiactivo, entre ellas, diferencias de color, diferencias en las dimensiones de los hilos y en la trama. Estos dos sindonólogos presentaron, por separado, a tres expertos textiles, sin decirles que pertenecía a la Síndone, una serie de fotografías, de una de las muestras tomadas en 1988 para la datación por carbono radiactivo y de la parte restante que no fue utilizada. Los tres expertos reconocieron una textura diferente por un lado. Según los cálculos de la compañía *Beta Analytic*, una de las mayores empresas de datación radiocarbónica a nivel mundial, una mezcla de un 60% de material del año 1500 más un 40% de material del siglo I conduciría a una datación del 1200. La proporción de material más reciente fue evaluada en base a cuanto fue observado por los tres expertos textiles.

En el ángulo de donde fue tomada la muestra para la datación radiocarbónica hay, con certeza, algunos restos de algodón, cuya presencia fue interpretada de manera diferente.

---

[31] GOVE H.E, MATTINGLY S.J., DAVID A.R., GARZA VALDES L.A., *A problematic source of organic contamination of linen*, en *Nuclear Instruments and Methods in Physics Research*, B 123, 1997, pp. 504-507, www.sindone.info/GOVE.PDF

[32] MARINO J., BENFORD M.S., *Evidence for the skewing of the C-14 dating of the Shroud of Turin due to repairs*, en MARINELLI E., RUSSI A. (Edd.), *Sindone 2000, Atti del Congresso Mondiale*, Orvieto 27-29 Agosto de 2000, Gerni Editori, San Severo (FG) 2002, vol. I, pp. 57-64 y vol. III, pp. 27-30, https://www.shroud.com/pdfs/marben.pdf; BENFORD M.S., MARINO J., *Discrepancies in the radiocarbon dating area of the Turin Shroud*, en *Chemistry Today* 26, 4 (2008), pp. 4-12; MARINO J., BENFORD M.S., *Invisible mending and the Turin Shroud: historical and scientific evidence*, en FANTI G. (Ed.), *The Shroud of Turin. Perspectives on a multifaceted enigma, Proceedings of the 2008 Columbus International Conference*, Columbus (Ohio), USA) 2008, Ed. Libreria Progetto, Padova 2009, pp. 291-298, http://ohioshroudconference.com/papers/p11.pdf; BENFORD M.S., MARINO J., *Discrepancies in the radiocarbon dating area of the Turin Shroud*, en FANTI G. (Ed.), *The Shroud of Turin. Perspectives on a multifaceted enigma*, o. cit., pp. 299-318, http://ohioshroudconference.com/papers/p09.pdf.

Gilbert Raes[33], director del Instituto de Tecnología Textil de la Universidad de Gante (Bélgica), tuvo a su disposición en 1973 una muestra tomada de la Síndone en aquel ángulo: las investigaciones de laboratorio revelaron restos de fibras de algodón, identificados por él como de *Gossypium herbaceum*, difundido en Oriente Medio en tiempos de Cristo. Raes, entonces, dedujo que el antiguo lienzo podía haberse fabricado sobre un telar ya usado para tejer este tipo de algodón.

También durante los análisis de carbono radiactivo realizados por el laboratorio de Oxford en 1988 se encontraron fibras de algodón en la Síndone. Explica Peter H. South[34], director del laboratorio de análisis textil de Ambergate (Gran Bretaña):

> El algodón es un hilo delgado, amarillo oscuro, probablemente de origen egipcio y más bien antiguo. Desafortunadamente es imposible decir cómo estas fibras han acabado en la Síndone, que fundamentalmente ha sido hecha con lino. Pudieron haber sido usadas en el pasado por restauradores o simplemente permanecieron entrelazadas con los hilos de lino cuando fue manufacturado el tejido.

Otros análisis interesantes fueron llevados a cabo por el químico Raymond N. Rogers[35], de *los Alamos National Laboratory* de los Álamos (Nuevo México, USA), quien encontró incrustaciones de colorantes y fibrillas de algodón en el lino procedente de la zona de las muestras para el análisis de datación. Un fragmento del hilado muestra un empalme especial entre dos extremos: un hilo más oscuro y más incrustado está inserto en otro hilo más grande y más claro. El estadounidense sacó la conclusión de que la muestra usada para la datación no era representativa del tejido sindónico original, debido a la existencia de un remiendo.

Rogers utilizó además otro tipo de examen de datación, que mide en el lino la desaparición gradual de una sustancia llamada vanilina. Él comprobó que había vanilina en la zona analizada en 1988 pero no en la parte principal de la Síndone. Tampoco las telas encontradas con los rollos del Mar Muerto que se remontan a la época de Cristo

---

33 RAES G., *Rapport d'análisis*, en *La S.Sindone. Ricerche e studi della commisione di esperti nominata dall'Arc. di Torino*, Card. *Michele Pellegrino nel 1969*, o. cit., pp. 79-83.

34 WORLD NEWS NETWORK, *Rogue fibres foundenthe Shroud*, en *Textile Horizons*, vol. 8, n. 12, 1988, p. 13.

35 ROGERS R.N., *Studies on the radiocarbon sample from the Shroud of Turin*, en *Thermochimica Acta*, vol. 425, 2005, pp. 189-194, www.shroud.it/ROGERS-3.PDF; ROGERS R.N., *A chemist's perspective on the Shroud of Turin*, Lulu.com 2008.

contienen vanilina. El químico Robert Villareal[36], también él de *los Alamos National Laboratory*, confirmó y prosiguió las investigaciones de Rogers.

Ya en 1982 un hilo procedente de la zona donde después sería tomada la muestra para el análisis con ^{14}C de la Síndone, fue datado con el método del ^{14}C por el *California Institute of Technology*. La mitad del hilo aparecía cubierta de almidón. El hilo fue dividido por la mitad: la parte sin almidón resultó ser del 200 d.C., mientras que la parte almidonada dio una fecha del 1.000 d.C.[37].

Es necesario añadir que surgieron muchas perplejidades y dudas respecto al desarrollo de las actuaciones anejas a la datación[38]: exclusión de algunos laboratorios en ventaja de otros; eliminación de uno de los dos métodos de datación con ^{14}C; rechazo de colaboración con otros científicos y de la multidisciplinariedad por parte de los tres laboratorios seleccionados, con la exclusión de toda una serie de investigaciones, entre ellas un indispensable análisis químico preliminar de las muestras a datar; la elección errónea de la zona de toma de muestras: un único punto de la sábana y además en un ángulo que está muy contaminado y que fue restaurado; no cuadran las números del peso y las medidas de las muestras: según los datos declarados las muestras pesan casi el doble de lo que deberían pesar; comportamiento anómalo de los laboratorios y cambios en el protocolo establecido; farsa del test "a ciegas" que no fue "a ciegas"; función de las muestras de control completamente frustrada por el anuncio de su edad; adquisición anómala y fuera del protocolo de una muestra añadida; ausencia de un acta de las actuaciones en la toma de muestras; infracción de la obligación de confidencialidad; los laboratorios no quisieron dar a conocer los protocolos completos del trabajo realizado; no homogeneidad de los resultados de las tres muestras: según

---

[36] VILLAREAL R., SCHWORTZ B., BENFORD M.S., *Analytical results on threads taken from the Raes sampling area (corner) of the Shroud*, en FANTI G. (Ed.), *The Shroud of Turin. Perspectives on a multifaceted enigma*, o. cit., pp. 319-336, http://ohioshroudconference.com/a17.htm; VILLAREAL R., *A new look at the validity of the Carbon-14 dating of the Shroud*, en *I Congreso Internacional sobre la Sábana Santa en España*, o. cit., pp. 1-6, http://www.shroud.com/pdfs/villarrealvtxt.pdf; SCHOONOVER J., VILLAREAL R., *Spectroscopic analysis of fibers from the Shroud of Turin. What do they mean?*, en *Shroud of Turin, the controversial intersection of faith and science, International Conference*, St. Louis (Missouri, USA), 9-12 Octubre de 2014, http://www.shroud.com/pdfs/stlschoonoverppt.pdf.

[37] MEACHAM W., *The Rape Of The Turin Shroud*, Lulu.Com, 2005, p. 102.

[38] MARINELLI E., *Lo scenario della datazione radiocarbonica della Sindone*, en *I Congreso Internacional sobre la Sabana Santa en España*, o. cit., pp. 1-30, www.sindone.info/VALENC-1.PDF.

el test estadístico de Pearson (*ji cuadrada*) existen 957 probabilidades sobre 1.000 de que la datación con ¹⁴C obtenida no sea la del lienzo entero. Distintos expertos[39] han expresado críticas a los análisis estadísticos publicados en *Nature* en relación a la datación de la Síndone.

Métodos alternativos de datación

Para verificar la antigüedad de un tejido también existen otros métodos. Uno de ellos mide el grado de despolimerización de la celulosa. Se trata de un examen que se realiza normalmente, también en Italia, en laboratorios especializados en la investigación textil. Silvio Diana[40], profesor de Química del Instituto Central de Restauración

---

[39] BRUNATI E., *La corrispondenza con "Radiocarbon" sulla datazione della Sindone*, en *Collegamento pro Sindone Internet*, Febrero 2006, www.sindone.info/BRUNATI2.PDF; DE GIOVANNI L., CONTI P., *Prima appendice*, en TOSATTI M., *Inchiesta sulla Sindone*, Edizioni Piemme, Casale Monferrato (AL) 2009, pp. 193-196; RIANI M., FANTI G., CROSILLA F., ATKINSON A.C., *Statistica robusta e radiodatazione della Sindone*, en *SIS-Magazine*, 31 de marzo de 2010, http://old.sis-statistica.org/magazine/spip.php?article177; FANTI G., CROSILLA F., RIANI M., ATKINSON A.C., *A robust statistical analysis of the 1988 Turin Shroud radiocarbon dating results*, en DI LAZZARO P. (Ed.), *Proceedings of the IWSAI 2010*, o. cit., pp. 249-253, http://www.acheiropoietos.info/proceedings/RianiWeb.pdf

[40] DIANA S., MARINELLI E., *Determinazione del grado di depolimerizzazione della cellulosa su fibre di tessuto o sulle fibre della carta impastata con polimeri naturali*, en LADU T. (Ed.), *La datazione della Sindone, Atti del V Congresso Nazionale di Sindonologia*, Cagliari, 29-30 Abril de 1990, Press Color, Quartu S. Elena (CA) 1990, pp. 76-81, https://www.academia.edu/862497/Determinazione_del_grado_di_depolimerizzazione_della_cellulosa_su_fibre_di_tessuto_o_sulle_fibre_della_carta_impastata_con_polimeri_naturali; DIANA S., MARINELLI E., *Il degrado della cellulosa su tessuti archeologici*, en *AGU – Acta Geoarcheologica Urbica*, año 1, n. 2, Abril - Junio de 1990, pp. 17-19, https://www.academia.edu/815682/Il_degrado_della_cellulosa_su_tessuti_archeologici; DIANA S., MARINELLI E., *Attività ottica e racemizzazione*, en UPINSKY A.A. (Ed.), *L'identification scientifique de l'Homme du Linceul: Jésus de Nazareth*, o.cit., pp.183-185, https://www.academia.edu/866998/Attivit%C3%A0_ottica_e_racemizzazione; DIANA S., MARINELLI E., *Natural textile fibres, optical activity, racemization and epimerization*, en DOUTREBENTE M.-A. (Ed.), *Acheiropoietos. Non fait de main d'homme*, Actes du III Symposium Scientifique International du CIELT, Nice, 12-13 Mayo de 1997, Éditions du CIELT, Paris (France) 1998, pp. 55-56,

de Roma, examinó muestras de distintos tejidos de diversas épocas. En los análisis mostraron unidades de despolimerización notablemente más bajas los tejidos muy antiguos respecto a aquellas de valor más elevado que se refieren a tejidos en mejores condiciones de conservación por ser más recientes. También se ha estudiado la actividad óptica y la racemización de otras muestras: el tejido más antiguo resultaba claramente exento de actividad óptica.

En 2006 fue puesto a punto un doble método de análisis que podría desvelar la edad de la Síndone. Lo llevó a cabo Luigi Campanella[41], profesor titular de Química del Medio Ambiente y de Bienes Culturales en la Universidad *La Sapienza* de Roma. Se trata de dos métodos enzimáticos basados en los procesos de alteración que sufre la celulosa con el paso del tiempo: la carboxilación y la metilación.

Tres nuevos análisis, llevados a cabo por el Ing. Giulio Fanti[42], profesor asociado de Medidas Mecánicas y Térmicas en el Departamento de Ingeniería Industrial de la Universidad de Padua, datan la Síndone en la época de Cristo.

Algunas fibras de la reliquia fueron sometidas a dos pruebas químicas de datación, basadas en la espectroscopía vibracional. Explica Fanti:

> La idea básica es que el tiempo degrada los polímeros de las fibras modificando su estructura química, de modo que las concentraciones de ciertos grupos de átomos típicos de la celulosa cambian a medida que envejece la muestra y la espectroscopía vibracional es capaz de reconocerlos y contabilizarlos.

Prosigue Fanti:

> Tras la corrección de un efecto sistemático de 452 años, debido al incendio de Chambéry, la datación de la Síndone mediante análisis espectroscópico vibracional FT-IR (del inglés Transformada de Fourier en el Infra Rojo) resultó ser del 300 a.C. ±400 años con un nivel de confianza del 95%. El análisis vibracional Raman ha proporcionado como datación de la Reliquia el valor de 200 a.C. ±500 años, siempre al nivel de confianza del 95%. Las dos dataciones vibracionales resultan compatibles con la datación del siglo l d.C. en el que vivió Jesús de Nazaret en Palestina.

---

https://www.academia.edu/867122/Natural_textile_fibres_-_Optical_activity_racemization_and_epimerization

[41] CAMPANELLA L., *Two archaeometric methods for cellulosic textile finds using enzymatic test*, en DI LAZZARO P. (Ed.), *Proceedings of the IWSAI 2010*, o. cit., pp. 263-265, http://www.acheiropoietos.info/proceedings/CampanellaWeb.pdf

[42] FANTI G., GAETA S., *Il mistero della Sindone*, Rizzoli, Milano 2013, pp. 79-103.

El tercer método de datación es mecánico, fruto del trabajo desarrollado por el Ing. Pierandrea Malfi[43] para obtener la licenciatura de maestría en Ingeniería Mecánica, bajo la supervisión de Fanti. Para realizar las pruebas experimentales mecánicas sobre las fibras de lino, fue proyectada y construída a propósito una máquina de tracción para fibras textiles vegetales.

Aclara Fanti:

> La idea básica es, en este caso, que la degradación de las cadenas poliméricas de las fibras, provocada por el paso del tiempo que tiende a romperlas y a cambiar el orden en el que se disponen recíprocamente en el espacio, modifica las propiedades mecánicas de modo que se puede aprovechar esta propiedad para hacer una datación. De hecho cinco propiedades mecánicas varían de manera biunívoca con el tiempo. La datación mecánica multiparamétrica obtenida sobre estos cinco parámetros significativos, combinados entre ellos, ha dado una edad de la Reliquia del 400 d.C. ±400 años con un nivel de confianza del 95%.

Por ello concluye: «La media de los valores resultantes de las dos dataciones, química y mecánica, proporciona la datación más probable de la Síndone del 33 a.C. ±250 años con un nivel de confianza del 95%». De todas formas los análisis físico-químicos y biológicos realizados en los últimos años, habían ya proporcionado una serie impresionante de elementos a favor de la autenticidad de la tela.

Los análisis de la sangre

En la Síndone son evidentes algunas zonas rojas, cuyo aspecto corresponde a los caracteres de las manchas de sangre sobre tela. Observando las fotografías de la reliquia, ya el médico Giuseppe Caselli[44] pudo afirmar:

> He querido demostrar que es posible establecer con sorprendente exactitud los diversos tipos de sangre que han manchado esta tela, y con ello poner de relieve los distintos caracteres diferenciales que permiten distinguir, a la luz de los modernos conocimientos anatómico-patológicos, las hemorragias de sangre en vivo de los derrames postmortales; y también las hemorragias de sangre arterial, venosa, mixta y la salida de sangre hipostática.

---

[43] FANTI G., MALFI P., *Sindone: primo secolo dopo Cristo!*, Edizioni Segno, Filetto Umberto, Tavagnacco (UD) 2014.

[44] CASELLI G., *Le constatazioni della medicina moderna sulle impronte della S. Sindone*, en SCOTTI P. (Ed.), *La Santa Sindone nelle ricerche moderne, Risultati del Convegno Nazionale di Studi sulla Santa Sindone*, Torino 2-3 de Mayo de 1939, LICE, Torino 1941, pp. 29-50, en p. 39.

Las primeras investigaciones para establecer la eventual presencia de sustancia hemática en la Síndone fueron realizadas por Giorgio Frache[45], director del Instituto de Medicina Legal y de Garantías de la Universidad de Módena, junto con sus colaboradores, expertos nombrados por el Card. M. Pellegrino en 1969. Las pruebas de laboratorio fueron realizadas sobre algunos hilos extraídos en 1973. Los resultados fueron dados a conocer en 1976: el resultado había sido negativo tanto para las pruebas genéricas (ataque con disolventes, reacción a la bencidina, observaciones microespectroscópicas, examen de cromatografía), como para las pruebas específicas (con respecto a la especie humana), y también para las pruebas del grupo (limitadas al sistema ABo). Los analistas sin embargo precisaron: «La respuesta negativa de las indagaciones practicadas no permite un juicio absoluto de exclusión de la naturaleza hemática de la sustancia examinada», tanto por lo exiguo del material disponible como porque indagaciones de este tipo sobre material antiquísimo son probativas sólamente si resultan positivas.

Los estudios realizados con técnicas de vanguardia, en material extraído en 1978, condujeron finalmente a resultados significativos: dos científicos estadounidenses, John H. Heller y Alan D. Adler[46], y uno italiano, Pierluigi Baima Bollone[47], llegaron independientemente entre ellos, a demostrar la presencia de sangre en la Síndone.

Heller y Adler[48] describieron cuidadosamente diferentes tipos de fibrillas y sustancias identificables en la Síndone, citando además las sustancias accidentales encontradas en cantidad limitada: partes de insectos, polen, esporas, cera, fibras sintéticas modernas, seda roja y azul y lana. Es interesante conocer que las fibrillas de algunas zonas adyacentes a las manchas de sangre están revestidas de una sustancia proteica amarillo oro, que resultó ser suero. Esto ha sido confirmado

---

[45] FRACHE G., MARI RIZZATI E., MARI E., *Relazione conclusiva sulle indagini d'ordine ematologico praticate su materiale prelevato dalla Sindone*, en *La S. Sindone. Ricerche e studi della commissione di esperti nominata dall'Arc. di Torino, Card. Michele Pellegrino nel 1969*, o. cit., pp. 49-54.

[46] HELLER J.H., ADLER A.D., *Blood on the Shroud of Turin*, en *Applied Optics*, vol. 19, n. 16, 15 de Agosto de 1980, pp. 2742-2744; ADLER A., *Chemical and physical characteristics of the blood stains*, en SCANNERINI S., SAVARINO P. (Edd.), *The Turin Shroud, past, present and future, International Scientific Symposium*, Turín, 2-5 de Marzo de 2000, Effatà Editrice, Cantalupa (TO) 2000, pp. 219-233.

[47] BAIMA BOLLONE P., *Indagini identificative su fili della Sindone*, en *Giornale della Accademia di Medicina di Torino*, n. 1-12, 1982, pp. 228-239.

[48] HELLER J.H., ADLER A.D., *A chemical investigation of the Shroud of Turin*, en *Canadian Society of Forensic Sciences Journal*, vol. 14, n. 3, 1981, pp. 81-103.

también con las fotografías en ultravioleta, que muestran halos de suero alrededor de las marcas de la flagelación y en los márgenes de los coágulos de sangre. Las improntas sanguíneas son, por tanto, debidas al contacto con sangre coagulada, en la cual se pueden observar las fases de formación del coágulo con la sucesiva formación de la costra y del exudado seroso. Es por tanto innegable que un verdadero cuerpo humano fue envuelto en el lienzo. Las fibras de las zonas manchadas de sangre están apelmazadas juntas por el fluido viscoso que penetró hasta el lado opuesto del tejido.

En la Síndone existen tres tipos de compuestos de hierro (hierro ligado a la celulosa, hierro ligado a la hemoglobina y óxido de hierro) que es necesario dintinguir bien entre ellos. La mayor parte del hierro presente está ligado a la celulosa junto con el calcio durante el proceso de maceración del lino. Obviamente el calcio y este tipo de hierro se encuentran uniformemente en todo el lienzo.

Las partículas rojas no birrefringentes, presentes en las improntas sanguíneas, están en cambio constituídas por material proteico (sangre) y contienen el segundo tipo de hierro, el ligado a la hemoglobina.

El tercer tipo, finalmente, es el óxido de hierro (Fe_2O_3) puro. Éste resulta del análisis de las partículas rojas birrefringentes, que tienen una doble procedencia: derivan de sangre quemada y se encuentran en las áreas sanguíneas chamuscadas; proceden de la acumulación por emigración de hierro en los márgenes de las manchas de agua.

«La distribución topográfica del hierro como es evidente sobre los mapas de la sábana – ha subrayado Baima Bollone[49] - corresponde genéricamente a la que se revela en las manchas de sangre».

De muy distinta naturaleza son las partículas negras encontradas en las áreas chamuscadas: se trata de plata depositada en el lienzo durante el incendio de Chambéry (1532).

Tras la identificación genérica, Baima Bollone[50] consiguió demostrar que se trataba de sangre humana perteneciente al grupo AB. Interesante la comparación con los estudios análogos realizados sobre los restos del milagro eucarístico de Lanciano (Chieti, Italia). En esta localidad en el siglo VIII, en la pequeña iglesia de S. Legonciano, un monje de S. Basilio se vio asaltado por la duda sobre la presencia real de Cristo en las especies eucarísticas. Durante la celebración de la Misa, en el momento de la consagración, la hostia se convirtió en carne y el vino se convirtió en sangre que se coaguló en cinco glóbulos

---

[49] BAIMA BOLLONE P., *Presenza e significato del ferro nelle macchie ematiche della Sindone*, en *Sindon*, Cuaderno n. 32, Diciembre de 1983, pp. 5-8.

[50] BAIMA BOLLONE P., JORIO M., MASSARO M.L., *La dimostrazione della presenza di tracce di sangue umano sulla Sindone*, en *Sindon*, Cuaderno n. 30, Diciembre de 1981, pp. 5-8; BAIMA BOLLONE P., JORIO M., MASSARO M.L., *Identificazione del gruppo delle tracce di sangue umano sulla Sindone*, en *Sindon*, Cuaderno n. 31, Diciembre de 1982, pp. 5-9.

irregulares y distintos por su forma y tamaño. De las indagaciones realizadas en 1970 por Odoardo Linoli[51], profesor de Anatomía e Histología Patológica y de Química y Microscopía Clínica de la Universidad de Siena, resultó que la carne es verdadero tejido miocárdico de un corazón humano y la sangre es auténtica sangre humana del grupo AB.

Además otra pieza en relación con la sepultura de Jesús está manchada de sangre perteneciente al grupo AB: es el Sudario de Oviedo (España). Las investigaciones realizadas sobre esta tela de lino (83 X 52 cm), conservada desde el siglo IX en Asturias, han comprobado que la Síndone y el Sudario tienen la misma composición merceológica y la misma técnica de elaboración, con torsión en "Z" de los hilos, si bien la Síndone tiene la textura en espina de pez, mientras que el Sudario es una simple trama ortogonal. El origen parece el mismo: el área de Oriente Medio. De hecho los pólenes ayudan a la reconstrucción del recorrido geográfico: entrambas reliquias han residido en el área de Jerusalén, después la Síndone llegó a Europa a través de Turquía, mientras que el Sudario recorrió el Norte de África[52]. Las elaboraciones con el ordenador han permitido afirmar que el mismo rostro estuvo en contacto con las dos telas[53].

Posteriores investigaciones sobre la sangre de la Síndone permitieron a Baima Bollone[54] comprobar la identificación incluso de otros

---

[51] LINOLI O., *Ricerche istologiche, immunologiche e biochimiche sulla carne e sul sangue del miracolo eucaristico di Lanciano (VIII secolo)*, Litogr. Botolini, Extraído de *Quaderni Sclavo di diagnostica*, vol. 7, fasc. 3, 1971.

[52] RICCI G., *L'Uomo della Sindone è Gesù*, Ed. Cammino, Milano 1985, pp. 226-227 y 233-238.

[53] GOLDONI C., *Estudio hematológico sobre las muestras de sangre del Sudario tomadas en 1978*, en RODRÍGUEZ ALMENAR J.M., CHIRIVELLA GARRIDO J. (Edd.), *El Sudario del Señor, Actas del I Congreso Internacional sobre El Sudario de Oviedo*, Oviedo, 29-31 Octubre de 1994, Servicio de Publicaciones, Universidad de Oviedo, España 1996, pp. 369-378; SÁNCHEZ HERMOSILLA A., *Commonalities between the Shroud of Turin and the Sudarium of Oviedo*, en *ATSI 2014*, o. cit., pp. 1-5; BARTA C., ÁLVAREZ R., ORDÓÑEZ A., SÁNCHEZ A., GARCÍA J., *New coincidence between Shroud of Turin and Sudarium of Oviedo*, en *ATSI 2014*, o. cit., pp. 28-36.

[54] BAIMA BOLLONE, P., GAGLIO A., GRILLO C., ZANIN A., *Ricerca degli antigeni M, N ed S nelle tracce di sangue sulla Sindone*, en *Sindon*, Cuaderno n. 34, Diciembre de 1985, pp. 9-13; BAIMA BOLLONE, P., GAGLIO A., *Ulteriori ricerche sul gruppo delle tracce di sangue umano sulla Sindone*, en *Sindon*, Cuaderno n. 33, Diciembre de 1984, pp. 9-13; BAIMA BOLLONE, P., GAGLIO A., *Applicazioni di tecniche immuno-enzimatiche ai prelievi della Sindone: la dimostrazione di elementi epidermici*, en COERO-BORGA P., INTRIGILLO G. (Edd.), *La Sindone. Nuovi studi e ricerche, Atti del III Congresso Nazionale*

factores, a través de los cuales la sangre ha resultado ser del grupo MNS. Otros descubrimientos importantes dados a conocer por el médico turinés tienen que ver con las manchas hemáticas de los pies, en cuya zona ha localizado un glóbulo rojo y algunas células epidérmicas humanas.

La sangre que se encuentra en la Síndone se presenta con un color rojo vivo, dato aparentemente extraño en una pieza tan antigua; pero la coloración roja viva, subraya Alan Adler[55], se explica por la presencia de bilirrubina en gran cantidad y esto sugiere que la persona de la que procede esta sangre había sido fuertemente torturada poco tiempo antes de la sepultura. Baima Bollone[56] ha puntualizado que el color rojo vivo debe, sin embargo, atribuirse más bien a la presencia en la sangre de carboxihemoglobina.

En la coagulación la sangre pasa por tres fases: a) formación del coágulo en 5-10 minutos; b) retracción del coágulo con separación del suero en 20-45 minutos; c) formación de la costra en un período variable relacionado con diferentes factores físicos (dimensión del coágulo, temperatura, humedad, etc.).

Los fenómenos de coagulación de la sangre y de retracción del coágulo son muy evidentes en numerosos reguerillos de sangre presentes en la Síndone. Estos fueron descritos por primera vez por Pierre Barbet en base a las fotografías sacadas por Giuseppe Enrie en 1931. El fenómeno fue después confirmado con indagaciones fotográficas, con análisis microquímicos y con análisis de fluorescencia con rayos ultravioleta, en el curso de las investigaciones de 1978.

Del estudio de la Síndone algunos científicos, entre ellos Gilbert Lavoie[57], deducen que hasta poco antes de la muerte fluía sangre de las heridas y que el cuerpo fue envuelto en el lienzo no más de dos horas y media después de la muerte.

Para tener un calco de la sangre en la tela como el observado en la Síndone, el cuerpo debió haber estado en contacto con el lienzo durante unas 36-40 horas. En este tiempo un papel importante debió

---

di Studi sulla Sindone, Trani, 13-14 Octubre de 1984, Ed. Paoline, Cinisello Balsamo (MI) 1986, pp. 169-174.

[55] ADLER A.D., Aspetti fisico-chimici delle immagini Sindoniche, en BARBERIS B., ZACCONE G.M. (Edd.), Sindone, cento anni di ricerca, Istituto Poligrafico e Zecca dello Stato, Libreria dello Stato, Roma 1998, pp.165-184.

[56] BAIMA BOLLONE P., MARINO C., PESCARMONA G., Il significato del colore delle macchie di sangue della Sindone ed il problema della bilirubina, en Sindon N.S., Cuaderno n. 15, Junio de 2001, pp. 19-29.

[57] LAVOIE G.R. et al., Blood on the Shroud of Turin, en Shroud Spectrum International, n. 7, Junio de 1983, pp. 15-20, http://www.shroud.com/pdfs/sse07part5.pdf, y n. 8, Septiembre de 1983, pp. 2-10, http://www.shroud.com/pdfs/sse08part3.pdf.

ser el desarrollado por la fibrinólisis, que provoca la redisolución de los coágulos. El estudio de la fibrinólisis en relación con la Síndone fue desarrollado por Carlo Brillante[58], profesor de Química y Microscopía Clínica en la Universidad de Bolonia. Él subraya que los dos sistemas, coagulante y fibrinolítico, están en equilibrio dinámico entre ellos. El primero forma la fibrina, el segundo la remueve. El fenómeno de la lisis sucede en un tiempo relativamente breve, generalmente no superior a las 36-40 horas.

El fenómeno fibrinolítico sigue leyes precisas en base a los tiempos de contacto; es decir, si no pasa un cierto número de horas el calco no se da, o se da pero de manera rudimentaria, mientras que más allá de aquel cierto número de horas, la sangre embadurna el tejido (por tanto no forma el calco), por el gran aumento de la friabilidad del coágulo. Ésta es una de las observaciones fundamentales que confirma las indudables relaciones entre fibrinólisis y manchas hemáticas sindónicas.

La Síndone muestra que la fibrinólisis tuvo su inicio y se detuvo en un tiempo "X", verosímilmente no superior a las 36-40 horas, puesto que las improntas hemáticas están perfectamente calcadas y delineadas. Queda sin explicar cómo el contacto entre el cuerpo y el lienzo fue interrumpido sin alterar los calcos que se habían formado.

El breve tiempo de permanencia del cadáver en el lienzo es confirmado también por la ausencia de señales de putrefacción[59]. Cerca de los labios faltan trazas de gases amoniacales que estarían ciertamente presentes en el caso del inicio de la putrefacción. Generalmente ésta comienza unas 40 horas después de la muerte. El proceso de putrefacción se acelera en presencia de grandes heridas y de focos contusos, como en el caso del Hombre de la Síndone.

El examen del ADN y las características antropométricas

Un grupo de científicos italianos[60] llevó a cabo la búsqueda de ADN sobre algunas muestras de la Síndone y del Sudario de Oviedo, constatando sin embargo una contaminación entre ADN masculino y femenino.

---

[58] BRILLANTE C., *La fibrinolisi nella genesi delle impronte sindoniche*, en COPPINI L., CAVAZZUTI F. (Edd.), *La Sindone, Scienza e Fede*, o. cit., pp. 239-241.

[59] RODANTE S., *Le realtà della Sindone*, Massimo, Milano 1987, pp. 245-249.

[60] CASARINO L., DE STEFANO F., MANNUCCI A., ZACÀ S., BAIMA BOLLONE P., CANALE M., *Ricerca dei polimorfismi del DNA sulla Sindone e sul Sudario di Oviedo*, en *Sindon N.S.*, Cuaderno n. 8, Diciembre de 1995, pp. 39-47.

Otras muestras fueron examinadas por científicos estadounidenses[61], que confirmaron el grupo AB de la sangre presente en la Síndone, subrayando que es el menos frecuente (solo el 3,2% de los individuos), pero alcanza el 18% entre los Hebreos "Babilonios" y de la Palestina del Norte. Además identificaron los cromosomas X e Y, clara indicación del hecho de que se trata de un varón. El estado de degradación en el que se encuentra esta sangre hace deducir que es muy antigua.

En la Universidad de Padua, Fanti[62] junto con sus colaboradores llevó a cabo un análisis dimensional con sistemas de visión para evaluar las características antropométricas del Hombre de la Síndone a partir de la imagen corporal impresa en el lino. Este estudio, confrontando la imagen frontal, la dorsal y la obtenida por el contacto de una superficie flexible sobre un maniquí computerizado, intenta tener en cuenta los efectos de la cabeza inclinada, de las rodillas plegadas y de los pies extendidos. El resultado de la búsqueda ha permitido atribuir al Hombre de la Síndone una altura igual a 174 cm con una incertidumbre de más/menos 2 cm.

Mediante análisis antropométrico computerizado se verificó la compatibilidad anatómica de las dos imágenes, frontal y dorsal. Quedó también demostrado que, mientras que para el Hombre de la Síndone los índices antropométricos son compatibles con los típicos de un hombre, en el caso del mismo análisis aplicado a algunas copias pictóricas de los siglos XVI y XVII, resultan índices antropométricos absolutamente incompatibles. Evidentemente un pintor no tenía la capacidad de reproducir los detalles anatómicos que se pueden encontrar examinando la imagen corporal del Hombre de la Síndone.

Entre los distintos índices antropométricos relevantes, resulta significativo el índice tibio-femoral, es decir la relación entre la longitud de la tibia y la del fémur. El índice tibio-femoral del Hombre de la Síndone resultó ser del 83,8%. Si se confronta el dato con los índices típicos de los diferentes grupos humanos, se constata que el valor es muy cercano al de los semitas, caracterizados por un índice medio del 83,66%.

---

[61] GARZA VALDÉS, L., *The DNA of God?*, Doubleday, New York (USA) 1999, pp. 39-41.

[62] FANTI G., MARINELLI E., CAGNAZZO A., *Computerized anthropometric analyses of the Man of the Turin Shroud*, en WALSH B.J. (Ed.), *Proceedings of the 1999 Shroud of Turin International Research Conference,* Richmond, Virginia, 18–20 Junio de 1999, Magisterium Press, Glen Allen, Virginia (USA) 2000, pp. 52-68, www.sindone.info/FANTI3A.PDF; BASSO R., BIANCHINI G., FANTI G., *Compatibilità fra imagine corporea digitalizzata e un manichino antropomorfo computerizzato*, en MARINELLI E., RUSSI A. (Edd.), *Sindone 2000*, o. cit., vol. I, pp. 7-15 e vol. III, pp. 7-10.

CAPÍTULO II

EL MISTERIO DE LA IMAGEN

La información tridimensional

Un momento clave en el camino de las investigaciones científicas de la Síndone se dio en 1898, cuando, como ya se ha dicho, el abogado Secondo Pia fotografió con éxito el apreciado lienzo. El resultado fue muy superior a cualquier expectativa: la imagen era mucho más evidente y comprensible en la placa fotográfica negativa que en la realidad de la sábana.

En 1973 el técnico Paul Gastineau[63] comprendió que en la imagen sindónica había codificada información tridimensional y proyectó un dispositivo, con el que realizó un relieve tridimensional del rostro sindónico. Algunos científicos americanos[64] en 1977 midieron con un densitómetro la diferente intensidad de los distintos puntos de la imagen y la pusieron en relación con las presuntas distancias cuerpo-sábana. Mediante un ordenador, llamado VP8, transformaron las distintas intensidades en relieves verticales de diferente altura, obteniendo así una imagen tridimensional proporcionada y sin distorsiones. Aplicando el mismo procedimiento a una pintura o a una fotografía normal se obtienen, en cambio, imágenes deformadas. Una prueba añadida de que la Síndone ha envuelto un verdadero cuerpo humano. Progresos notables en la elaboración electrónica de la imagen fueron obtenidos por Giovanni Tamburelli[65], profesor de Comunicaciones eléctricas en la Universidad de Turín, junto con sus colaboradores, sobre todo en lo que respecta al rostro.

El descubrimiento de las peculiares características de la imagen sindónica dio arranque a las investigaciones científicas que intentaban resolver el enigma de su formación. Aún hoy ninguna de las

---

[63] LEGRAND A., *Le Linceul de Turin*, Desclée de Brouwer, Paris (Francia) 1985, pp. 87-90.

[64] JACKSON J.P., JUMPER E.J., MOTTERN B., STEVENSON K.E., *The three dimensional image on Jesus' burial cloth*, en STEVENSON K. (Ed.), *Proceedings of the USA Conference of Research on the Shroud of Turin*, 23-24 Marzo de 1977, Albuquerque, New Mexico, Holy Shroud Guild, Bronx, New York (USA) 1977, pp. 74-94.

[65] TAMBURELLI G., GARIBOTTO G., *Nuovi sviluppi nell'elaborazione dell'immagine Sindonica*, en COERO-BORGA P. (Ed.), *La Sindone e la Scienza*, o. cit., pp. 173-184 y 354-362.

hipótesis fórmuladas es considerada plenamente satisfactoria y los estudios siguen todavía en curso.

Los científicos americanos[66] ratificaron que la imagen es muy débil y desprovista de contornos netos. Su color, amarillo traslúcido, no es debido a ninguna sustancia puesta sobre los hilos: son los hilos mismos los que están amarillentos. Sólo la película superficial de las fibrillas más externas del hilo ha cambiado el color y en el reverso de la tela la imagen no está presente[67].

El claroscuro no está provocado por diferentes grados de amarilleamiento de los hilos: la tonalidad es siempre la misma y es sólo el diferente número de fibras amarillas por unidad de área el que da el efecto más o menos oscuro. El amarilleamiento es debido a una degradación de la superficie externa de las fibrillas que resulta oxidada y deshidratada. Al microscopio las fibrillas de la imagen parecen erosionadas en su superficie y se reflejan más que las otras fibrillas. La imagen no se altera ni por el agua, ni por el calor y no es fluorescente a la luz ultravioleta, por ello se debe excluir que haya sido hecha con sustancias orgánicas. Además resistió a 21 diferentes reactivos y disolventes[68].

¿Qué puede hacer amarillear al lino? Es sabido que el lino cambia de color cuando envejece por la transformación, causada por la luz, de la celulosa que lo compone. Y toda la Síndone tiene el color del lino antiguo. También el calor y algunos ácidos pueden hacer amarillear la celulosa. Pero, ¿cuáles pudieron ser las causas que provocaron el mayor amarilleamiento de la zona de la imagen? Se hicieron numerosos experimentos para resolver el enigma[69]. Sin embargo, no hay que olvidar que bajo las manchas de sangre no existe imagen del cuerpo; en la tela se depositó primero la sangre que hizo de pantalla para la zona de debajo de ella, cuando luego se formaba la imagen.

---

[66] SCHWALBE L.A., ROGERS R.N., *Physics and chemistry of the Shroud of Turin, a summary of the 1978 investigation*, en *Analytica Chimica Acta*, vol. 135, 1982, pp. 3-49; ADLER A., *The Shroud fabric and the body image: chemical and physical characteristics*, en SCANNERINI S., SAVARINO P. (Edd.), *The Turin Shroud, past, present and future*, o. cit., pp. 51-73.

[67] DI LAZZARO P., MURRA D., SCHWORTZ B., *Pattern recognition after image processing of low-contrast images, the case of the Shroud of Turin*, en *Pattern Recognition*, vol. 46, n. 7, Julio de 2013, pp. 1964–1970.

[68] JUMPER E.J., ADLER A.D., JACKSON J.P., PELLICORI S.F., HELLER J.H., DRUZIK J.R., *A comprehensive examination of the various stains and images on the Shroud of Turin*, o. cit.; HELLER J.H., ADLER A.D., *A chemical investigation of the Shroud of Turin*, o. cit.

[69] MARINELLI E., *I tentativi di riproduzione sperimentale della Sindone*, en REPICE M. (Ed.), *Quattro percorsi accanto alla Sindone*, Edizioni Radicequadrata, Roma 2011, pp. 27-40.

La teoría de la pintura

El principal mantenedor de esta hipótesis de la pintura fue el químico americano Walter McCrone[70].

Él tuvo la posibilidad de examinar al microscopio algunos portaobjetos que contenían fibras extraídas de la Síndone y en ellos comprobó la presencia de proteínas, de óxido de hierro y de sulfuro de mercurio (cinabrio). De ello sacó la conclusión de que la Síndone es una pintura, en la que el artista habría usado un adhesivo formado por proteínas animales tanto para el pigmento de óxido de hierro, con el que habría realizado la imagen, como para la mezcla de cinabrio y óxido de hierro con la que habría pintado la sangre. El ligante empleado se habría después amarilleado con el tiempo.

Para establecer la validez de la hipótesis de la pintura es necesaria la identificación de tales materiales, pero no basta. Se necesita también demostrar que esos materiales están presentes en cantidad suficiente y que están localizados en todas las zonas que justifiquen cuanto aparece a simple vista. Es necesario además demostrar que su presencia no se puede explicar más sencillamente con otros procedimientos. Y por supuesto, las conclusiones alcanzadas deben estar de acuerdo con los demás estudios efectuados, especialmente, en este caso, con los estudios físicos y el análisis de la imagen. Veamos ahora cómo estas condiciones no se dan en el trabajo de McCrone.

Del examen de los mismos portaobjetos Heller y Adler[71] sacaron conclusiones muy diferentes. Ellos puntualizaron que para clasificar las proteínas McCrone usó el negro de almidón, que es un reactivo general y colorea intensamente también a la celulosa pura. Las reacciones obtenidas por McCrone no eran por tanto debidas a trazas de impurezas proteicas en el lino, ¡sino a la celulosa misma de la tela que admitía el tinte! Sus resultados no eran pues fiables.

Heller y Adler usaron reactivos mucho más específicos, como la fluoroscamina y el verde de bromocresol. En base a los resultados de éstos y otros complejos análisis, pudieron afirmar con certeza que las manchas rojas están constituídas por sangre entera coagulada, con halos de suero alrededor, debidos a la retracción del coágulo. Esto testifica que la sangre se coaguló sobre la piel de una persona herida y luego manchó la tela cuando el cuerpo fue envuelto en la sábana; es

---

[70] McCRONE W.C., SKIRIUS C., *Light microscopical study of the Turin 'Shroud' I*, en *The Microscope* 28, n. 3-4, 1980, pp. 105-113; McCRONE W.C., *Light microscopical study of the Turin 'Shroud' II*, en *The Microscope* 28, n. 3-4, 1980, pp. 115-128; McCRONE W.C., *Microscopical study of the Turin Shroud III*, en *The Microscope* 29, n. 1, 1981, pp.19-39.

[71] HELLER J.H., ADLER A.D., A Chemical Investigation of the Shroud of Turin, o. cit.

imposible obtener manchas semejantes aplicando sangre fresca con un pincel.

Las proteínas están presentes sólo en las improntas sanguíneas, mientras que están absolutamente ausentes en todas las otras zonas, comprendidas las de la imagen del cuerpo. Por tanto es imposible sostener que en la imagen del cuerpo esté presente un ligante proteico amarillento.

La mayor parte del hierro presente en la Síndone es el ligado a la celulosa. Los exámenes espectroscópicos y con rayos X han mostrado una concentración uniforme del hierro en las zonas de imagen y de no-imagen; por tanto no es el hierro el que forma la figura del cuerpo. Una concentración de hierro más alta se observa en cambio, como es lógico, en las áreas de las improntas sanguíneas, donde al hierro ligado a la celulosa, que está por todas partes, se suma el ligado a la hemoglobina de la sangre.

El óxido de hierro, en cambio, está en un porcentaje muy pequeño, y hay que subrayar que no se encuentra óxido de hierro ni en la imagen, ni sobre las manchas de sangre. Por tanto no falta sólo el ligante de la pintura, falta también ¡el pigmento! ¿Cómo se puede, entonces, tras análisis químicos tan precisos, continuar afirmando que la Síndone fue pintada? O se es científicamente incompetente, o se actúa de mala fe.

Además de esto, con análisis específicos, se observó que el óxido de hierro, en los pocos puntos donde está presente por las causas citadas, es extremadamente puro y no contiene trazas de manganeso, cobalto, niquel y aluminio por encima del 1%. Estas trazas están, en cambio, en los pigmentos minerales de la pintura.

Se encontró un solo cristalito de cinabrio, que hay que considerarlo un hallazgo casual. El examen de toda la Síndone con fluorescencia de rayos X no ha revelado ningún pigmento de pintura, y por tanto, tampoco de cinabrio; esta sustancia no puede ser responsable de la coloración de las manchas rojas, compuestas ciertamente por sangre, sencillamente porque no está presente.

Es necesario considerar que muchos artistas copiaban la Síndone a partir de la verdadera, y por tanto la presencia ocasional de pigmentos no es una sorpresa; también porque casi siempre las copias eran puestas en contacto con el original para hacerlas más venerables[72].

Dos profesores de la Universidad de Ténesis (USA), Emily A. Craig y Randall R. Breese[73], afirman que la imagen de la Síndone se puede

---

[72] MARINELLI E., MARINELLI M., *The copies of the Shroud*, en DI LAZZARO P. (Ed.), *Proceedings of the IWSAI 2010*, o. cit., pp. 155-160, http://www.acheiropoietos.info/proceedings/MarinelliWeb.pdf

[73] CRAIG E.A., BREESE R.R., *Image formation and the Shroud of Turin*, en *Journal of Imaging Science and Technology*, vol. 34, n. 1, Enero-Febrero 1994, pp. 59-67.

realizar usando un pigmento de óxido de hierro en polvo distribuído con un pincel o presionado con la parte plana de una cuchara de madera, añadiendo colágeno que resulta después disuelto por el vapor de una cazuela de agua en ebullición.

Los resultados de los análisis químicos contradicen también esta teoría. Como es sabido los científicos americanos, que examinaron la Síndone con instrumentos sofisticados, excluyeron la presencia sobre ella de qualquier pigmento; por tanto la imagen no se explica en absoluto con la teoría Craig-Breese.

La teoría de la cámara oscura y del pirograbado

Buscando explicaciones alternativas a la autenticidad, hay quien ha llegado incluso a afirmar que la Síndone es obra de Leonardo da Vinci. Aquí estamos verdaderamente ante el absurdo: no podría decirse otra cosa, porque cuando la Síndone fue entregada a la familia Saboya por Marguerite de Charny (22 de de marzo de 1453), Leonardo estaba todavía en la cuna. Y la reliquia llevaba ya en Francia al menos un siglo.

Los autores ingleses Lynn Picknett y Clive Prince[74] esquivan la dificultad con mucha desenvoltura: la tela no sería la misma. Entre la llegada de la Síndone, procedente de Lirey, a manos de los Saboya y la pública exposición acaecida en Vercelli en 1494 habría cerca de 40 años de ocultamiento. La construcción de la *Sainte-Chapelle*, en la que la reliquia fue puesta en 1502, habría tenido la intención de acoger a la nueva y "mejor" Síndone. El famoso lino sería nada menos que un autorretrato de Leonardo da Vinci, realizado en 1492 a petición de la Iglesia, para reemplazar con una falsa Síndone a la precedente, accidentalmente destruida. Obviamente no existe ninguna documentación de esta hipótesis, porque todo se habría hecho en secreto, sin dejar rastros... Por tanto, se trata de meras fantasías.

Según los autores ingleses, Leonardo «podría haber inventado una primera forma de fotografía para crear la imagen negativa en la Síndone». Él habría empleado una especie de cámara oscura, algunas lentes y una tela "sensibilizada" con distintos ingredientes. ¿Cuáles? La señora Picknett y Prince parten de sal de cromo y clara de huevo, después prueban con el zumo de limón y llegan a la sustancia con la que obtienen los resultados «más parecidos a la Síndone». Excusándose por la falta de delicadeza, revelan que se trata de «orina». Al final, 6-12 horas de exposición frente a un modelo, iluminado con lámparas U.V para simular «el cálido sol italiano», y el juego está concluído. Para la perfección anatómica del modelo, ninguna dificultad: «Leonardo había obtenido un permiso especial de la Iglesia para la

---

[74] PICKNETT L., PRINCE C., *Turin Shroud, how Leonardo da Vinci fooled history*, Time Warner Books, London (UK) 2006.

disección de cadáveres frescos procedentes de los hospitales». Se lava la tela en agua fría, se expone al calor, después se lava en agua caliente y detergente. Así queda sólo la imagen "chamuscada" e indeleble. Algún retoque de sangre completa la obra.

Como siempre, los "modernos falsificadores" muestran lo que han obtenido, más o menos parecido a la Síndone: obviamente un parecido que hay que verificar en el laboratorio, donde sin embargo las diferencias son evidentes.

«No sabemos cuánto tiempo tuvo que emplear Leonardo para realizarla», admiten los dos ingleses. Pero no dudan sobre el autor. La señora Picknett dice haber recibido un mensaje mediante "escritura automática" firmado "Leonardo".

La teoría de la cámara oscura gusta también a Nicholas Allen[75], profesor de Bellas Artes en la Universidad sudafricana de Port Elísabeth y experto en fotografía. Según este investigador, la imagen de la Síndone se puede realizar con una lente de cuarzo, nitrato de plata y luz solar natural. Se obtendría así un chamuscamiento del lino inducido químicamente. «La lente - especifica Allen - habría sido puesta a mitad de camino entre el cuerpo y la sábana, que tenía que estar a ocho metros de distancia». Allen sostiene que la Síndone podría ser la más antigua fotografía del mundo, pero el genio que la fabricó no sería Leonardo da Vinci, sino un oscuro e ingenioso "pionero" medieval que podría haber colgado bajo el sol, en posición vertical, un maniquí o un cadáver pintado de blanco «durante un número no especificado de días» frente a una rudimentaria cámara oscura, conteniendo una sábana oportunamente tratada con nitrato de plata. Habría después fijado la imagen obtenida con una solución amoniacal diluida o «probablemente incluso con orina».

La hipótesis de un cadáver colgado durante días al sol es absurda, aunque no fuera por otra cosa más que porque el *rigor mortis* no habría durado tanto tiempo. Además tampoco se puede proponer un maniquí[76]. ¿Cómo explicar los coágulos hemáticos si no es con el contacto directo con un cadáver?

Victoria Haziel e Irene Corgiat[77] sostienen, en cambio, que el autor de la Síndone es Leonardo da Vinci, pero la técnica de realización

[75] ALLEN N.P.L., *Is the Shroud of Turin the first recorded photograph?*, en *South African Journal of Art History*, 11, 11 de Noviembre de 1993, pp. 23-32; ALLEN N.P.L., *How Leonardo did not fake the Shroud of Turin*, en *De Arte*, 52, Abril de 1996, pp. 32-39.

[76] SCHWORTZ B.M., *Is the Shroud of Turin a medieval photograph? A critical examination of the theory*, en MARINELLI E., RUSSI A. (Edd.), *Sindone 2000*, o. cit., vol. I, pp. 85-91 y vol. III, pp. 39-40.

[77] HAZIEL V., *La Passione secondo Leonardo*, Sperling & Kupfer Editori, Milano 1998; MENÉNDEZ K., *Pyrograffiti*, en *Woodcarver*, vol. 7, n. 2,

había sido diferente: el genio toscano habría usado el pirograbado. Para demostrarlo, la señora Corgiat ha reproducido un rostro sindónico con un pirograbador eléctrico, añadiendo un color tempera para simular las manchas de sangre. Se necesitaron «largas horas y un trabajo de precisión muy delicado», afirma la artista.

Pero la señora Corgiat, por lo menos habría tenido que usar una punta de hierro al rojo vivo, porque Leonardo ciertamente no disponía de un ¡pirograbador eléctrico! En todo caso, las quemaduras producen furfural, que en la Síndone no hay. Además la prueba científica que excluye al calor, como mecanismo de formación de la imagen sindónica, es la fotografía con fluorescencia ultravioleta hecha en 1978 por Vernon Miller[78]. El lino quemado reacciona bajo iluminación específica ultravioleta. La Síndone entera fue fotografiada con luces especiales y filtros UV. Las fotografías resultantes han mostrado claramente fluorescencia en todas las zonas de quemadura y de chamucado en la Síndone, pero absolutamente ninguna fluorescencia en el área de la imagen. Así que el calor quedó definitivamente excluído como mecanismo de formación de la imagen.

Queda también por considerar que en la Síndone hay sangre calcada en centenares de heridas, no un color al temple; además la manufactura misma de la tela y todas las microtrazas encontradas en la reliquia (pólenes de Oriente Medio, áloe y mirra, aragonito) colocan su origen en la Palestina de la época de Cristo.

Y sin embargo hay quien insiste en que es obra de un falsificador, como hace Nathan Wilson[79], que pintó un rostro sobre una placa de vidrio, la puso sobre una pieza de lino y la dejó durante un poco de tiempo al sol. La sombra de la pintura en el paño la protegió del cambio de color provocado por el sol en el resto de la tela: según Wilson, la tela al sol ¡se volvió más clara! Mientras que la parte cubierta por la pintura habría permanecido en cambio más oscura. Ciertamente no le falta fantasía a quien intenta explicar la imagen sindónica como la obra de un falsificador o mejor de un grupo de falsificadores, porque difícilmente un hombre por sí solo podía completar esta operación, extendiendo al sol una larga sábana para después cubrirla con una gran placa de vidrio...

Marzo-Abril de 2003, http://carverscompanion.com/Ezine/Vol7Issue2/KMenendez/KMenendez.html.

[78] MILLER V.D., PELLICORI S.F., *Ultraviolet fluorescence photography of the Shroud of Turin*, en *Journal of Biological Photography*, vol. 49, n. 3, Julio de 1981, pp. 71-85.

[79] WILSON N.D., Father Brown fakes the Shroud, en Christianity Today, Marzo-Abril de 2005, http://www.booksandculture.com/articles/2005/marapr/3.22.html?paging=off.

La teoría del bajorrelieve frotado

La ausencia de qualquier rastro de pinceladas en la Síndone llevó a elaborar otra teoría diferente de falsificación: la del bajorrelieve frotado. El impulsor, Joe Nickell[80], es un ex-prestidigitador privado americano, representante del Comité de investigación científica sobre los fenómenos paranormales, de Búfalo, en los Estados Unidos. Según él, el falsificador habría usado un bajorrelieve frotado y recubierto de óxido de hierro con algo de ácido sulfúrico, sobre el que habría aplicado una sábana impregnada de agua hirviendo; pero los resultados ya citados de los análisis químicos realizados en la Síndone contradicen también esta teoría. Además los análisis de nivel de luminancia[81] muestran claramente la diferencia entre la imagen sindónica y la obtenida con el bajorrelieve frotado.

A Nickell le parece imposible que la sangre sea tan roja y define los reguerillos de sangre como «reguerillos muy artísticos que descienden graciosamente desde las heridas». Qué puede haber de artístico y gracioso en los coladas sanguíneas en la Síndone, en absoluto se entiende; y de todas formas su color rojo fue explicado por los científicos por la abundante presencia de bilirrubina y carboxihemoglobina, que atestiguan los malos tratos sufridos por aquel cuerpo.

Otra dificultad presentada por Nickell es la presunta ausencia de deformaciones en la imagen, afirmación ésta que delata siempre cualquier observación superficial de la Síndone. El ojo experto de una persona competente revela, en cambio, que tiene algunas anomalías, propias de la envoltura de un verdadero cuerpo humano en una sábana[82], como se puede observar, por ejemplo, en la mano derecha con los dedos aparentemente demasiado largos o en la imagen frontal de las piernas, que parecen desproporcionadamente largas entre las rodillas y los tobillos. Solo la envoltura de un verdadero cuerpo en un lienzo, con sus respectivos pliegues, puede explicar las aparentes deformaciones de la imagen.

Inspirándose en la hipótesis de Nickell, Luigi Garlaschelli[83], profesor de Química Orgánica en la Universidad de Pavía, realizó una copia de la Síndone a tamaño natural. Extendió una sábana sobre un

---

[80] NICKELL J., *Inquest on the shroud of Turin*, Prometheus Books, Buffalo (New York, USA) 1998.

[81] FANTI G., MORONI M., *Comparison of luminance between face of the Turin Shroud Man and experimental results*, en *Journal of Imaging Science and Technology*, vol. 46, n. 2, Marzo-Abril de 2002, pp. 142-154.

[82] RICCI G., *L'Uomo della Sindone è Gesù*, o. cit., pp. 341-383.

[83] GARLASCHELLI L., *Life-size reproduction of the Shroud of Turin and its image*, en *Journal of Imaging Science and Technology*, vol. 54, n. 4, Julio-Agosto de 2010, pp. 40301 -1 - 40301 -14.

voluntario para obtener la impronta del cuerpo, mientras que el rostro lo obtuvo adaptando la tela sobre un bajorrelieve de yeso. Para reproducir la imagen, la tela fue frotada con una almohadilla embebida en ácido sulfúrico diluído en agua que contenía un pigmento inerte en polvo, el aluminato de cobalto. El pigmento fue después eliminado lavando la tela. A continuación añadió las señales de los golpes de flagelo y de las heridas utilizando ocre rojo, cinabrio y alizarina.

El resultado del experimento fue criticado por Giulio Fanti y Thibault Heinburger[84], que subrayaron cómo la imagen de Garlaschelli es muy distinta de la imagen sindónica: no tiene los contornos difuminados, no tiene continuidad, no está presente en las zonas en las que no había contacto, tiene una escasa tridimensionalidad. A nivel microscópico hay muchas diferencias, porque la imagen obtenida por Garlaschelli presenta notables discontinuidades. El color llega más en profundidad en las fibrillas, mientras que en la Síndone sólo la película más externa de las fibrillas está amarillenta. Además las fibrillas de la Síndone son amarillentas en toda su circunferencia externa, mientras que las fibrillas del experimento de Garlaschelli están coloreadas sólo en el lado expuesto al ácido. No hay que olvidar además que en la Síndone bajo las manchas de sangre no hay imagen y hay halos de suero alrededor de las mismas manchas, características todas imposibles de reproducir con el método de Garlaschelli.

También tres investigadores franceses[85] se empeñaron en la empresa de fabricar una copia de la Síndone utilizando un bajorrelieve. Jacques Di Costanzo, del Centro Hospitalario Universitario de Marsella, usó los elementos sugeridos por McCrone. Sobre un bajorrelieve aplicó un tejido, tratado a continuación con una solución de óxido de hierro. El color fue fijado con gelatina rica en colágeno. Para simular las manchas de sangre, añadio cinabrio. También Paul-Éric Blanrue y Patrick Berger, del Museo de Historia Natural de París, realizaron con esta técnica, en sólo «cinco minutos», una falsificación indeleble, definida por ellos «100% idéntica al original». De hecho, según dicen

---

[84] HEIMBURGER, T., FANTI G., *Scientific comparison between the Turin Shroud and the first handmade whole copy*, en DI LAZZARO P. (Ed.), *Proceedings of the IWSAI 2010*, o. cit., pp. 19-28, http://www.acheiropoietos.info/proceedings/HeimburgerWeb.pdf; FANTI G., HEIMBURGER, T., *Letter to the Editor. Comments on "Life-size reproduction of the Shroud of Turin and its image" by L. Garlaschelli*, en *Journal of Imaging Science and Technology*, vol. 55, n. 2, Marzo-Abril de 2011, pp. 020102-(3).

[85] BOURDIAL I., *Saint suaire: la science aveuglée par la passion*, en *Science et Vie* n. 1054, Julio 2005, pp. 110-125.

estos nuevos falsificadores, su lino «contiene en sí todas las informaciones presentes en el original conservado en Turín».

Una verificación que comprenda análisis de laboratorio podría fácilmente desmentir esta pretenciosa afirmación: los competentes experimentadores, en efecto, usaron sí las sustancias indicadas por McCrone, cuya presencia en la imagen sindónica quedó excluida definitivamente. Aplicada con el pincel o con el bajorrelieve que se quiera, la pasta de pigmentos con el colágeno no puede en absoluto reproducir la Síndone, porque en la reliquia ese potingue no existe.

Una simple mirada al resultado obtenido por Blanrue y Berger, en general, es ya suficiente para formarse una idea de estos nuevos maestros. Ciertamente se necesita mucho atrevimiento para exhibir aquella chapuza pretendiendo que sea idéntica a la Síndone. Sería interesante, además, verificar la presencia de pólenes de Oriente Medio, de aragonito de Jerusalén, de áloe y de mirra, etc., pero esto serían sutilezas.

Reproducir una Síndone «no es de hecho complicado», ha afirmado Blanrue, que ha añadido descaradamente: «En la Síndone no ha sido nunca encontrado ningún resto de sangre». Después de esto, cualquier posterior comentario resulta superfluo.

Jacques Di Costanzo, por su cuenta, se empeñó en otro experimento: obtener una imagen humana por vaporigrafía, «simulando las reacciones químicas que suceden en el cuerpo de un torturado». Puesto que no se obtiene ninguna imagen, se deduce que la Síndone no puede haber sido impresa por el cuerpo de Cristo. Evidentemente excluye la posibilidad de que el cadáver de Jesús pudo haberse comportado de manera diferente a la de cualquier otro ser humano...

La teoría del bajorrelieve recalentado

Vittorio Pesce Delfino[86], profesor de Antropología en la Universidad de Bari, sostiene que la imagen fue producida antes de 1350 con un bajorrelieve recalentado a 220 °C por un falsificador, que habría después simulado la sangre usando pigmento de ocre.

Esta teoría se basa en algunas similitudes existentes entre las ligeras chamuscaduras y la imagen sindónica, pero es necesario considerar bien las diferencias. La imagen obtenida con el bajorrelieve recalentado, a diferencia de la sindónica, pasa de parte a parte y es visible también por detrás de la tela. Además, como ya hemos visto en relación con la teoría del pirograbado, las fotografías con fluorescencia ultravioleta han demostrado claramente la fluorescencia de todas las zonas de quemadura y de chamuscadura en la Síndone, mientras que ninguna fluorescencia aparece en el área de la imagen. El calor quedó definitivamente excluído como mecanismo de formación de la imagen

---

[86] PESCE DELFINO V., *E l'uomo creò la Sindone*, Ed. Dedalo, Bari 2000.

y por tanto tampoco la teoría del bajorrelieve recalentado es sostenibile.

También en este caso, como en el experimento de Nickell, el análisis del nivel de luminancia[87] hace resaltar la diferencia entre la imagen sindónica y la obtenida con el bajorrelieve recalentado. Además en la Síndone hay sangre, no ocre, por tanto la simulación de la sangre con el pigmento a base de ocre no tiene ningún sentido. Una explicación puede ser plausible sólo si está científicamente bien fundada desde un punto de vista físico, químico, biológico y médico. Es necesario tener presente, como punto firme de partida, que dentro de aquella sábana ha habido un cadáver ensangrentado[88]. ¿Cómo sostener, entonces, la hipótesis del falsificador que realiza la imagen con un bajorrelieve recalentado?

Existen además problemas de ejecución, puesto que se debería haber actuado con una sábana larga sobre dos bajorrelieves recalentados de cerca de dos metros cada uno, manteniéndolos a una temperatura uniforme. El falsificador habría debido poner antes el ocre en las zonas oportunas del lienzo y después habría debido aplicar el bajorrelieve caliente; pero habría existido la dificultad de hacer coincidir las manchas sobre los puntos justos. Y si hubiese usado sangre en lugar de ocre, la sangre se habría alterado por el contacto directo con el bajorrelieve recalentado a 220°C.

La hipótesis del artefacto queda excluída también por muchas otras consideraciones. El falsificador habría debido poner en la Síndone detalles invisibles a simple vista, como algunas marcas de flagelos sutiles como rasguños y la tierra en los talones, en las rodillas y en la nariz; habría tenido que esparcir en la tela pólenes de plantas inexistentes en Europa y trazas de los aromas usados para la sepultura; todo esto dos siglos antes del descubrimiento del microscopio. Habría además imaginado los agujeros de los clavos en la palma de la mano, como siempre los han pintado los artistas, no en las muñecas como se observa en la Síndone; y habría puesto los pies en la posición de apoyo sobre un apoyapiés, otro detalle común en las presentaciones de los crucifijos, no flexionados hacia adelante por estar clavados directamente contra el leño de la cruz, como se deduce de la Síndone. No habría pensado en una corona en forma de casco y en el transporte del *patibulum* en lugar de la cruz entera, otros tantos elementos que se encuentran en la Síndone.

---

[87] FANTI G., MORONI M., *Comparison of luminance between face of the Turin Shroud Man and experimental results*, o. cit.

[88] BAIMA BOLLONE, P., *Sindone, storia e scienza 2010*, Priuli & Verlucca, Ivrea (TO) 2010; LAVOIE G., *Turin Shroud: a medical forensic study of its blood marks and image*, en DI LAZZARO P. (Ed.), *Proceedings of the IWSAI 2010*, o. cit., pp. 187-194, http://www.acheiropoietos.info/proceedings/LavoieWeb.pdf

Imposible, finalmente, la aplicación diferenciada de sangre venosa y arterial en los puntos anatómicamente justos en la frente y de sangre post-mortal en la herida del costado y en los pies, en una época en la que no existían todavía estos conocimientos científicos.

Otras teorías insostenibles

También se ha dado la hipótesis de que la imagen sindónica fue causada por un rayo globular[89] o bien, durante un terremoto[90], por un campo eléctrico con efecto corona, en presencia de una abundante emisión de radón[91] o por un flujo de neutrones debido a reacciones piezonucleares[92]. Pero no existen pruebas de que en estas condiciones se forme una imagen como la de la Síndone[93]. Ya uno de los primeros defensores de los rayos y terremotos para explicar la imagen sindónica, el literato francés Arthur Loth[94], admitía que se trataba sólo de hipótesis.

En torno a la reliquia hay otras afirmaciones que no tienen ninguna base científica. Por ejemplo, es del todo infundada la hipótesis de M. Straiton[95], que sostiene que el Hombre de la Síndone es un cruzado crucificado por los sarracenos en el siglo XIII siguiendo las descripciones evangélicas, para escarnio cruel de su fe. En todo caso, las dificultades no serían ciertamente menores respecto a la obra de arte. Numerosos elementos colocan el origen de la Síndone en el siglo

---

[89] FANTI G., *Sindone. La scienza spiega la fede*, Edizioni Messaggero Padova, Padova 2010.

[90] JUDICA CORDIGLIA G.B., *La Sindone immagine elettrostatica?*, en COERO-BORGA P., INTRIGILLO G. (Edd.), *La Sindone, nuovi studi e ricerche*, o. cit., pp. 313-327.

[91] DE LISO G., LATTARULO F., FANTI G., *Turin Shroud-like electric imaging connected to earthquakes*, en *ATSI 2014*, o. cit., pp. 47-51.

[92] CARPINTERI A., LACIDOGNA G., MANUELLO A., BORLA O., *Piezonuclear neutrons from earthquakes as a hypothesis for the image formation and the radiocarbon dating of the Turin Shroud*, en *Scientific Research and Essays*, vol. 7, n. 29, 30 Julio de 2012, pp. 2603-2612; CARPINTERI A., LACIDOGNA G., BORLA O., *Is the Shroud of Turin in relation to the Old Jerusalem historical earthquake?*, en *Meccanica*, 2014, pp. 1-12.

[93] FULBRIGHT D., DI LAZZARO, P., *Earthquake-induced piezonuclear reactions and the image on the Shroud of Turin: critical remarks*, en *Shroud of Turin, the controversial intersection of faith and science, International Conference*, o. cit., http://www.shroud.com/pdfs/stlfulbrightabstract.pdf

[94] LOTH A., *Le portrait de N.-S. Jésus-Christ d'après le Saint-Suaire de Turin*, Librairie Religieuse H. Oudin, Paris (France) 1900, pp. 53-55.

[95] STRAITON M., *The Man in the Shroud. A 13th century crucifixion action-replay*, en *Catholic Medical Quarterly*, Agosto de 1989, pp. 135-143.

primero; y después, ¿cómo explicar la similitud del Rostro sindónico con los antiguos iconos? Los verdugos habrían crucificado a un... doble de Jesús? Y ¿cómo obtener la imagen en negativo, en aquel entonces inexplicable e irreproducibile?

Lamentablemente sobre el sagrado lino se han dicho muchas tonterías y dar un elenco completo de teorías absurdas queda fuera del contenido de este breve tratado. Nos interesamos por tanto, sólo por las afirmaciones más conocidas, que han saltado hasta los periódicos o que retornan cíclicamente a la palestra, repescadas por alguien que no tiene nada mejor que hacer.

Además de las ya comentadas, entre las teorías, contrarias a la autenticidad de la Síndone, existe una que parte, en cambio, de una absoluta confianza en la autenticidad de la venerada sábana. Aceptada la identificación del Hombre de la Síndone con Jesús, algunos autores tratan de demostrar que la Síndone es una prueba de su muerte aparente. Jesús habría sido bajado de la cruz desvanecido, o en coma[96]. Estos escritores no tienen en consideración la herida del costado, de la que salió sangre ya parcialmente coagulada y suero aparte. Esto no puede suceder en una persona viva.

El examen de la impronta sindónica permitió afirmar con certeza que el hombre que fue envuelto en la sábana, fue puesto allí ya cadáver[97] y en estado de rigidez. Basta observar la posición de los pies: en un sujeto distendido, relajado, los pies resultan paralelos o incluso divergentes. En la Síndone se observa que las puntas de los pies son convergentes, posición no natural, pero derivada de la fijación sobre la cruz de los dos pies superpuestos. El *rigor mortis* ha fijado en el cadáver esta angulación de las extremidades.

En los bordes de las manchas de sangre no existen trazas de movimientos: ningún arrastre o roce con la sangre, prueba del hecho de que aquel cuerpo estaba inmovilizado en el lienzo. También el final del contacto sucedió sin desplazamientos de la tela. Nadie abrió aquella tela para llevarse el cadáver, de lo contrario habría habido una alteración de los coágulos hemáticos.

Algunas observaciones puntuales al respecto fueron hechas por el médico Sebastiano Rodante[98]. Él subrayó cómo las improntas

---

[96] KERSTEN H., GRUBER E., *The Jesus Conspiracy*, Element Books Ltd., Longmead (UK) 1994; HOARE R., *The Turin Shroud is Genuine*, Souvenir Press, London (UK) 1994; LORENTE M., *42 Giorni*, Editrice Nord, Segrate (MI) 2010; FELZMANN H., *Resurrected or Revived?*, Felzmann Verlag, Holzkirchen (Germania) 2012.

[97] BAIMA BOLLONE P., *L'Uomo della Sindone era cadavere*, en *Sindon*, Cuaderno n. 7, Junio de 1994, pp. 39-47.

[98] RODANTE S., *Intervento dopo la comunicazione di Rodney Hoare*, en COPPINI L., CAVAZZUTI F. (Edd.), *La Sindone, Scienza e Fede*, o. cit. pp. 223-225.

sanguíneas presentes en la Síndone se formaron en el lienzo por el contacto con un cuerpo en estado de absoluta inmovilidad, porque estaba muerto con indiscutible certeza. Si hubiera habido un movimiento de respiración, aunque fuera mínimo, la impronta de los dedos de las manos habría resultado confusa. Además el anhídrido carbónico de la respiración habría determinado la alteración de la impronta de las aletas nasales, porque habría reaccionado con el áloe y la mirra de los que había sido embebida la sábana.

Otra hipótesis fantasiosa[99] pretende que las apariciones de Jesús resucitado fueron en realidad ostensiones de la Síndone. Teoría gratuita, sin ningún fundamento, que ha sido justamente rechazada y criticada[100].

La teoría de la vaporigrafía y del contacto

Muchos estudiosos han intentado explicar la imagen sindónica admitiendo que en la tela fue envuelto un cadáver. Algunos de ellos han tomado después en consideración la posiblidad de que la imagen no se hubiera formado inmediatamente, sino sólo tras muchos años: es la teoría de la imagen latente.

La más antigua hipótesis, la vaporigráfica, fue sostenida por el biólogo y filósofo Paul Vignon[101] ya desde los inicios de 1900. Él observó que el claroscuro de las improntas sindónicas varía de intensidad en los diferentes puntos en proporción a la presunta distancia entre la tela y el cuerpo al que envolvió. Esto podría haber sido provocado por vapores amoniacales, formados por la alteración de la urea contenida en la sangre y en el sudor, los cuales habrían impresionado la tela, espolvoreada de aromas sensibles como el áloe, en proporción inversa a la distancia. En tiempos más recientes, el físico Giovanni Imbalzano[102] propuso la hipótesis de una termografía con efectos vaporigráficos.

[99] DE WESSELOW T., *The Sign*, Penguin Books, London (UK) 2012.

[100] ANTONACCI M., BYRNE P., *Combined review of: "The Sign" by Thomas de Wesselow and "Resurrected or Revived?" by Helmut Felzmann*, 2012, http://holyshroudguild.org/uploads/2/7/1/7/2717873/shroud_books_reviewed.pdf

[101] VIGNON P., *Le Linceul du Christ. Ètude scientifique*, Masson et C. Éditeurs, Paris (France) 1902; Vignon P., *Le Saint Suaire de Turin devant la Science, l'Archéologie, l'Histoire, l'Iconographie, la Logique*, Masson et C. Éditeurs, Paris (France) 1939.

[102] IMBALZANO G., *Un metodo chemio-termografico di stampa ad effetti tridimensionali*, en COPPINI L., CAVAZZUTI F. (Edd.), *La Sindone, Scienza e Fede*, o. cit., pp. 361-364.

Es necesario sin embargo notar que la difusión de los vapores no es nunca ortogonal, sino dirigida en todas las direcciones; además la cantidad de sudor presente en el cuerpo no estaba uniformemente distribuída y no era suficiente para configurar una impronta tan extendida y uniforme como la sindónica.

La piel del cadáver tiende a ser ácida, no alcalina; además en la hipótesis de Vignon debería haber una diferencia entre la impronta dorsal y la frontal, que en cambio no existe en la imagen sindónica. Las investigaciones de los científicos americanos evidenciaron la siguiente dificultad: los vapores amoniacales habrían penetrado en la tela, mientras que la imagen es sólo superficial.

Numerosos investigadores han intentado reproducir la imagen por contacto. Giovanni Judica Cordiglia[103], profesor de Medicina Legal en la Universidad de Milán, espolvoreó el rostro de un cadáver con una mezcla en proporción 1:1 de áloe y mirra en polvo y le hizo adherir una tela embebida en trementina y aceite de oliva en proporción 2:1. Para obtener las imágenes difuminadas puso después las telas en ambiente húmedo. Con posterioridad[104] hizo algunos experimentos usando en lugar del áloe y de la mirra otra droga, la gállara, y notó que sólo tras una larga exposición al sol aparecieron las improntas.

Ruggero Romanese[105], director del Instituto de Medicina Legal y de las Garantías de la Universidad de Turín, impregnó algunas telas con polvo de áloe y mirra en partes iguales y las superpuso en rostros de cadáveres ligeramente humedecidos con agua o solución fisiológica difundida con un nebulizador. Tras pocos minutos el áloe se oxidó y se formó una impronta que resulta más difuminada con el paso de las horas. El médico Pedro Scotti[106] formuló la hipótesis de una doble acción, de contacto en las zonas más oscuras y de evaporación en las zonas más claras.

---

[103] JUDICA CORDIGLIA G., *Ricerche ed esperienze sulla genesi delle improntе della Sindone*, en SCOTTI P. (Ed.), *La Santa Sindone nelle ricerche moderne*, o. cit., pp. 51-68.

[104] JUDICA CORDIGLIA G., *L'Uomo della Sindone è il Gesù dei Vangeli?*, Ed. Fondazione Pelizza, Chiari (BS) 1974, pp. 106-109.

[105] ROMANESE R., *Contributo sperimentale allo studio della genesi delle improntе della Santa Sindone*, en SCOTTI P. (Ed.), *La Santa Sindone nelle ricerche moderne*, o. cit., pp. 69-82.

[106] SCOTTI P., *Le improntе della Santa Sindone e le recenti ricerche della chimica*, en SCOTTI P. (Ed.), *La Santa Sindone nelle ricerche moderne*, o. cit., pp. 97-120.

Sebastiano Rodante[107] ha obtenido algunas improntas usando un vaciado de cerámica sobre el que había rociado una solución compuesta por dos partes de sudor y una de sangre, añadiendo después polvo de áloe y mirra en partes iguales y superponiendo una tela de lino durante cerca de 36 horas. Después obtuvo mejores resultados usando telas embebidas en áloe y mirra en solución acuosa.

La teoría de la imagen latente fue sostenida por el artista e historiador Antoine Legrand[108], el cual atribuye la impronta sindónica a los líquidos emanados del cadáver, que habrían hecho amarillear el lino con el paso del tiempo. Como confirmación de esta posibilidad, el farmacéutico Jean Volkringer[109] aportó las improntas de vegetales que se forman naturalmente en los viejos herbolarios por el simple contacto de la planta con el papel. Esta hipótesis fue repropuesta por el biofísico John A. De Salvo[110], que le atribuyó mucha importancia al ácido láctico presente en el sudor.

La hipótesis de la imagen latente fue retomada después por el físico Samuel Pellicori[111], que trató un tejido de lino con complicados extractos de sudor, aceite de oliva, mirra, áloe y luego lo calentó en un horno para simular el envejecimiento. La tela resultaba amarillenta. Según Pellicori las sustancias por él usadas tenían sólo la función de catalizadores. La imagen se habría desarrollado con el tiempo con la exposición de la Síndone a la luz.

No se puede negar que el cuerpo en muchos puntos tuvo estrecho contacto con el lienzo: en efecto, en las fotografías con fluorescencia se pueden dintinguir, bien definidas, las mínimas señales de flagelos, sutiles como rasguños. El problema es cómo explicar el paso de la imagen al tejido, desde el momento en que con el contacto no se consiguen reproducir las graduaciones de intensidad y la superficialidad. Se debería, de todas formas, presuponer un mecanismo físico que pudiera generar los difuminados, creando la imagen también donde el lienzo no estaba en contacto con el cuerpo.

La teoría de la radiación

---

[107] RODANTE S., *Il sudore di sangue e le impronte della Sindone*, en *Sindon*, Cuaderno n. 21, Abril de 1975, pp. 6-11; RODANTE S., *Le realtà della Sindone*, o. cit.

[108] LEGRAND A., o.cit. pp. 96-100.

[109] VOLCKRINGER J., *The Holy Shroud. Science confronts the imprints*, The Runciman Press, Manly, Australia 1991.

[110] DE SALVO J., *The image formation process of the Shroud of Turin and its similarities to Volkringer Patterns*, en *Sindon*, Cuaderno n. 31, Diciembre de 1982, pp. 43-50.

[111] PELLICORI S., EVANS M.S., *The Shroud of Turin through the microscope*, o cit.

Ya en 1930 se había visto la hipótesis, propuesta por el salesiano Noguier de Malijay[112], de que la impronta presente en la Síndone podría haber sido provocada por un fenómeno fotorradiante ligado a la resurrección de Jesús. En 1966 Geofrey Ashe[113] repropuso tal hipótesis, que fue aceptada en seguida por muchos otros, entre ellos Giovanni Judica Cordiglia[114] y Sebastiano Rodante[115].

El físico John Jackson[116] ha considerado algunas conclusiones ya fuera de toda duda: la gran definición de los detalles de la figura humana, que si fuera debida a difusión o radiación resultaría mucho más desenfocada; la imagen es debida al amarilleamiento de cada una de las fibrillas superficiales, cuyo número por unidad de área determina la mayor o menor intensidad de la figura; la elaboración tridimensional posible gracias a una correlación existente entre la intensidad de la figura y la distancia tela-cuerpo; la naturaleza química de la imagen es debida a la degradación por deshidratación y oxidación de las fibrillas superficiales sin aporte de sustancias; la imagen es una proyección vertical de la figura sobre un plano horizontal: hay una correspondencia en vertical entre el cuerpo y los puntos correspondientes de la imagen; la tela ha envuelto un verdadero cadáver: las manchas de sangre son debidas al contacto directo con las heridas de un cuerpo humano; faltan trazas de imagen corporal lateral, mientras que hay manchas de sangre laterales; bajo las manchas de sangre no existe imagen del cuerpo: la sangre, que primero se depositó en la tela, hizo de pantalla para la zona subyacente cuando después, se formó la imagen.

En base a tales consideraciones, Jackson ha propuesto la hipótesis de que la tela, mientras se formaba la imagen corporal, estaba en posición diferente a la que tenía mientras se formaban las manchas de sangre. El lienzo se habría manchado de sangre mientras se estaba amoldando al cuerpo humano distendido; la imagen, en cambio, se

---

[112] NOGUIER DE MALIJAY N., *La Santa Sindone di Torino*, Libreria del S.Cuore, Torino 1930, p. 51.

[113] ASHE G., *What sort of picture?* En *Sindon*, Cuaderno n. 10, Abril de 1966, pp. 15-19.

[114] JUDICA CORDIGLIA G., *Ipotesi sulla genesi delle immagini che si rinvengono sulla Sindone*, en COERO-BORGA P. (Ed.), *La Sindone e la Scienza*, o. cit., pp. 499-502.

[115] RODANTE S., *Un lampo di luce alle soglie del terzo millennio*, en BAIMA BOLLONE P., LAZZERO M., MARINO C. (Edd.), *Sindone e Scienza. Bilanci e programmi alle soglie del terzo millennio*, *Atti del III Congresso Internazionale di Studi sulla Sindone*, Torino 5-7 Junio de 1998, pp. 1-9.

[116] JACKSON J.P., *Is the image on the Shroud due to a process heretofore unknown to modern science?* , en *Shroud Spectrum International*, n. 34, Marzo 1990, pp. 2-29, http://www.shroud.com/pdfs/sse34part3.pdf.

habría formado a causa de un aporte energético, mientras la tela poco a poco se desinflaba atravesando el cuerpo, que resultaba mecánicamente transparente.

Los puntos anteriormente en contacto con la piel se desplazaron lateralmente y la imagen amarillenta de la figura se formó en la tela a medida que, descendiendo por gravedad, encontraba el contorno del cuerpo. Por ejemplo, las manchas de sangre que vemos sobre los cabellos, se habrían formado donde la tela, en un primer momento, tocaba las mejillas. El aporte energético podría haber sido dado por rayos ultravioleta o rayos X débiles.

Muy interesantes son también los experimentos del biofísico Jean-Baptiste Rinaudo[117], investigador de medicina nuclear en Montpellier. Según este científico, la oxidación ácida de las fibrillas superficiales de la Síndone en las zonas de la imagen, la información tridimensional contenida en la figura y la proyección vertical de los puntos que componen la impronta se pueden explicar con una radiación de protones que habrían sido emitidos por el cuerpo, bajo el efecto de un aporte de energía desconocida.

Rinaudó sostiene que los átomos implicados en el fenómeno serían los del deuterio, presente en la materia orgánica: es el elemento que tiene la menor necesidad de energía para extraer un protón de su núcleo, que está formado por un protón y un neutrón. Es un núcleo estable, por tanto ha habido necesidad de un aporte de energía para romperlo. Los protones habrían formado la imagen, mientras los neutrones habrían irradiado el tejido, con el consiguiente enriquecimiento en ^{14}C que habría falseado la datación. Interesante el hecho de que el posterior envejecimiento artificial de las muestras refuerza las coloraciones de las oxidaciones obtenidas.

Otro estudio significativo fue llevado a cabo por un médico, August Accetta[118], que dirigió un experimento sobre sí mismo inyectándose una solución de difosfato de metileno que contenía tecnecio-99m, un isótopo radioactivo que decae rápidamente. Cada átomo de tecnecio emite un único rayo gamma, que puede ser registrado por un

[117] RINAUDO J.-B., *Nouvelle hypothèse sur la formation de l'image du Linceul de Turin invalidant son age radiocarbone*, en *Montre-Nous Ton Visage*, n. 3, 1990, pp. 9-12; RINAUDO J.-B., *Hypothèse protonique sur la formation de l'image du Linceul de Turin. Le verdict expérimental*, en *Montre-Nous Ton Visage*, n. 6, 1991, pp. 7-14; RINAUDO J.-B., *Nouveau mécanisme de formation de l'image sur le Linceul de Turin, ayant pu entraîner une fausse radiodatation médiévale*, en UPINSKY A.A. (Ed.), *L'identification scientifique de l'Homme du Linceul: Jésus de Nazareth*, o. cit., pp. 293-299.

[118] ACCETTA A., LYONS K., JACKSON J.P., *Nuclear medicine and its relevance to the Shroud of Turin*, en MARINELLI E., RUSSI A. (Edd.), *Sindone 2000*, o. cit., vol. I, pp. 3-6 y vol. III, pp. 3-5.

adecuado aparato que lo detecta. El objetivo era realizar una imagen provocada por una radiación emitida por un cuerpo humano. Según Accetta, en efecto, la imagen en la Síndone podría haber sido causada por la energía aprisionada en el interior del cuerpo de Cristo en el momento de la resurrección.

En el ENEA (Agencia Nacional para las Nuevas Tecnologías, la Energía y el Desarrollo Económico Sostenible) de Frascati (Roma), un grupo de físicos[119] realizó experimentos muy importantes. Algunas telas de lino fueron irradiadas con un laser excimer, que emite una radiación ultravioleta de alta intensidad. Los resultados, comparados con la imagen sindónica, muestran interesantes analogías: la coloración es similar y está limitada a la parte superficial del tejido. Resulta así confirmada la posiblidad de que la imagen sindónica fuera provocada por una radiación ultravioleta direccional. La coloración del lino resulta más intensa con el paso del tiempo.

Subraya el físico Giuseppe Baldacchini[120]:

> Son necesarios impulsos de luz ultravioleta muy dura, de duración inferior a cien milmillonésimas de segundo y con potencias de al menos algún centenar de megawatios, pero no mucho más. Por tanto estamos en presencia de procesos en el umbral y en la frontera de tipo foto-químico y no fototérmico, que, en cambio, produce quemaduras.

Baldacchini prosigue:

---

[119] BALDACCHINI G., DI LAZZARO P., MURRA D., FANTI G., *Coloring linens with excimer laser to simulate the body image of the Turin Shroud*, en *Applied Optics*, vol. 47, n. 9, 20 Marzo de 2008, pp. 1278-1285; DI LAZZARO P., MURRA D., SANTONI A., BALDACCHINI, G., *Sub-micrometer coloration depth of linens by deep ultraviolet* radiation, en DI LAZZARO P. (Ed.), *Proceedings of the IWSAI 2010*, o.cit., pp.3-10, http://www.acheiropoietos.info/proceedings/DiLazzaroWeb.pdf; DI LAZZARO P., MURRA D., SANTONI A., NICHELATTI E., BALDACCHINI G., *Colorazione simil-Sindonica di tessuti di lino tramite radiazione nel lontano ultravioletto*, en *RT/2011/14/ENEA*, Noviembre de 2011, http://www.frascati.enea.it/fis/lac/excimer/Sindone/Di%20Lazzaro%20-%20colorazione%20simil-Sindonica%20-%20ENEA_RT.pdf; DI LAZZARO P., MURRA D., NICHELATTI E., SANTONI A., BALDACCHINI, G., *Superficial and Shroud-like coloration of linen by short laser pulses in the vacuum ultraviolet*, en *Applied Optics*, vol. 51, n. 36, 20 Diciembe de 2012, pp. 8567-8568; DI LAZZARO P., MURRA D., *Shroud like coloration of linen, conservation measures and perception of patterns onto the Shroud of Turin*, en *ATSI 2014*, o. cit., pp. 79-84, http://www.shs-conferences.org/articles/shsconf/pdf/2015/02/shsconf_atsi2014_00005.pdf.

[120] BALDACCHINI G., *Gli ultimi studi sulla Sindone*, en *Gesù confido in te*, n. 25, Marzo-Abril de 2012, pp. 12-15.

Con una serie de razonamientos logicos y de hechos experimentales e históricos, es posible demostrar, más allá de toda duda razonable, que la Síndone ha sido realmente la sábana fúnebre utilizada para cubrir el cadáver de Jesucristo hace alrededor de 2.000 años, tras haber sido flagelado y crucificado en Jerusalén, como fue descrito en los Evangelios.

El físico concluye:

Queda sin embargo por descubrir cómo se creó la imagen corporal en la sábana fúnebre y cómo hizo el cuerpo de Jesús para salir de la tumba y en particular de la Síndone, que en la mañana después de la resurrección estaba sencillamente distendida (ahuecada) sobre la piedra del sepulcro. Nuestras medidas nos dicen que una explosión de energía radiante es compatible con la formación de la imagen corporal.

En verdad este experimento llega hasta el umbral del misterio de aquella impronta, que se relaciona con el misterio central de la fe cristiana.

CAPÍTULO III

EN PAÑO ESCONDIDO

Desde Francia a Turín

En lo que respecta a los últimos siglos, la documentación de la Síndone es amplia y continua[121]. Entre 1353 y 1356 la Síndone estaba en Francia, en las manos de Geoffroy de Charny, caballero cruzado y señor de las tierras de Lirey, que en 1342 se había casado en segundas nupcias con la noble dama Jeanne de Vergy. El cruzado, que no reveló nunca como había llegado a poseer la reliquia, caía en la batalla de Poitiers el 19 de septiembre de 1356, dejando un hijo, Geoffroy II.

De la Síndone no hay más noticias hasta 1389, cuando Geoffroy II de Charny obtuvo de Pierre de Thury, cardenal de Santa Susana y legado Papal ante Carlos VI, rey de Francia, el permiso de mostrar «una semblanza o representación del sudario de Nuestro Señor»[122]. No se pidió, sin embargo, la autorización a Pierre d'Arcis, obispo de Troyes, el cual se molestó, también por el boato de las ceremonias y la gran masa de peregrinos que eran atraídos por la Síndone y que no acudían, por tanto, a Troyes.

El obispo dirigió al antipapa Clemente VII una larga carta, en la que afirmaba que la primera ostensión de la Síndone, que había sucedido, dice él, en torno a 1355, había sido hecha sin la autorización de Henri de Poitiers, su predecesor como obispo de Troyes. Éste había ordenado llevar a cabo una investigación. Expertos teólogos y hombres de confianza le habían asegurado que la Síndone de Lirey no podía ser auténtica, porque si en la sábana fúnebre de Cristo hubiera estado visible una impronta, los Evangelios habrían hablado de ello sin más. Además, que era falsa lo había avalado la declaración del pintor mismo que la había pintado. Pierre d'Arcis no aportaba documentos y pruebas para sus afirmaciones, que parecían sin embargo muy persuasivas.

---

[121] FOSSATI L., *La Sacra Sindone. Storia documentata di una secolare venerazione*, Editrice Elledici, Leumann (TO) 2000; ZACCONE G.M., *La Sindone. Storia di un'immagine*, Paoline Editoriale Libri, Milano 2010.

[122] FOSSATI L., *La Santa Sindone. Nuova luce su antichi documenti*, Borla Editore, Torino 1961.

El 6 de enero de 1390 Clemente VII emanó una bula y dos cartas adjuntas, que autorizaban la ostensión de la sábana; sin embargo durante la exposición era necesario declarar explícitamente que esa no era la verdadera Síndone de Nuestro Señor, sino una *pictura seu tabula*, una pintura hecha a semejanza de la Síndone. La expresión indica claramente una obra manual.

Es muy significativa la sustitución de la expresión *pictura seu tabula* de la Bula del 6 de enero de 1390 por la simple indicación de *figura seu rapresentacio* (que aparece en todos los demás documentos papales) puesta en la copia del Registro Vaticano (Reg. Avgn. 261, f.259v). La corrección lleva la fecha del 30 de mayo de 1390, víspera de la última Bula del 1 de junio de 1390 en la que se conceden particulares indulgencias a los visitantes de la Iglesia de Santa María de Lirey donde se conserva la *venerabiliter figura seu rapresentacio sudarii Domini nostri Jesu Christi*.

El 22 de marzo de 1453 Marguerite de Charny, que había heredado la Síndone de su padre Geoffroy II, entregó la Síndone a Anne de Lusignan y a su marido, el duque Ludovico de Saboya. La reliquia acabó siendo colocada en la *Sainte-Chapelle* del castillo de Chambéry. El sagrado lino permaneció en posesión de los Saboya hasta la muerte del rey Umberto II (18 de marzo de 1983), cuando por voluntad testamentaria lo donó al Papa (S. Juan Pablo II).

Tres acontecimientos principales de este período son la aprobación de la Misa y del Oficio proprio de la Síndone, por parte del Papa Giulio II que permitió este culto público (1506), el incendio de Chambéry (1532) y el traslado de la Síndone a Turín, decidido por el duque Emanuele Filiberto con ocasión de la peregrinación de S. Carlo Borromeo, arzobispo de Milán (1578). El 1 de junio de 1694 la Síndone fue colocada en la Capilla del arquitecto Guarino Guarini, aneja a la catedral de Turín.

En los cuatro siglos de permanencia turinesa se han sucedido ostensiones según diversas circunstancias, o para celebrar eventos de la Casa de Saboya. Tras la ostensión pública de la reliquia con ocasión de la exposición de Arte Sacro de 1898 y la ostensión del 3 al 24 de mayo de 1931 para festejar las nupcias del principe Umberto de Saboya con María José de Bélgica, otra ostensión tuvo lugar en 1933, del 24 de septiembre al 15 de octubre, para conmemorar el XIX centenario de la Redención.

Durante la segunda guerra mundial, la Síndone fue escondida en la Abadía de Montevergine (Avellino) del 25 de septiembre de 1939 al 28 de octubre de 1946.

Del 16 al 18 de junio de 1969 se efectuó una investigación por parte de una comisión de estudio nombrada por el cardenal Michele Pellegrino, arzobispo de Turín. La Síndone fue fotografiada por primera vez a color por Giovanni Battista Judica Cordiglia.

La reliquia comenzó a ser conocida del gran público durante la primera ostensión televisiva en directo, el 23 de noviembre de 1973. En aquella ocasión se procedió a un nuevo reconocimiento de la reliquia y se tomaron muestras para llevar a cabo nuevos estudios.

Casi cuatro millones de peregrinos acudieron a Turín en 1978 para la celebración del IV centenario del traslado de la Síndone desde Chambéry a Turín, solemnizado con una ostensión pública del 26 de agosto al 8 de octubre y un Congreso internacional de estudio. Al final de la ostensión es cuando se realizaron las medidas y análisis de la reliquia (por parte del STURP).

El siguiente test, en cambio, suscitó muchas perplejidades. El 21 de abril de 1988 se extrajo de la Síndone una muestra de tejido para someterla a la datación con el método del carbono radiactivo. En base a este análisis, la Síndone se remontaría al medioevo, en un período comprendido entre el año 1260 y el 1390 d.C. Las formalidades de la operación de toma de las muestras y la fiabilidad del método para tejidos que han sufrido vicisitudes como las de la Síndone son, sin embargo, consideradas insatisfactorias para un número relevante de estudiosos.

El 24 de febrero de 1993 la Síndone fue temporalmente trasladada detrás del altar mayor de la Catedral de Turín para permitir los necesarios trabajos de restauración de la Capilla de Guarini. El relicario fue puesto en una teca de cristal con paredes de 39 mm de anchura.

En la noche entre el 11 y el 12 de abril de 1997 un incendio provocó gravísimos daños a la Capilla de la Síndone. Los bomberos fueron capaces, sin embargo, de acercarse a la teca especial de cristal hasta romperla y salvar la reliquia. El 14 de abril una comisión de expertos, compuesta también por el cardenal Giovanni Saldarini, arzobispo de Turín y Custodio de la Síndone, examinó el estado de la sábana y constató que no se había producido en ella ningún daño.

Del 18 de abril al 14 de junio de 1998 hubo una ostensión pública de la Síndone para celebrar el centenario de las primeras fotografías, sacadas por el abogado Secondo Pia entre el 25 y el 28 de mayo de 1898. El año 1998 se hallaba además a 1600 años del Concilio provincial de los Obispos de la Galia acogido en Turín por S. Máximo, a 400 años de la institución de la Confraternidad del Santísimo Sudario y a 20 años de la precedente ostensión. El Santo Padre, S. Juan Pablo II, se acercó a Turín el 24 de mayo y permaneció en oración delante de la venerada reliquia.

Con ocasión del Gran Jubileo del 2000, del 12 de agosto al 22 de octubre, hubo otra ostensión pública de la Síndone. Se fabricó una nueva teca para la conservación del apreciado Lino. Se fabricó con un bloque único de aluminio, oportunamente montado para evitar soldaduras. La sábana, que ha quedado distendida, en ausencia de luz y en presencia de un gas inerte, está protegida por un vidrio antibalas en un compartimento estanco y, a través de distintos sistemas de monitores, se mantiene en condiciones climáticas constantes.

Entre el 20 de junio y el 23 de julio de 2002 la Síndone fue sometida a una notable intervención que implicó la eliminación de los remiendos y de la tela de Holanda, aplicados por las hermanas Clarisas de Chambéry en 1534. Por detrás de la Síndone se cosió una nueva tela. Además se efectuó un escaneo digital completo tanto en la superficie donde es visible la imagen del Hombre de la Síndone, como en la de detrás que de nuevo quedó escondida con la nueva funda. Finalmente se realizó una documentación fotográfica completa y se adquirieron algunas muestras de material.

Para permitir un control de la teca con alta tecnología en la que se conserva, el lunes 21 de enero de 2008 la Síndone fue trasladada a la sacristía nueva de la Catedral de Turín. Durante tres días la tela fue objeto de distintas filmaciones; el martes 22 de enero los técnicos de la sociedad de Novara Hal 9000 efectuaron 1.650 tomas que han conducido, tras una larga elaboración informática, a la realización de una imagen de altísima resolución (1250 dpi) útil también para estudios científicos.

Hubo una nueva ostensión de la Síndone del 10 de abril al 23 de mayo de 2010. En 2013 hubo una ostensión televisada el sábado Santo, 30 de marzo. La ostensión del 2015 ha abarcado un largo período, desde el 19 de abril hasta el 24 de junio.

El ocultamiento de los primeros siglos

Respecto a los siglos anteriores suponen una notable ayuda no sólo los documentos escritos, sino también el estudio de la similitud entre el rostro sindónico y la mayor parte de las representaciones de Cristo conocidas en el arte, tanto oriental como occidental[123]. Tal similitud es evidente y no puede ser atribuída a pura casualidad; debe ser el resultado de una dependencia, mediata o immediata, de una imagen en relación a otra y de todas con una fuente común[124].

Paul Vignon fue el primero en sostener que el rostro de Cristo, como lo presenta el arte, debe depender de la Síndone; es decir, existe

---

[123] Marinelli E., *La Sindone e l'iconografia di Cristo*, en *Shroud of Turin, the controversial intersection of faith and science, International Conference*, o. cit., http://www.sindone.info/STLOUIS1.PDF.

[124] Pfeiffer H., *La Sindone di Torino e il Volto di Cristo nell'arte paleocristiana, bizantina e medievale occidentale*, *Emmaus 2*, Quaderni di Studi Sindonici, Centro Romano di Sindonologia, Roma 1982, p. 13.

una similitud entre el tipo clásico del rostro de Cristo con barba y la imagen sindónica[125].

Se pueden descubrir en la Síndone bastantes elementos no regulares, difícilmente atribuibles a la fantasía de los artistas, que hacen entender cómo las antiguas representaciones del rostro de Cristo dependen de la venerada reliquia: la cabellera es larga y partida en dos; muchos rostros muestran dos o tres mechones de cabellos en mitad de la frente: puede ser una manera artística de representar el reguero de sangre en forma de *épsilon* presente en la frente del rostro sindónico; las arcadas de las cejas son pronunciadas; muchos rostros tienen una ceja más alta que la otra, como el rostro sindónico; en la base de la nariz algunos rostros tienen una marca como de un cuadrado al que le falta el lado superior y debajo de él hay un marca en V.

Además, la nariz es larga y recta; los ojos son grandes y profundos, abiertos de par en par, con iris enormes y grandes ojeras; los pómulos son muy pronunciados, a veces con manchas; una zona bastante ancha entre las gotas del rostro sindónico y su cabellera está sin impronta, de manera que las bandas de los cabellos aparecen como demasiado separadas del rostro; una mejilla está más hinchada a causa de un fuerte trauma y por esto el rostro resulta asimétrico; el bigote, que con frecuencia está caído, está dispuesto asimétricamente y desciende más allá de los labios por cada lado con un ángulo diferente; la boca es pequeña, no oculta por el bigote; hay una zona sin barba debajo del labio inferior; la barba, no demasiado larga, bipartida y a veces tripartida, está ligeramente desplazada a un lado.

La dependencia sindónica es evidente, por ejemplo, en las marcas existentes entre las cejas, en la frente y en la mejilla derecha del rostro de Cristo (siglo VIII) de las catacumbas de Ponciano en Roma[126]. Ahora bien, es indispensable buscar en la historia los documentos, las alusiones, las descripciones de este singular objeto, para comprender en qué medida pudo haber influído en las representaciones de Cristo en el curso de los siglos[127].

Es lícito pensar que en los primeros tiempos de la Iglesia la Síndone la hubieran tenido escondida por diferentes motivos: ante todo se trataba de un recuerdo muy apreciado, habiendo envuelto el cuerpo del Redentor. Además existía el temor de que algún

---

[125] VIGNON P., *Le Linceul du Christ. Étude scientifique*, o. cit., pp. 163-192; P. VIGNON, *Le Saint Suaire de Turin devant la Science, l'Archéologie, l'Histoire, l'Iconographie, la Logique*, o. cit., pp. 113-191.

[126] WILSON I., *Icone ispirate alla Sindone*, en COPPINI L., CAVAZZUTI F. (Edd.), *Le icone di Cristo e la Sindone*, Ed. San Paolo, Cinisello Balsamo (MI) 2000, pp. 72-88, en p. 78.

[127] DROBOT G., *Il volto di Cristo, fedeltà a un santo modello*, en COPPINI L., CAVAZZUTI F. (Edd.), *Le icone di Cristo e la Sindone*, o. cit., pp. 57-71, en p. 60.

adversario externo a la comunidad, o también del interior de ella, la robase y la destruyese. Los Judíos, por respeto a la ley mosáica (Nm 19,11-22), consideraban impura cualquier cosa que hubiese tenido contacto con un cadáver y S. Pablo recordaba: «Nosotros en cambio anunciamos a Cristo crucificado, escándalo para los Judíos y estupidez para los paganos» (1 Cor 1,23). Era natural que los guardianes de la Síndone consideraran imprudente exhibir este impresionante testimonio de la ignominiosa crucifixión.

La posición en que fueron encontradas las telas fúnebres fue un testimonio indiscutible de la Resurrección[128]. El monje benedictino Maurus Green afirmaba: «El hecho de que los paños funerarios de Nuestro Señor y su disposición en la tumba constituyeran la primera prueba material de la resurrección, influyó para su conservación a pesar de su naturaleza impura»[129].

Los apócrifos hablan de los paños fúnebres de Jesús. S. Jerónimo (siglo IV) en *De viris illustribus* presenta un pasaje del *Evangelio según los Hebreos*[130] (siglo II): «El Señor, habiendo dado la tela fúnebre (*sindonem*) al siervo del sacerdote[131], fue donde Santiago y se le apareció[132].

Algunos escritos del siglo II-IV son conocidos bajo nombres diferentes[133]: *Evangelio de Nicodemo, Actas de Pilato, Evangelio de Gamaliel, Misterios de las Hechos del Salvador*[134]. Éstos refieren que el Señor, tras la resurrección, muestra en la tumba la sábana y el sudario a José de Arimatea[135].

---

[128] MORINI E., MANSERVIGI F., *The matter of the position of Jesus' burial cloths in a poetic text of the Orthodox Liturgy and in Iconography witnesses*, en *ATSI 2014*, o. cit., pp. 52-57, en p. 56,
http://www.academia.edu/8504722/The_matter_of_the_position_of_Jesus_burial_cloths_in_a_poetic_text_of_the_Orthodox_Liturgy_and_in_Iconography_witnesses

[129] GREEN M., *Enshrouded in silence. In search of the First Millennium of the Holy Shroud*, en *The Ampleforth Journal* 3, 1969, pp. 321-345, en p. 327.

[130] SAVIO P., *Ricerche storiche sulla Santa Sindone*, SEI, Torino 1957, pp. 60 y 152-160.

[131] FULBRIGHT D., *Did Jesus give his Shroud to "the servant of Peter"?*, en DI LAZZARO P. (Ed.), *Proceedings of the IWSAI 2010*, o. cit., pp. 129-132, http://www.acheiropoietos.info/proceedings/FulbrightServantWeb.pdf

[132] DUBARLE A.-M., *Histoire ancienne du linceul de Turin*, O.E.I.L, Paris (France) 1985, p.120.

[133] *Ibid.*, pp. 125-126.

[134] SAVIO P., *Ricerche storiche sulla Santa Sindone*, o. cit., pp. 63 y 166-168.

[135] AMIOT F. (Ed.), *Gli Evangeli apocrifi*, Massimo, Milano, 1979, p. 123.

En la *Inlatio* de la *Missa de sabbato Pasche ante octavas* del *Liber Mozarabicus Sacramentorum* (siglo VI-VII) se lee que Pedro, con Juan corre al sepulcro y «ve en los linos los recientes vestigios del difunto y resucitado»[136]. No hay nada de inverosímil en suponer que la Síndone fuera recogida con cuidado y no quedara desaparecida en la indiferencia; ésta es la opinión también de S. Braulio, obispo de Zaragoza (siglo VII), el cual en la carta XLII afirma que cree que los linos sepulcrales del Señor fueron conservados por los apóstoles para los tiempos futuros[137]. Apenas acabadas las persecuciones, el Papa Silvestre I (314-335) en el Concilio Provincial del 325, en las Termas de Trajano en Roma, dispuso que la S. Misa fuera celebrada sobre un lino blanco consagrado por el obispo, en recuerdo de aquel en el que fue envuelto el Señor[138].

El corporal de lino puro, que se extiende sobre el altar, es figura de la Síndone pura en la que fue envuelto Jesús: ésta es la interpretación común de los antiguos liturgistas orientales y latinos, como por ejemplo Juan, patriarca de Constantinopla (siglo VI). Germán, obispo de París, escribe: «El corporal, en el cual se pone la *oblatio*, por esta razón, es de lino puro, porque el cuerpo del Señor fue envuelto en linos puros en el sepulcro»[139]. Lo recuerdan también S. Beda el Venerable (siglo VIII), Rabano Mauro, arzobispo de Maguncia (siglo IX) y S. Remigio d'Auxerre (siglo X)[140]. «*Sindone, quam solemus Corporale nominare*» (La Síndone, a la que solemos llamar Corporal), afirmaba S. Amalario[141], liturgista y teólogo, que en el año 813 fue legado de Carlomagno en Constantinopla. Honorio de Autún[142] (siglo XII) escribía que el cáliz se cubre con el corporal «que representa a la Síndone limpia con la que José de Arimatea envolvió el cuerpo de Cristo». El cuerpo entero de Jesús, yaciente sobre una sábana, aparece en el

---

[136] DUBARLE A.-M., *Histoire ancienne du linceul de Turin*, o. cit., pp. 130-132; SAVIO P., *Ricerche storiche sulla Santa Sindone*, o. cit., p. 70.

[137] DUBARLE A.-M., *Histoire ancienne du linceul de Turin*, o. cit., pp. 128-129; SAVIO P., *Ricerche storiche sulla Santa Sindone*, o. cit., pp. 68 y 174-178; SAVIO P., *Prospetto Sindonologico*, en *Sindon*, Cuaderno n. 3, Agosto de 1960, pp. 16-31, en p. 24.

[138] CALISI A., *L'immagine della Sindone e l'Iconografia Bizantina*, en *Chi ha visto me ha visto il Padre, Atti del 3° Convegno Nazionale degli Iconografi e degli Amici dell'Iconografia*, Roma 24-26 Septiembre de 2010, pp. 1-10, en p. 8.

[139] SAVIO P., *Prospetto Sindonologico*, o. cit., p. 23.

[140] SAVIO P., *Prospetto Sindonologico*, o. cit., pp. 25-27.

[141] DU CANGE C. et al., *Glossarium mediæ et infimæ latinitatis*, Favre Ed., Niort 1883-1887, t. 2, col.576c.

[142] FILIPPI M., MONACELLI A., *Sindon, sudarium, linteamina in the medieval allegorical interpretation of liturgy*, en *ATSI 2014*, o. cit., pp. 119-124.

corporal de lino que se extiende sobre el altar para celebrar la Eucaristía en el rito bizantino. Es significativo conocer que todavía hoy el corporal es llamado Síndone en el rito ambrosiano[143].

Un parecido evidente

Por lo que se refiere al aspecto de Jesús, es necesario tener presente que la Sagrada Escritura no transmite ninguna descripción de la persona física del Salvador; las prohibiciones de la antigua ley (Ex 20,4; Dt 5,8) impidieron ciertamente a los primeros discípulos reflejar su fisonomía en cuadros o estatuas, aunque la leyenda atribuye algunas a S. Lucas, o a Nicodemo[144]. Ireneo (siglo II) y Orígenes (siglo III) consideran lícita la representación de Dios en una imagen[145], pero de todas formas, en los primeros tiempos del cristianismo, se usaron sólo símbolos, como el cordero, el pan y el pez, cuyo nombre griego *ichthùs* está formado por las iniciales de las palabras: *Jesús Cristo de Dios Hijo Salvador*. La imagen del pez eucarístico se puede observar, por ejemplo, en Roma en la cripta de Lucina de las catacumbas de S. Calixto (siglo II).

Una alternativa era la de aplicar a la figura de Cristo facciones derivadas de otras religiones no cristianas. Entre las imágenes más antiguas recordamos el *Christus Sol Invictus* del Mausoleo de los Julios en la necrópolis vaticana (siglo III), en el que Jesús es representado como el Dios Sol, en contraposición al *Helios* pagano[146]. En este período fueron introducidas también las figuras humanas del Buen Pastor, del Taumaturgo y del Maestro[147]. De este tipo es el Cristo que sana a la hemorroísa de las catacumbas de los SS. Marcelino y Pedro en Roma (siglo III). Jesús es representado imberbe para subrayar su naturaleza divina[148].

---

[143] CALISI A., *L'immagine della Sindone e l'Iconografia Bizantina*, o. cit., p. 8.

[144] MARINELLI E., *Three "Acheiropoietos" Images in comparison with the Turin Shroud*, en *International Interdisciplinary Conference on the Acheiropoietos Images*, Toruń, Poland, 11–13 Mayo de 2011, pp. 1-7,

https://www.academia.edu/867143/Three_Acheiropoietos_images_in_comparison_with_the_Turin_Shroud

[145] EGGER G., *L'icona del Pantocrator e la Sindone*, en COERO-BORGA P. (Ed.), *La Sindone e la Scienza*, o. cit., pp. 91-94, en p. 91.

[146] CECCHELLI C., *Rapporti fra il Santo Volto della Sindone e l'antica iconografia bizantina*, en SCOTTI P. (Ed.), *La Santa Sindone nelle ricerche moderne, o. cit.*, pp. 195-211, en pp. 199-200.

[147] EGGER G., *L'icona del Pantocrator e la Sindone*, o. cit., p. 91.

[148] PFEIFFER H., *La Sindone di Torino e il Volto di Cristo nell'arte paleocristiana, bizantina e medievale occidentale*, o. cit., pp. 20-21.

Tras la victoria del Cristianismo, sancionada por Constantino en el año 313 con el edicto de Milán, comenzó a difundirse una imagen diferente del rostro de Jesús, caracterizado por la barba no demasiado larga, por el bigote, por el rostro estrecho, alto y majestuoso, por los cabellos largos que caen sobre los hombros y a veces muestran una línea central que los divide[149]. Una de las primeras representaciones del Cristo con barba aparece en Roma en el Hipogeo de los Aurelios (siglo III). Entre las obras que lo muestran con barba hay que recordar algunos sarcófagos de la época teodosiana (siglo IV) todavía conservados, por ejemplo, en el ex Museo Lateranense en el Vaticano, en S. Sebastián fuera de las Murallas en Roma, en S. Ambrosio en Milán y en el Museo Lapidario de Arles.

Jesús con barba se encuentra también en Roma en el ábside de la basílica de Sta. Prudenciana (siglo IV). Del mismo tipo son el Cristo Maestro del cubículo de León en las catacumbas de Conmodilla (siglo IV) y el Cristo en trono entre Pedro y Pablo de las catacumbas de los SS. Marcelino y Pedro (siglo IV-V). En todas las representaciones del Salvador la similitud con el rostro sindónico es siempre marcada: obsérvese, por ejemplo, la antigua imagen de S. Salvador venerada en el oratorio de S. Lorenzo en *el Palatino*, llamado *Sancta Sanctorum*, en Roma, cuyo icono original se remonta al siglo V-VI; el mosaico (siglo VII) de la capilla de S. Venancio junto al Baptisterio de S. Juan de Letrán; el Cristo de la catedral de Tarquinia (siglo XII); el Salvador de la catedral de Sutri (siglo XIII) y el mosáico (siglo XIII) del ábside de la basílica de S. Juan de Letrán[150].

A partir del siglo VI también en Oriente se difunde un tipo especial de retrato de Jesús inspirado en la Síndone: es el Cristo majestuoso, con barba y bigote, llamado *Pantocrátor* (Omnipotente), del que existen espléndidos ejemplos en Capadocia[151]. Es evidente la inspiración en la Síndone en el rostro de Cristo del vaso de plata del siglo VI encontrado en Homs, en Siria, hoy conservado en el *Louvre* de París, y en el del relicario de plata del 550, procedente de Chersoneso en Crimea, que se encuentra en el *Ermitage* de San Petersburgo[152].

---

[149] *Ibid.*, p. 17.

[150] ZANINOTTO G., *L'Acheropita del SS. Salvatore nel Sancta Sanctorum del Laterano*, en COPPINI L., CAVAZZUTI F. (Edd.), *Le icone di Cristo e la Sindone*, o. cit., pp. 164-180, en pp. 178-179.

[151] MANTON L., *The Cappadocian frescoes in relation to the Turin Shroud*, en DOUTREBENTE M.-A. (Ed.), *Acheiropoietos. Non fait de main d'homme*, o. cit., pp. 119-126.

[152] MORONI M., *L'icona di Cristo nelle monete bizantine. Testimonianze numismatiche della Sindone a Edessa*, en COPPINI L., CAVAZZUTI F. (Edd.), *Le icone di Cristo e la Sindone*, o. cit., pp. 122-144, a p. 124.

El *Pantocrátor* está presente también en la era post-bizantina y permanecerá sustancialmente invariable hasta hoy[153]. En Oriente esta imagen se convertirá en la única para todo el arte figurativo y también en Occidente prevalecerá siempre[154]. En el *Pantocrátor* (siglo XIII) de Sta. Sofía (Estambul) y en el *Pantocrátor* (siglo XIV) de S. Salvador en Chora (Estambul) encontramos mejillas cóncavas y pómulos salientes y asimétricos. Respecto al detalle en medio de la frente, que puede ser un mechón o un doble mechón de cabellos, o alguna línea o mancha de color rojo o blanco, algunas veces también una arruga vertical, eso está siempre pintado en la región mediana y cambia no la forma esencial, sino su contenido en las distintas imágenes de diferentes siglos. Esto revela, a pesar de las diferentes interpretaciones, un origen único: el característico reguero de sangre en la frente del rostro sindónico.

Se puede reconocer el mechón de cabellos, simple o doble, por ejemplo en el *Pantocrátor* (siglo IX) del oratorio de S. Lorenzo en el *Palatino* en Roma, en el *Pantocrátor* (siglo XII) de Cefalú (Palermo), en el *Pantocrátor* (siglo XII) de Monreal (Palermo), en el *Pantocrátor* (siglo XII) de Sant'Angelo en Formis en Capua (Caserta) y en el *Pantocrátor* (siglo XII) de la Iglesia del monasterio de Dafni, en los alrededores de Atenas[155], mientras que aparece como un verdadero reguero de sangre en la frente de Cristo en el panel de la crucifixión de una de las vidrieras del Pórtico de los Reyes en la catedral de Chartres (siglo XII)[156].

La observación del rostro sindónico condiciona también la representación de Cristo sobre las monedas bizantinas a partir del siglo VII[157]. El primer emperador que hace representar sobre las monedas el rostro de Jesús fue Justiniano II (emperador bizantino del 685 al 695 y del 705 al 711). En su *sólidus* de oro (692-695) aparece un *Pantocrátor* que tiene los rasgos fuertemente semejantes a los sindónicos: melena ondulada recayendo detrás de los hombros, barba larga, bigote y el característico mechón en la frente.

Desgraciadamente son poquísimas las imágenes de Cristo que sobrevivieron al terrible período de la furia iconoclasta (730-843), en el

---

[153] GHARIB G., *Icone bizantine e ritratto di Cristo*, en COPPINI L., CAVAZZUTI F. (Edd.), *Le icone di Cristo e la Sindone*, o. cit., pp. 35-56, en p. 35.

[154] PFEIFFER H., *La Sindone di Torino e il Volto di Cristo nell'arte paleocristiana, bizantina e medievale occidentale*, o. cit., p. 20.

[155] GHARIB G., *Le icone di Cristo, storia e culto*, Città Nuova Ed., Roma 1993, p. 153.

[156] FALCINELLI R., *Testimonianze Sindoniche a Chartres*, en BAIMA BOLLONE P., LAZZERO M., MARINO C. (Edd.), *Sindone e Scienza. Bilanci e programmi alle soglie del terzo millennio*, o. cit., pp. 300-311, en pp. 303 y 310.

[157] MORONI M., *L'icona di Cristo nelle monete bizantine. Testimonianze numismatiche della Sindone a Edessa*, o. cit., pp. 122-144.

que se impuso la destrucción de las representaciones sagradas. Una vez concluídas las luchas iconoclastas, el rostro sindónico de Cristo aparecerá reproducido de nuevo sobre las monedas. Un *Pantocrátor* furtemente sindónico, expresivo, por los grandes ojos, larga cabellera y barba, aparece en el *sólidus* de oro de Miguel III (842-867).

Con la técnica de superposición con luz polarizada[158] quedó demostrado que el rostro sindónico coincide, en muchos puntos, con el del *Pantocrátor* representado en las monedas, una vez ampliado oportunamente: hay más de 140 puntos de coincidencia, es decir puntos que se superponen, con el *sólidus* y con el *tremissis* del primer reinado de Justiniano II. Esto satisface ampliamente el criterio forense estadounidense, para el cual son suficientes de 45 a 60 puntos de coincidencia para establecer la identidad o la semejanza de dos imágenes. La misma técnica fue aplicada a uno de los ejemplares más bellos de *Pantocrátor*, el del monasterio de Sta. Catalina del monte Sinaí (siglo VI), que presenta 250 puntos de coincidencia[159]. Otra comparación del rostro sindónico fue realizada con la técnica de elaboración digital. Resultó que los trazos y contornos del rostro sindónico son superponibles con los del Cristo del *sólidus* de Justiniano II y del icono del Sinaí[160].

En las fuentes literarias bizantinas la imagen del *Pantocrátor* es denominada *acheiropoietos* – no a mano hecha – o bien *apomasso* – impronta – y según la tradición se remonta a un paño; por esto fue llamada *Mandylion*. Este retrato canónico de Cristo está considerado hasta hoy como la única representación válida, no sólo en la Iglesia Ortodoxa, sino también en la Iglesia Católica[161].

Es interesante conocer que las puertas de madera de la basílica de Sta. Sabina en Roma (siglo V) presentan a Cristo con barba en las escenas de la Pasión, mientras que está sin barba en todas las demás escenas de su vida precedente. Esta diferenciación caracteriza

---

[158] WHANGER A.D., WHANGER M., *Polarized image overlay technique: a new image comparison method and its applications*, en *Applied Optics*, 24, 6, 1985, pp. 766-772.

[159] WHANGER A.D., *Icone e Sindone. Confronto mediante tecnica di polarizzazione di immagine sovrapposta*, en COPPINI L., CAVAZZUTI F. (Edd.), *Le icone di Cristo e la Sindone*, o. cit., pp. 145-151.

[160] HARALICK R.M., *Analysis of Digital Images of The Shroud of Turin*, Spatial Data Analysis Laboratory, Virginia Polytechnic Institute and State University, Blacksburg, VA, 1 Diciembre de 1983, pp. 1-97; BALOSSINO N., TAMBURELLI G., *Icone e Sindone. Analisi comparativa con metodologie informatiche*, en COPPINI L., CAVAZZUTI F. (Edd.), *Le icone di Cristo e la Sindone*, o. cit., pp. 152-157.

[161] EGGER G., *L'icona del Pantocrator e la Sindone*, o. cit., p. 93.

también a los mosaicos de S. Apolinar Nuevo en Rávena (siglo VI)[162]. Por tanto existía un motivo para poner en relación la representación de Cristo con barba con su Pasión; este motivo puede ser una imagen preexistente, claramente ligada a los momentos de sufrimiento de Jesús. Resulta espontáneo pensar en la Síndone, en la Verónica y en los otros testimonios, tanto escritos como iconográficos, de una impronta dejada por Jesús sobre una tela con su sudor y su sangre. Todas las leyendas, las tradiciones, las alusiones a la existencia de una tal imagen son útiles para reconstruir un itinerario de la Síndone en los siglos oscuros que preceden a su aparición en Europa y comprender cómo hay muchas referencias a la existencia de una imagen de Cristo sobre un paño.

La imagen de Cristo sobre un paño

Una carta atribuída a S. Epifanio de Salamina (siglo IV) narra que en la entrada de una iglesia de Anáblatha, no lejos de Jerusalén, estaba colgado un velo con la imagen de un hombre que podía ser Jesús o un santo. Epifanio lo arranca porque considera esto en contradicción con las Escrituras. A los guardianes del lugar, indignados por aquel acto iconoclasta, les promete enviarles un nuevo velo sin figura humana. Aconseja además a los guardianes que usen el velo arrancado para los funerales de un pobre. El velo era por tanto de grandes dimensiones[163].

S. Adamnano (siglo VII), abad de la abadía de Iona en las islas Hébridas, en *De locis sanctis* describe Tierra Santa basándose en la narración de S. Arculfo, un obispo de la Galia que se había hospedado en la abadía a causa de un naufragio ocurrido al regreso de su viaje a Palestina. De este texto hizo un compendio San Beda el Venerable (siglo VII). Arculfo dijo haber visto el *sudarium* que había estado sobre la cabeza de Jesús: este *linteum* tenía ocho pies de largo (cerca de 2,50 m). Había también un *linteamen* más grande, al que se le atribuía haber sido tejido por la Virgen, en el que estaban *intextæ* (entretejidas) las *formulæ* de los doce apóstoles (los Artículos del Símbolo apostólico) y la *imago* (imagen) del mismo Señor[164].

La presencia en Jerusalén de un *sudarium* de Cristo, en la basílica del Santo Sepulcro, está testimoniada también por el *Commemaratorium de casis Dei vel monasteriis*, redactado hacia el año 808 por

---

[162] PFEIFFER H., *La Sindone di Torino e il Volto di Cristo nell'arte paleocristiana, bizantina e medievale occidentale*, o. cit., pp. 19-25.

[163] *Ibid.*, pp. 3-8.

[164] DUBARLE A.-M., *Histoire ancienne du linceul de Turin*, o. cit., p. 132; PFEIFFER H., *La Sindone di Torino e il Volto di Cristo nell'arte paleocristiana, bizantina e medievale occidentale*, o. cit., pp. 8-11.

el emperador Carlomagno[165]. Un anónimo peregrino de Piacenza, en cambio, en el siglo VI había visto en una caverna sobre las orillas del Jordán el *sudarium* y en Memphis, en Egipto, un lino con el cual el Señor se había secado el rostro y en el cual había dejado su imagen en la época de la huída a Egipto[166].

Especialmente interesantes son los testimonios que tienen que ver con la imagen de Edesa (una ciudad de la antigua Armenia, hoy Şanliurfa, en la Turquía sud-oriental), que el historiador Ian Wilson[167] ha identificado con la Síndone. En el Museo de Şanliurfa se conserva un mosáico del rostro de Cristo (siglo VI) que se parece mucho a un detalle del icono de los SS. Sergio y Bacco (siglo VI) procedente del monasterio de Sta. Catalina del Monte Sinaí, hoy conservado en el Museo de Arte Occidental y Oriental de Kiev, Ucrania. Estas dos representaciones presentan trazos inspirados en la Síndone[168].

Eusebio de Cesarea[169] (siglo IV) narra que Abgar, rey de Edesa en la época de Cristo, estaba enfermo. Habiendo conocido la existencia de Jesús de Nazaret, que hacía milagros, le mandó una carta para pedirle que se acercase a la corte de Edesa. Jesús no fue, pero a Edesa se acercó el apóstol Tadeo[170] con la carta de respuesta escrita por Jesús. El rey fue testigo de una gran visión aparecida en el rostro de Tadeo y se prosternó delante de él. El apóstol impuso las manos sobre Abgar y lo curó. El rey creyó en Jesús y ordenó a todos los habitantes de la ciudad reunirse para escuchar la predicación de Tadeo. Riccardo Pane[171], teólogo y estudioso de la Iglesia armenia, afirma que la tradición apócrifa y agiográfica de la primera evangelización de Armenia está unida a la era apostólica, en particular a la predicación de los Apóstoles Judas Tadeo y Bartolomé.

---

[165] DUBARLE A.-M., *Histoire ancienne du linceul de Turin*, o. cit., p. 133.

[166] *Ibid.*, pp. 126-127.

[167] WILSON I., *The Shroud of Turin. The burial cloth of Jesus Christ?*, Doubleday & C., Garden City, New York 1978.

[168] WILSON I., *The Shroud. Fresh light on the 2000-year-old Mystery...*, Transworld Publishers, London (UK) 2010, pp. 188-189.

[169] EUSEBIO DI CESAREA, *Storia Ecclesiastica*, libro I, 13.

[170] DI GENUA A., MARINELLI E., POLVERARI I., REPICE D., *Giuda, Taddeo, Addai: possibili collegamenti con le vicende del Mandylion edesseno-costantinopolitano ed eventuali prospettive di ricerca*, en *ATSI 2014*, o. cit., pp. 12-17, http://www.sindone.info/BARI1.PDF.

[171] PANE R., *Il cristianesimo armeno. Dalla prima evangelizzazione alla fine del IV secolo*, en *Costantino I, Enciclopedia costantiniana sulla figura e l'immagine dell'imperatore del cosiddetto Editto di Milano, 313-2013*, vol. I, Roma, Instituto de la Enciclopedia Italiana fundada por Giovanni Treccani, 2013, pp. 833-847.

Una tradición paralela al texto de Eusebio está recogida en la *Doctrina de Addaï* (el equivalente sirio de Tadeo)[172]. Este texto se remontaría al siglo IV-V[173], o bien a la mitad del siglo VI [174]. Es una composición en sirio que incluye varias leyendas. Según esta versión, Abgar envió a su archivero y pintor Hannan con la carta. Jesús encargó a Hannan llevar una respuesta oral al rey, pero el archivero decidio hacer algo más:

> Cuando Hannan, el archivero, vio que Jesús le hablaba así, puesto que él era también pintor del rey seleccionó unos colores y pintó la imagen de Jesús y la llevó consigo a Abgar, el rey, su señor. Y cuando Abgar, el rey, vio la imagen, la recibió con gran alegría y la colocó con gran honor en uno de sus palacios[175].

Jesús prometió también la protección de Edesa. El retrato y la protección de la ciudad faltan en la narración de Eusebio, mientras que la promesa del envío del discípulo y la visión en su rostro están presentes en los dos textos, que colocan estos acontecimientos en el año 30 d.C., cuando Jesús acabó crucificado[176].

La *Historia Universal* de Agapios de Menbidj (siglo X) y la *Crónica* de Miguel el Sirio (siglo XII) están de acuerdo tanto en presentar una forma de la carta de Jesús sin la promesa final de protección, como en contar la ejecución de un retrato pintado por Hannan. Estas obras contienen elementos de indudable antigüedad, porque se refieren a documentos semejantes, pero no idénticos, a los de Eusebio y anteriores a estos últimos[177].

Moisés de Corene, historiador armenio del siglo V [178], cuyo texto podría remontarse al siglo VIII [179], nombra «la imagen del Salvador, que todavía hoy se encuentra en la ciudad de Edesa»[180]. Egeria,

---

[172] WILSON I., *The Shroud. Fresh light on the 2000-year-old Mystery...*, o. cit., p. 412.

[173] RAMELLI I., *Possible historical traces in the Doctrina Addai*, en *Hugoye: Journal of Syriac Studies*, vol. 9, n. 1, 2006, pp. 1-66.

[174] DUBARLE A.-M., *Histoire ancienne du linceul de Turin*, o. cit., p. 107.

[175] *Ibid.*, pp. 107-108.

[176] WILSON I., *The Shroud. Fresh light on the 2000-year-old Mystery...*, o. cit., p. 163.

[177] DUBARLE A.-M., *Histoire ancienne du linceul de Turin*, o. cit., pp. 109-119.

[178] RAMELLI I., *Dal Mandilion di Edessa alla Sindone: alcune note sulle testimonianze antiche*, en *Ilu*. Revista de Ciencias de las Religiones, n. 4, 1999, pp. 173-193, en p. 173.

[179] GUSCIN M., *The Image of Edessa*, Brill, Leiden 2009, pp. 160-161.

[180] RAMELLI I., *Dal Mandilion di Edessa alla Sindone: alcune note sulle testimonianze antiche*, o. cit., pp. 173-174.

peregrina en Edesa entre el 384 y el 394[181], refiere que el obispo de la ciudad, al hacerle visitar los lugares notables, la conduce a la Puerta de los Bastiones por la cual había entrado Hannan, el mensajero de Abgar, trayendo la carta de Jesús; pero el relato de cuanto vio no hace ninguna referencia a una imagen del Salvador presente en el lugar[182].

Wilson hace una lista de algunos indicios razonables para pensar que los hechos narrados en la Doctrina de Addaï tenían un fundamento histórico y se referían a Abgar V, que reinaba en la época de Jesús. Cuando murió, en el 50 d.C., le sucedió su hijo Ma'nu V. A la muerte de éste último, en el 57 d.C., el reino pasó a las manos del otro hijo de Abgar V, Ma'nu VI, el cual volvió al culto pagano y persiguió a los cristianos. Por eso es razonable pensar que la imagen debió ser escondida y su recuerdo preciso se debilitó hasta su redescubrimiento, acaecido en el siglo VI. En tiempos de Eusebio y de Egeria no era para nada posible mostrar la imagen; se puede explicar así su silencio en torno a ella[183]. La leyenda puede haber tenido su origen en la época de Abgar VIII (siglo II) [184].

El hallazgo del Mandylion

En el año 525 el Daisan, el curso de agua que atravesaba Edesa, causó una inundación catastrófica. Justiniano, el futuro emperador, emprendió una monumental reconstrucción, con la que benefició también a la Iglesia principal, Sta. Sofía. Es muy posible que tuviera lugar entonces el hallazgo de la imagen olvidada tan largo tiempo. Le fue destinada una pequeña capilla situada a la derecha del ábside; se conservaba en un relicario y no era expuesta a la vista de los fieles[185].

El hallazgo de la sagrada tela podría también haber sucedido durante el asedio persa del año 544 por parte del rey Cosroes I Anoshirvan, del que habla Procopio de Cesarea en su obra *La guerra de los Persas* sin mencionar la imagen[186]; la valiosa efigie habría sido redescubierta dentro un nicho en la muralla que sobresalía por encima de

---

[181] WILSON I., *The Shroud. Fresh light on the 2000-year-old Mystery...*, o. cit., p. 171.

[182] DUBARLE A.-M., *Histoire ancienne du linceul de Turin*, o. cit., pp. 108.

[183] WILSON I., *The Shroud. Fresh light on the 2000-year-old Mystery...*, o. cit., pp. 159-174.

[184] SCAVONE D., *Edessan sources for the legend of the Holy Grail,* en DI LAZZARO P. (Ed), *Proceedins of the IWSAI 2010,* o. cit., pp.111-116 en p.112, http://www.acheiropoietos.info/proceedings/ScavoneGrailWeb.pdf.

[185] DUBARLE A.-M., *Histoire ancienne du linceul de Turin*, o. cit., pp. 100-101.

[186] *Ibid.,* p.96.

la puerta de la ciudad[187]. A la imagen se le atribuyó el poder de haber contribuído a expulsar a los asaltantes. Testimonios de esto pueden ser encontrados en la *Historia eclesiástica de* Evagrio el Escolástico (594), que habla de la liberación de la ciudad del asedio del 544 gracias a la Sagrada representación *theóteuctos*, «obra de Dios»[188].

En el 787, durante el segundo Concilio de Nicea, que trató de la veneración de las imágenes, se habló de la de Edesa, no hecha por mano de hombre y enviada a Abgar; fue citada como argumento principal en defensa de la legitimidad del uso de las sagradas representaciones contra las tesis contrarias de los iconoclastas. El texto de Evagrio fue leído en el curso de la quinta sesión e inmediatamente después de que León, un lector de la Iglesia de Constantinopla, diera un testimonio personal: «He ido a Edesa y he visto la santa imagen, no hecha por mano de hombre, honrada y venerada por los fieles[189]» No hay duda de que en Edesa en el siglo VI se tenía la convinción de poseer una imagen de Cristo, obra divina y no humana[190].

En las *Actas de Mar Mari*, siríacas, redactadas en el siglo VI pero fundadas sobre material precedente y que contenían trazas históricas, los pintores enviados a Jerusalén por Abgar se encontraron con una dificultad:

> Ellos no pudieron obtener la imagen de la humanidad adorable de Nuestro Señor. El Señor entonces [...] tomó una tela [*seddona*, en griego *sindón*], se la puso sobre el rostro [...] y resultó como era él mismo. Y fue traída esta tela y, como fuente de ayudas, fue puesta en la Iglesia de Edesa, hasta el día presente[191].

Un himno siríaco celebra la inauguración de la nueva catedral de Edesa, ocho años después del aluvión del 525 que había destruído el edificio precedente[192]. En él se menciona como cosa conocida la imagen no hecha por mano de hombre y se la compara con el resplandor del mármol de la catedral: «Su mármol es semejante a la imagen hecha-no-por-manos y sus paredes están armoniosamente revestidas.

---

[187] VON DOBSCHÜTZ E., *Immagini di Cristo*, Ed. Medusa, Milano 2006, p. 130.

[188] DUBARLE A.-M., *Histoire ancienne du linceul de Turin*, o. cit., pp. 95-96.

[189] *Ibid.*, pp. 83-84

[190] *Ibid.*, p. 105.

[191] RAMELLI I., *Il Mandylion di Edessa, cioè la Sindone*, en *Il Timone*, n. 85, Julio-Agosto de 2009, pp. 28-29, en p. 28.

[192] GUSCIN M., *The Image of Edessa*, o. cit., p. 169.

Y por su resplandor todo pulido y todo blanco, él recopila en sí la luz[193]».

Una fuente interesante es la *Narratio de Imagine edessena*[194] atribuída a Constantino VII Porfirogénito, emperador de Constantinopla del 912 al 959. Este texto proporciona una descripción interesante de la imagen:

> En cuanto a la causa por la que, gracias a una secreción líquida sin materia colorante, ni arte pictórico, el aspecto del rostro se ha formado en el tejido de lino y en qué modo esto que le ha sucedido a una materia tan corruptible, no haya sufrido con el tiempo corrupción alguna y todos los demás temas que busca detenidamente el que se aplica a la realidad como físico, es necesario remitirlos a la inaccesible sabiduría de Dios[195].

En un apócrifo compuesto hacia el 900, las *Actas de Andrea*, la imagen de Edesa es descrita como «no fabricada por mano de hombre, formada immaterialmente en la materia[196]». Del mismo período es la *Carta de Abgar* en la que se lee: «El Señor tomó agua en sus manos, se lavó el rostro y poniéndose la tela en el rostro se pintó. Las facciones de Jesús quedaron fijadas para maravilla de todos que los que estaban sentados con él[197]».

El relato de la *Narratio de Imagine edessena* refiere la tradición más difundida sobre el origen de la imagen: el intercambio de cartas entre Abgar y Jesús, el intento de un pintor de fijar sobre una tela las facciones del Maestro mientras predicaba, la impresión milagrosa de una imagen en el paño con el cual Cristo se seca el rostro apenas lavado.

Prosigue el texto:

> Respecto al punto principal del tema, todos están de acuerdo y coinciden en que la forma quedó impresa de manera maravillosa en el tejido por el rostro del Señor. Pero respecto a un detalle del tema, es decir, al momento, difieren, cosa que no daña de ningún modo a la verdad, es decir en que esto sucediera antes o más tarde. He aquí por tanto la otra tradición. Cuando Cristo estaba próximo a su Pasión voluntaria, cuando mostró su humana debilidad y se le vio rezar en su agonía, cuando su sudor descendió como gotas de sangre, según la palabra del Evangelio, entonces, se dice, él recibió de uno de sus discípulos este trozo de tejido que ahora vemos y con él se secó la efusión de sus sudores. Y en seguida se imprimió esta impronta visible de sus rasgos divinos[198].

---

[193] DUBARLE A.-M., *Histoire ancienne du linceul de Turin*, o. cit., pp. 99-100.

[194] GUSCIN M., *The Image of Edessa*, o. cit., pp. 7-69.

[195] DUBARLE A.-M., *Histoire ancienne du linceul de Turin*, o. cit., p. 69.

[196] *Ibid.*, p. 91.

[197] *Ibid.*, p. 91.

[198] *Ibid.*, pp. 69-70.

Las dos tradiciones afirman que la imagen no está compuesta con colores materiales, pero la segunda añade el detalle de la sangre y esto concuerda con cuanto se puede constatar en la Síndone[199]. En la *Narratio de Imagine edessena* se lee también en qué cosa consistió la visión tenida por el rey Abgar, poniéndola en relación con la imagen de Jesús: Tadeo «colocó la imagen sobre su misma frente y se acercó así a Abgar. El rey le vio entrar desde lejos y le pareció ver una luz que emanaba de su rostro, demasiado luminosa para mirarla, emitida por la imagen que lo cubría»[200].

Abgar entonces dio orden de destruir la estatua de una divinidad pagana que estaba sobre la puerta de la ciudad y en su lugar hizo poner la imagen en un nicho semicircular, fijado a una tabla de madera y adornada con oro. El hijo de Abgar respetó la voluntad de su padre, pero su hijo quiso volver al paganismo y de igual modo que su abuelo había destruído el ídolo sobre la puerta de la ciudad, así tambien él quería dar el mismo tratamiento a la imagen de Cristo. Sin embargo el obispo de la ciudad la escondió, recubriéndola con una teja, poniéndole delante una lámpara y tapiando el nicho.

Durante el asedio de Cosroes, una noche el obispo Eulalio tuvo una visión que le revelaba dónde estaba escondida la imagen: sobre una de las puertas de la ciudad. El obispo fue y la encontró reproducida en la teja, con la lámpara todavía encendida[201]. Los Bizantinos llamaron a la imagen *Mandylion*[202] (del árabe *mindîl* [203]) y a la teja *Keramion*[204]. Es de notar que la palabra *mandylion* (en latín *mantilium*, en arameo *mantila*) normalmente, aunque no siempre, se refiere a una tela relativamente grande, como el manto de un monje o una especie de mantel[205].

---

[199] *Ibid.*, p. 70.

[200] GUSCIN M., *The Image of Edessa*, o. cit., p. 27

[201] *Ibid.*, pp. 31-37.

[202] WILSON I., *The Shroud. Fresh light on the 2000-year-old Mystery...*, o. cit., pp. 233-234.

[203] BOUBAKEUR H., *Versione islamica del Santo Sudario*, en *Collegamento pro Sindone*, Mayo-Junio de 1992, pp. 35-41, en p. 36.

[204] WILSON I., *The Shroud. Fresh light on the 2000-year-old Mystery...*, o. cit., p. 181.

[205] GUSCIN M., *The Image of Edessa*, o. cit., p. 205.

CAPÍTULO IV

EE REDESCUBRIMIENTO DE LA SÍNDONE

Judas Tadeo y el Rostro Santo

En el claustro del Monasterio de Santa Catalina en el Monte Sinaí se conserva un icono del siglo X procedente de Constantinopla, verosímilmente realizado por encargo imperial. Originalmente las dos partes de este icono debían ser las dos puertas de un tríptico plegable. En el centro podía encontrarse un *Mandylion* como el de San Silvestre en Capite (Roma), actualmente en las colecciones pontificias del Vaticano, o el de San Bartolomé de los Armenios (Génova)[206]. Ambos dos reivindican ser la auténtica imagen edesana; están pintados sobre tela y fijados a una tabla de madera que posee el mismo formato, compatible con la parte central perdida del tríptico [207]La hipótesis parece plausible, también porque el icono sinaítico está montado sobre un bastidor que tiene juntas las dos valvas: esto queda claro por el hecho de que en el medio hay un corte neto, no debido a un accidente propio del tiempo.

En la parte superior, a la izquierda, está representado un santo, identificable como Tadeo. Es muy probable que el santo en cuestión no sea uno de los 72 discípulos, sino el propio apóstol Judas Tadeo. En la parte superior derecha está representado el rey Abgar, con los trazos del rostro del emperador Constantino VII[208]. El santo representado a la izquierda tiene un rostro semejante al del personaje que a la derecha entrega el *Mandylion* al Rey Abgar. Interesante este acercamiento: en efecto Judas Tadeo está colocado a la misma altura que Abgar y está sentado sobre un trono semejante, para subrayar una dignidad igual y una cierta continuidad del texto pictórico, como queriendo decir que entre el santo y la entrega del *Mandylion* a Abgar existe una especie de unión natural, debido al conocimiento de textos

---

[206] PFEIFFER H., *La Sindone di Torino e il Volto di Cristo nell'arte paleocristiana, bizantina e medievale occidentale*, o. cit., p. 26.

[207] BELTING H., *Il culto delle immagini*, Roma, Carocci 2004, pp. 258-259.

[208] *Ibid.*, pp. 259-261.

y tradiciones orales que ponían en relación a los dos personajes. El análisis pictórico del icono tiende a justificar estas hipótesis[209].

En S. Pedro se venera un Rostro Santo que se dice es el de la Verónica, la mujer que según una tradición del siglo XII habría secado el rostro ensangrentado de Jesús en la Vía Dolorosa[210]. El relicario se encuentra en la capilla de Sta. Verónica en el pilar homónimo de la cúpula de S. Pedro[211]. El nombre Verónica, según Gervasio de Tilbury (siglo XIII), deriva de "verdadero icono"[212], pero el núcleo más antiguo de la leyenda, que se remonta al siglo IV, confiere el nombre de la protagonista como Berenice[213].

Según el jesuíta Heinrich Pfeiffer[214] profesor de Historia del Arte Cristiano en la Pontificia Universidad Gregoriana, el velo de la Verónica sería el rostro *acheiropoietos* de Camulia[215], que llegó a Constantinopla en el 574. Se perdió su rastro en torno al 705; en aquella época habría sido trasladado a Roma y llamado velo de la Verónica. Esta Sagrada efigie habría sido mostrada por última vez a los peregrinos en 1601. La imagen original habría sido sustraída de Roma en el 1618; en aquel año habría sido trasladada a Manoppello (PE) donde todavía hoy se venera un Santo Rostro, que es un velo de textura muy fina, perfectamente superponibile al rostro sindónico. Este velo podría ser una pintura del siglo XVI[216].

Cuatro elementos son comunes entre la tradición del *Mandylion* y la de la Verónica: la representación del rostro de Cristo se hace sobre tela en vez de sobre una tabla; la imagen se produce a través del contacto directo con el rostro de Cristo; la impronta se produce por

---

[209] DI GENUA A., MARINELLI E., POLVERARI I., REPICE D., *Giuda, Taddeo, Addai: possibili collegamenti con le vicende del Mandylion edesseno-costantinopolitano ed eventuali prospettive di ricerca*, en *ATSI 2014*, o. cit., pp. 12-17.

[210] PFEIFFER H., *La Sindone di Torino e il Volto di Cristo nell'arte paleocristiana, bizantina e medievale occidentale*, o. cit., p. 37.

[211] *Ibid.*, p. 28.

[212] VON DOBSCHÜTZ E., *Immagini di Cristo*, o. cit., p. 164.

[213] *Ibid.*, p. 152.

[214] PFEIFFER H., *Il Volto Santo di Manoppello*, Carsa Ed., Pescara 2000.

[215] MORINI E., *Icone e Sindone. Alterità, identità, trascendimento*, en: COPPINI L., CAVAZZUTI F. (Edd.), *Le icone di Cristo e la Sindone*, o. cit., pp. 17-34, en p. 25.

[216] FALCINELLI R., *The Veil of Manoppello: work of art or authentic relic?*, en *The 3nd International Dallas Conference on the Shroud of Turin*, Dallas (USA) 8-11 Septiembre de 2005, pp. 1-11; FALCINELLI R., *The face of Manoppello and the veil of Veronica: new studies*, en DI LAZZARO P. (Ed.), *Proceedings of the IWSAI 2010*, o. cit., pp. 227-235, http://www.acheiropoietos.info/proceedings/FalcinelliManoppelloWeb.pdf

medio del agua, del sudor o del sudor de sangre; excepcionalmente versiones diferentes de ambas tradiciones hablan de una imagen sobre un lino que comprende todo el cuerpo de Jesús. Estas narraciones intentan explicar el carácter misterioso de un semblante sobre un trozo de tela, evidentemente no pintado, que aparece como la impronta directa de un rostro. En las versiones posteriores quieren hacer caer en la cuenta sobre todo del carácter extraordinario de la imagen de la que cuentan su historia. Tales reformulaciones se aproximan cada vez más a la realidad sindónica y en algunas fuentes se comienza a hablar del cuerpo entero de Jesús[217].

La Síndone plegada

En los años pasados se encendió un debate muy vivo entre los estudiosos que no aceptan la identificación de la imagen de Edesa con la Síndone, como el patrólogo Pier Angelo Gramaglia[218], el historiador Antonio Lombatti[219] y el historiador Victor Saxer[220], y quienes, en cambio, sostienen tal identificación, como el historiador Karlheinz

---

[217] PFEIFFER H., *La Sindone di Torino e il Volto di Cristo nell'arte paleocristiana, bizantina e medievale occidentale*, o. cit., pp. 38-39.

[218] GRAMAGLIA P.A., *La Sindone di Torino: alcuni problemi storici*, en *Rivista di Storia e Letteratura Religiosa*, año XXIV, n. 3, 1988, pp. 524-568; GRAMAGLIA P.A, *Ancora la Sindone di Torino*, en *Rivista di Storia e Letteratura Religiosa*, año XXVII, n. 1, 1991, pp. 85-114; GRAMAGLIA P.A., *Giovanni Skylitzes, il Panno di Edessa e le «Sindoni»*, en *Approfondimento Sindone*, año I, vol. 2, 1997, pp. 1-16; GRAMAGLIA P.A., *I cimeli cristiani di Edessa*, en *Approfondimento Sindone*, año III, vol. 1, 1999, pp. 1-51.

[219] LOMBATTI A., *Impossibile identificare la Sindone con il mandylion: ulteriori conferme da tre codici latini. Con un'edizione critica del Codex Vossianus latinus Q69, ff. 6v-6r*, en *Approfondimento Sindone*, año II, vol. 2, 1998, pp. 1-30; LOMBATTI A., *Novantacinque fonti storiche e letterarie che non possono essere scartate. Una risposta a D. Scavone*, en *Approfondimento Sindone*, año III, vol. 2, 1999, pp. 67-96.

[220] SAXER V., *La Sindone di Torino e la storia*, en *Rivista di Storia della Chiesa in Italia*, año XLIII, n. 1, 1989, pp. 50-79; SAXER V., *Le Suaire de Turin aux prises avec l'histoire*, en *Revue d'Histoire de l'Église de France*, vol. 76, 1990, pp. 1-55.

Dietz[221], el historiador Daniel Scavone[222], y el historiador Gino Zaninotto[223].

Todavía hoy está abierta la discusión entre quien, como el historiador Andrea Nicolotti[224], piensa que la imagen de Edesa era «un pequeño paño de tela, del tamaño de una toalla» y quien, como Mark Guscin[225], especialista de manuscritos bizantinos, sostiene que de las fuentes se pueden extraer conclusiones diferentes:

> Debe subrayarse que no existen representaciones artísticas de la imagen de Edesa como una imagen de cuerpo entero o con manchas de sangre y la mayor parte de los textos no hace referencia a una u otra de estas dos características; pero al mismo tiempo es innegable que en la historia de la imagen de Edesa algunos escritores estaban convencidos, sea cual sea la razón, de que ésa era en efecto la imagen de un cuerpo entero sobre una gran tela que había sido plegada (probablemente en modo tal que sólo fuera visible el rostro) y que la imagen contenía manchas de sangre.

En el siglo VI hay una nueva versión de la *Doctrina de Addaï*, titulada *Actas de Tadeo*[226]; este texto podría ser más tardío y remontarse al siglo VII-VIII[227]. En él se narra que Lebbaios, nativo de Edesa, fue bautizado por Juan Bautista, tomando el nombre de Tadeo y llegó a ser uno de los doce discípulos de Jesús. En la narración el mensajero de Abgar, además de llevar la invitación del rey, por encargo suyo, debía «observar atentamente a Cristo, su aspecto, su estatura, sus cabellos, en una palabra, todo». Ananías partió.

---

[221] DIETZ K., *Some hypothesis concerning the early history of the Turin Shroud*, en *Sindon N.S.*, Cuaderno n. 16, Diciembre de 2001, pp. 5-54.

[222] SCAVONE D., *Comments on the article of A. Lombatti, «Impossibile identificare la Sindone...»*, en *A.S., II. 2 (1998)*, en *Approfondimento Sindone*, año III, vol. 1, 1999, pp. 53-66; SCAVONE D., *Constantinople documents as evidence of the Shroud in Edessa*, en *Shroud of Turin, the controversial intersection of faith and science, International Conference*, o. cit.

[223] ZANINOTTO G., *La Sindone di Torino e l'immagine di Edessa. Nuovi contributi*, en *Sindon N.S.*, Quaderno n. 9-10, Dicembre 1996, pp. 117-130; ZANINOTTO G., *Ragionamenti di Lombatti alla I Crociata contro la Sindone*, en *Collegamento pro Sindone*, Septiembre-Octubre 2000, pp. 22-34.

[224] NICOLOTTI A., *Dal Mandylion di Edessa alla Sindone di Torino. Metamorfosi di una leggenda*, Ed. dell'Orso, Alessandria 2011, p. 7. Esta obra tuvo una recensión crítica: MARINELLI E., *A small cloth to be destroyed*, en *Shroud Newsletter*, n. 75, Giugno 2012, pp. 28-54, http://www.sindone.info/SN-75ENG.PDF, traducción italiana: *Un piccolo panno da distruggere*, http://www.sindone.info/SN-75ITA.PDF.

[225] GUSCIN M., *The Image of Edessa*, o. cit., p. 215.

[226] VON DOBSCHÜTZ E., *Immagini di Cristo*, o. cit., p. 102.

[227] GUSCIN M., *The Image of Edessa*, o. cit., p. 145.

Tras haberle dado la carta, miraba atentamente a Cristo y no lograba asimilarlo. Pero él, que conoce los corazones, se dio cuenta de ello y pidió (lo necesario) para lavarse. Le dieron una tela *tetrádiplon* (doblada cuatro veces[228]). Tras haberse lavado, se secó el rostro. Puesto que su imagen se había quedado impresa en la tela (*sindón*), se la dio a Ananías encargándole llevar un mensaje oral a su señor. Éste, al recibir al mensajero, se prosternó y veneró la imagen y fue curado entonces de su enfermedad[229].

Una interesante variante se encuentra en el manuscrito *Vindobonensis hist. gr.* 45 que se remonta al siglo IX-X. En él se lee que el mensajero de Abgar debía realizar una pintura de «todo su cuerpo»[230]. Se le requería, por tanto, la descripción del cuerpo entero de Jesús.

Otras importantes indicaciones sobre la imagen de Edesa se encuentran en el *Synaxarion*, un libro litúrgico con la vida de los santos de la Iglesia Ortodoxa, y en el *Menaion*, que contiene añadidos himnos y poemas. Los textos base de entrambos se originaron con Simeón Metafrasta (siglo X)[231]. En algunos manuscritos del *Menaion* existentes en los monasterios del Monte Athos, que van del siglo XII al XVIII[232], hay escrito: «Mirando el entero aspecto humano de tu imagen...»[233]. En algunos manuscritos del *Synaxarion* que van del siglo XIII al XVIII [234], siempre en los monasterios del Monte Athos, Abgar le pide a Ananías «hacer un diseño de Jesús, mostrando en todos los detalles su edad, sus cabellos, su rostro y el aspecto del cuerpo entero, dado que Ananías conocía muy bien el arte de la pintura». En ellos se lee también: «Estando vivo modelaste tu aspecto en una síndone, estando muerto fuiste puesto en la síndone definitiva»[235].

En algunas representaciones, como la de la Iglesia de la Anunciación del Monasterio de Gradač en Serbia (siglo XIV), el *Mandylion*

---

[228] DIETZ K., *Some hypothesis concerning the early history of the Turin Shroud*, o. cit., pp. 10-25; WILSON I., *The Shroud. Fresh light on the 2000-year-old Mystery...*, o. cit., pp. 190-192.

[229] DUBARLE A.-M., *Histoire ancienne du linceul de Turin*, o. cit., p. 105.

[230] GUSCIN M., *The Image of Edessa*, o. cit., p. 146.

[231] GUSCIN M., *La Síndone y la Imagen de Edesa. Investigaciones en los monasterios del Monte Athos (Grecia)*, en *Linteum*, n. 34, Enero-Junio de 2003, pp. 5-16, en p. 13.

[232] GUSCIN M., *The Image of Edessa*, o. cit., p. 124.

[233] *Ibid.*, p. 129.

[234] *Ibid.*, p. 88.

[235] *Ibid.*, p. 91.

es un gran rectángulo, mucho más largo que ancho, en medio del cual se ve sólo la cabeza de Cristo. El resto de la superficie muestra un panel de rombos, cada uno con una flor en el centro. En los bordes se perciben los flecos del tejido. Se podía suponer que la tela tuviera más espesor, de donde el empleo del neologismo *tetrádiplon*[236]; plegando la Síndone en ocho se consigue precisamente un largo rectángulo con la cabeza en el centro que se ve en las copias del *Mandylion*. Ésta es la interesante deducción de Wilson[237].

La decoración con rombos que se ve en la superficie de la tela[238] podría ser el recuerdo del ornamento de oro puesto por Abgar[239]. Aunque en el *Mandylion* siempre es visible sólo el rostro de Jesús, tal vez las notables dimensiones del paño nos hacen entender que no se trataba de una pequeña tela. De ello son un ejemplo evidente el *Mandylion* de la Iglesia de Cristo Pantocrátor del Monasterio de Dečani en Kósovo (siglo XIV) y el *Mandylion* de la Iglesia de la Panagia Forviotissa de Asinou, Chipre (siglo XIV). De particular interés es el *Ms. lat. 2688* de la Biblioteca Nacional de París, que se remonta al siglo XIII[240]. En el folio 77r se ve una miniatura en la que el *Mandylion* es una larga tela que desciende hacia abajo fuera de su marco.

La prueba contra la iconoclastia

Un respeto excepcional se le dio a la imagen de Edesa, aportada también como prueba de autoridad para legitimar la existencia de las imágenes sagradas durante el período de la iconoclastia. En una carta del 715-731, atribuída al Papa Gregorio II, se habla de la imagen de Cristo «no hecha por mano de hombre»[241].

---

[236] DUBARLE A.-M., *Histoire ancienne du linceul de Turin*, o. cit., pp. 105-106.

[237] WILSON I., *The Shroud. Fresh light on the 2000-year-old Mystery...*, o. cit., pp.190-192.

[238] *Ibid.*, p.229.

[239] WILSON I., *The Shroud of Turin. The burial cloth of Jesus Christ?*, o. cit., pp. 100-101.

[240] RAGUSA I., *The iconography of the Abgar cycle in Paris MS. Latin 2688 and its relationship to Byzantine cycles*, en *Miniatura*, n. 2, 1989, pp. 35-51; TOMEI A., *Il manoscritto lat. 2688 della Bibliothèque Nationale de France: la Veronica a Roma*, en QUINTAVALLE A.C. (Ed.), *Medioevo: immagine e racconto*, *Atti del Convegno internazionale di studi*, Parma, 27-30 de Septiembre de 2000, Electa (MI) 2003, pp. 398-406.

[241] DUBARLE A.-M., *Histoire ancienne du linceul de Turin*, o. cit., pp. 80-81.

En los mismos años Germán I, patriarca de Constantinopla (relatado por el cronista Jorge el Monje, siglo IX), afirmaba:

> Está en la ciudad de Edesa la imagen de Cristo no hecha por mano de hombre, que obra extraordinarias maravillas. El Señor mismo, tras haber impreso en un *soudarion* el aspecto de su misma forma, envió (la imagen) que conserva la fisonomía de su forma humana por medio del intermediario Tadeo apóstol a Abgar, toparca de la ciudad de los Edesanos, y curó su enfermedad[242].

El mismo Jorge el Monje hablaba así de los iconoclastas:

> Ellos combaten manifiestamente contra Cristo, que tomó una espléndida tela y secó su divina figura soberanamente fúlgida y bella; Él la mandó al jefe de los Edesanos, Abgar, que le rogaba con fe. Desde aquel tiempo y hasta hoy, gracias a la tradición y a la exhortación apostólica, en vistas a reconocer y recordar lo que Cristo hizo y sufrió por nosotros, como se cuenta en las páginas santas del Evangelio, nosotros hacemos imágenes y las veneramos con respeto, a despecho de los adversarios de Cristo[243].

Palabras todavía tremendamente actuales, después de doce siglos.

Hacia el 726 Andrea de Creta, en su obra *Sobre la veneración de las imágenes*, refiriéndose a la «venerable imagen de Nuestro Señor Jesucristo sobre un tejido», afirma: «Era una impronta de su fisonomía corporal y no tuvo necesidad de la pintura a colores»[244]. En el mismo período S. Juan Damasceno anota, entre las cosas a las que los fieles rinden culto, a los linos sepulcrales de Cristo[245]. Contra la iconoclastia, él defendió la legitimidad de las imágenes refiriéndose a la de Edesa. En el tratado *Sobre la fe Ortodoxa* se lee: «El mismo Señor aplicó un paño en su proprio rostro divino y vivificante y en él imprimió su faz». En el *Discurso sobre las imágenes* escribe que Jesús «tomó el tejido y lo posó sobre su proprio rostro; allí se imprimió su misma fisonomía»[246]. Es interesante conocer que mientras que en el segundo texto el término que indica la tela es *rákos*, el usado generalmente para la tela en la que se imprimió la imagen, en el primer texto, es *imátion*, que normalmente indica un mantel[247].

Juan de Jerusalén, secretario de Teodoro, Patriarca de Antioquía, hacia el 764 compuso un discurso en favor de las imágenes sagradas,

---

[242] *Ibid.*, p. 81

[243] *Ibid.*, p. 90

[244] *Ibid.*, p. 80.

[245] SAVIO P., *Ricerche storiche sulla Santa Sindone*, o. cit., pp. 72-73; DUBARLE A.-M., *Histoire ancienne du linceul de Turin*, o. cit., pp. 133-134.

[246] DUBARLE A.-M., *Histoire ancienne du linceul de Turin*, o. cit., p. 82.

[247] GUSCIN M., *The Image of Edessa*, o. cit., pp. 151-152.

para refutar al concilio iconoclasta tenido en Hieria en el 754 convocado por el emperador Constantino V Coprónimo. Él escribía:

> Efectivamente Cristo mismo hizo una imagen, la que se dice no hecha por mano de hombre, y hasta hoy ésa subsiste y es venerada y nadie dice que sea un ídolo entre la gente sana de espíritu. Porque si Dios hubiese sabido que habría sido una ocasión de idolatría, no la habría dejado en la tierra[248].

El patriarca Nicéforo I de Constantinopla entre el 814 y el 820 en el *Antirrheticus* afirmaba: «Si Cristo, solicitado por un creyente, imprimió su fisonomía divina sobre un tela y la envió, ¿por qué los que la representan resultan reprobados?». Y en el texto *Contra los Iconoclastas* insiste, dicendo que es necesario preguntar a «Cristo mismo, que realizando en ese momento la representación de sí mismo con aspecto divino, la envió a quien se la había pedido»[249]. En el mismo período Teófanes el Cronógrafo recordaba: «Cristo ¿no ha mandado él mismo a Abgar su misma imagen no hecha por mano de hombre?»[250].

Jorge Sincello que había sido secretario de Tarasio, patriarca de Constantinopla (784-806), tras la muerte de éste último escribió en su *Resumen de cronografía* que la llegada de Tadeo a Edesa y la curación del rey Abgar sucedieron en el año 36 de la Encarnación. El apóstol «iluminó a todos los habitantes con sus palabras y sus hechos. La ciudad entera lo venera hasta hoy; ellos veneran también la fisonomía del Señor no hecha por mano de hombre»[251].

En una carta sinodal del 836, dirigida al emperador Teófilo por los Patriarcas de Oriente Cristóforo de Alejandría, Jacobo de Antioquía y Basilio de Jerusalén, se lee:

> El mismo Salvador imprimió la impronta de su santa forma en un *soudarion*, la mandó a un cierto Abgar, toparca de la gran ciudad de los Edesanos, por medio de Tadeo, el apóstol del lenguaje divino; Él secó el divino sudor de su rostro y allí dejó todos sus rasgos característicos[252].

La imagen del cuerpo entero

Para argumentar contra los iconoclastas, S. Teodoro Estudita (siglo IX) habla de la Síndone «en la cual Cristo fue envuelto y colocado

---

[248] DUBARLE A.-M., *Histoire ancienne du linceul de Turin*, o. cit., pp. 82-83.

[249] *Ibid.*, p. 87-88.

[250] *Ibid.*, p. 86.

[251] *Ibid.*, p. 86

[252] *Ibid.*, p. 89-90.

en el sepulcro»²⁵³ y de la imagen no hecha por mano de hombre que fue enviada a Abgar: «Para que su divina fisonomía de la que estaba revestido, nos fuera claramente confiada, nuestro Salvador, imprimió la forma de su mismo rostro y la reprodujo tocando el tejido con su misma piel»²⁵⁴.

La *Leyenda de San Alejo*, compuesta en Constantinopla en el siglo VIII, cuenta que en Edesa se encontraba «la imagen no hecha por mano de hombre de la fisonomía de nuestro Maestro, el Señor Jesucristo»²⁵⁵; en este texto, el paño sobre el que está impresa la imagen se llama *sindón*²⁵⁶. También en los *Nouthesia Gerontos* Jesús imprime su rostro en una *sindón*²⁵⁷. En la *Vida* de *S. Alejo*, que podría remontarse al siglo IX, la imagen de Edesa es definida como "sanguínea"²⁵⁸.

A las peregrinaciones de S. Alejo en Roma se puede atribuir el discurso del Papa Esteban III, el cual en el 769 en el sínodo Lateranense interviene a favor de la legitimidad del uso de las imágenes sagradas refiriéndose a la de Edesa, de la que había tenido noticia gracias a la narración de fieles procedentes de las regiones de Oriente²⁵⁹. En el sermón se habla también de la imagen gloriosa «del rostro y de todo el cuerpo entero» de Jesús sobre una tela²⁶⁰. Esta parte del texto, que puede ser una interpolación, ciertamente anterior al 1130, explica cómo acaeció la impresión del cuerpo de Jesús:

> Extendió su cuerpo sobre una tela, blanca como la nieve, en la cual la gloriosa imagen del rostro del Señor y la longitud de todo su cuerpo fueron tan divinamente reproducidos que era suficiente, a los que no habían podido ver al Señor en persona, en carne y hueso, mirar la trasfiguración producida en el paño²⁶¹.

---

²⁵³ SAVIO P., *Ricerche storiche sulla Santa Sindone*, o. cit., p. 74

²⁵⁴ DUBARLE A.-M., *Histoire ancienne du linceul de Turin*, o. cit., p. 89.

²⁵⁵ *Ibid.*, p. 84.

²⁵⁶ WILSON I., *Discovering more of the Shroud's early history*, en *I Congreso Internacional sobre la Sabana Santa en España*, o. cit., pp. 1-32, en p. 7.

²⁵⁷ GUSCIN M., *The Image of Edessa*, o. cit., p. 154.

²⁵⁸ ZANINOTTO G., *La Sindone/Mandylion nel silenzio di Costantinopoli (944-1242)*, en MARINELLI E., RUSSI A. (Edd.), *Sindone 2000*, o. cit., vol. II, pp. 463-482 y vol. III, pp.131-133, en p. 466.

²⁵⁹ DUBARLE A.-M., *Histoire ancienne du linceul de Turin*, o. cit., p. 85.

²⁶⁰ RAMELLI I., *Dal* Mandilion *di Edessa alla Sindone: alcune note sulle testimonianze antiche*, o. cit., p. 179.

²⁶¹ WILSON I., *The Shroud of Turin. The burial cloth of Jesus Christ?*, o. cit., p. 135.

Hacia el 1212 Gervasio de Tilbury retomará este texto en su obra *Otia imperialia*[262].

El *Códice Vossianus Latinus Q 69* ff. 6r-6v, conservado en la *Rijksuniversiteit* de Leida (Paises Bajos), es un manuscrito del siglo X que se refiere a un original siríaco anterior al siglo VIII, período en el que fue traducido al latín por el médico Smira. En él se lee que al responder a la carta de Abgar, Jesús escribe: «Si deseas mirar mi faz como corporalmente es, te envío este lienzo en el cual podrás ver no sólo representado mi rostro, sino la forma de todo mi cuerpo divinamente transfigurado».

Y más adelante el texto prosigue:

> El mediador entre Dios y los hombres, con el fin de satisfacer en todo y para todo al rey, se extendió con todo el cuerpo sobre un lienzo blanco como la nieve. Y entonces sucedió un hecho maravilloso de ver y escuchar. La gloriosa imagen del rostro del Señor, como también la nobilísima forma de su cuerpo, por virtud divina, se formó de improviso en el lienzo. De esta manera, a cuantos no han visto al Señor venir en el cuerpo, es suficiente, para verlo, la trasfiguración producida en el lienzo. Permaneciendo todavía incorrupto, a pesar de su antigüedad, el lienzo se encuentra en Mesopotamia de Siria, en la ciudad de Edesa, en la Iglesia mayor. Durante el año, con ocasión de las más importantes festividades del Señor Salvador, entre himnos, salmos y especiales cánticos, la tela es sacada de un cofre dorado y venerada con gran reverencia por todo el pueblo[263].

Una referencia a la imagen del cuerpo entero la hizo también hacia el 1140 Orderico Vitale. En su *Historia eclesiástica* nombra a Abgar «al cual el Señor Jesús mandó una carta sagrada y un lino precioso con el cual se secó el sudor del rostro y en el cual brilla la imagen del mismo Salvador, pintada de forma maravillosa, que ofrece a la vista el aspecto y la estatura del cuerpo del Señor»[264]. Un autor musulmán, Massûdî, en el 944 escribió que en Edesa había una tela «que había servido para secarse a Jesús de Nazaret, cuando salió de las aguas del bautismo»[265].

El traslado a Constantinopla

---

[262] DUBARLE A.-M., *Histoire ancienne du linceul de Turin*, o. cit., pp. 58-59.

[263] ZANINOTTO G., *L'immagine Edessena: impronta dell'intera persona di Cristo. Nuove conferme dal codex Vossianus Latinus Q 69 del sec. X*, en UPINSKY A.A. (Ed.), *L'identification scientifique de l'Homme du Linceul: Jésus de Nazareth*, o. cit., pp. 57-62.

[264] DUBARLE A.-M., *Histoire ancienne du linceul de Turin*, o. cit., p. 57.

[265] *Ibid.*, p. 149.

La imagen de Edesa pertenecía a la Iglesia Ortodoxa/Melquita. Los Nestorianos hicieron una copia en el siglo VI y los Monofisitas/Jacobitas otra en el siglo VIII[266]. Según el historiador árabe Jacobita Yahya ibn Jarir[267] (siglo XI), la imagen de Edesa se conservaba plegada y puesta entre dos tejas bajo el altar de la Iglesia Grande de Edesa servida por los Melquitas. Cuando el emperador bizantino Romano I Lecapeno quiso poseer la imagen, fallidas los gestiones por vía diplomática, envió el ejército bajo el mando del general armenio Juan Curcuás. Al obispo de Samosata, Abramio, que recibió la imagen por encargo del emperador, le fueron mostradas también las dos copias de los Nestorianos y de los Monofisitas, para verificar cual era la auténtica[268]. Pero en realidad las tres confesiones creían poseer el único y auténtico icono y pensaban que las de las otras dos comunidades eran copias[269]. Una de estas imágenes del rostro de Cristo fue llevada a Constantinopla entre el 1163 y el 1176[270].

La teca, que contenía la apreciada efigie entregada a Abramio, llegó a Constantinopla el 15 de agosto del año 944 rodeada por una acogida triunfal. Fue puesta para su primera veneración en la Iglesia de Sta. María de las Blanquernas y al día siguiente una solemne procesión acompañó el traslado de la teca por las calles de Constantinopla hasta Santa Sofía. Desde allí fue llevada al *Bukoleon* (el palacio imperial) y colocada en la capilla de Sta. María del Faro junto con las otras reliquias de la Pasión[271]. El evento fue recordado con una fiesta litúrgica en el aniversario, el 16 de agosto[272]. Algunos himnos compuestos para tal fiesta aluden a la imagen, especialmente venerada, a la cual se atribuye un poder taumatúrgico[273].

Hay otro dato en favor de la identificación de la imagen de Edesa con la Síndone: el *Códice Vat. Gr. 511* ff. 143-150v.[274], que se remonta al siglo X. En él se cita la oración de Gregorio, archidiácono y

---

[266] ZANINOTTO G., *La Sindone/Mandylion nel silenzio di Costantinopoli (944-1242)*, en MARINELLI E., RUSSI A. (Edd.), *Sindone 2000*, o. cit., vol. II, pp. 463-482 y vol. III, pp.131-133, en pp. 463-464.

[267] *Ibid.*, p. 467

[268] VON DOBSCHÜTZ E., *Immagini di Cristo*, o. cit., p. 123.

[269] *Ibid.*, p. 114.

[270] DESREUMAUX A., *Histoire du roi Abgar et de Jésus*, Brepols, Turnhout 1993, p. 168.

[271] VON DOBSCHÜTZ E., *Immagini di Cristo*, o. cit., p. 124.

[272] GHARIB G., *La festa del Santo Mandylion nella Chiesa Bizantina*, en COERO-BORGA P. (Ed.), *La Sindone e la Scienza*, o. cit., pp. 31-50.

[273] DUBARLE A.-M., *Histoire ancienne du linceul de Turin*, o. cit., pp. 73-74.

[274] DUBARLE A.-M., *L'homélie de Grégoire le Riférendaire pour la réception de l'image d'Edesse, en Revue des Etudes Byzantines*, 55, 1997, pp. 5-51.

refrendario de la Gran Iglesia de Constantinopla (Sta. Sofía). Tras una escrupulosa lista de los colores empleados para designar los rostros de los iconos, el orador afirma que la imagen no ha sido hecha con colores artificiales, en cuanto que es sólo «resplandor». Y he aquí cómo Gregorio explica la impronta:

> Este reflejo, sin embargo - y que cada uno sea atraído por la explicación - fue impreso sólo por el sudor del rostro de 'Aquel que creó la vida', 'sudor que caía como gotas de sangre', y 'gracias al dedo de Dios'. Por ello, estas son las bellezas que han dado color a la verdadera Imagen de Cristo. Después de que cayeran las gotas, ella fue embellecida con gotas de su mismo costado. Las dos son cosas altamente instructivas - sangre y agua allí, aquí sudor e imagen. Oh equivalencia de sucesos, después de que ambos tienen su origen en la misma persona[275].

En la imagen edesana, por tanto, no se veía sólo el rostro, sino también el pecho al menos hasta la altura del costado[276].

En Constantinopla debió ser abierto el relicario del *Mandylion* y así se comprendió que no tenía sólo el rostro, sino todo el cuerpo de Jesús con las marcas de la Pasión. La tela *tetrádiplon* debió ser parcialmente desplegada: sólo así se entiende la creación artística, durante el siglo XII, de la *Imago pietatis*, que representa a Cristo muerto en posición erecta en la tumba[277]. De ello es un espléndido ejemplo la *Imago pietatis* de la basílica de Sta. Cruz de Jerusalén en Roma, que se remonta al siglo XIV[278]. Del mismo período es la *Imago pietatis* de la basílica de los Santos Cuatro Coronados en Roma[279].

---

[275] ROMANO R., *Gregorio il Referendario, sermone intorno all'immagine edessenica*, en *Studi sull'Oriente Cristiano*, 18, 1, 2014, pp. 19-37, en p. 29.

[276] DUBARLE A.-M., *L'Image d'Edesse dans l'homélie de Grégoire le Référendaire*, en UPINSKY A.A. (Ed.), *L'identification scientifique de l'Homme du Linceul: Jésus de Nazareth*, o. cit., pp. 51-56; ZANINOTTO G., *Orazione di Gregorio il Referendario in occasione della traslazione a Costantinopoli dell'immagine Edessena nell'anno 944*, en RODANTE S. (Ed.), *La Sindone. Indagini scientifiche*, Atti del IV Congresso Nazionale di Studi sulla Sindone, Siracusa, 17-18 de Octubre de 1987, Edizioni Paoline, Cinisello Balsamo (MI) 1988, pp. 344-352.

[277] PFEIFFER H., *La immagine della Sindone e quella della Veronica*, en *La Sindone, la Storia, la Scienza*, o. cit., pp. 41-51 y tab. I-XII, en p. 48.

[278] SCAVONE D., *Greek Epitaphioi and other evidence for the Shroud in Constantinople up to 1204*, en WALSH B.J. (Ed.), *Proceedings of the 1999 Shroud of Turin International Research Conference, Richmond, Virginia*, o. cit., pp. 196-211, en pp. 199-200.

[279] PFEIFFER H., *Le piaghe di Cristo nell'arte e la Sindone*, en COPPINI L., CAVAZZUTI F. (Edd.), *Le icone di Cristo e la Sindone*, o. cit., pp. 89-104, en p. 94.

Interesante es también el icono del *Mandylion* junto con la *Imago pietatis* (siglo XVI) conservada en el Museo Kolomenskoe en Moscú. Además de los brazos cruzados por delante, en estas imágenes Jesús tiene siempre la cabeza reclinada hacia el lado derecho; Pfeiffer ha hecho notar que uniendo los dos pliegues, presentes sobre la Síndone a la altura del cuello, se optiene una flexión de la cabeza precisamente hacia esa parte[280].

Los testimonios iconográficos

En el siglo XII comienzan a aparecer también representaciones del cuerpo entero de Jesús sobre una sábana. El velo litúrgico *aèr* del rito bizantino se embellece con la figura del Cristo yaciente[281]. Es de aquel período, el fresco en la Iglesia de la Madre de Dios *Fuente de Vida* en Messenia, en el Peloponeso, que es el más antiguo ejemplo de *melismós* (la *fractio panis*)[282]. A los lados de la tela se notan las franjas, que recuerdan a las que hay en las antiguas representaciones del *Mandylion*. Del fresco, que se perdió, queda un esbozo de G. Millet. Otro ejemplo, siempre del siglo XII, está sobre el relicario con esmalte de la antigua Colección Stroganoff, hoy en el *Ermitage* de San Petersburgo. Este tipo de representación estará después presente en el velo litúrgico bizantino llamado *epitafíos Thrênos* (lamentación fúnebre)[283] y en la *Plaščanica* (Sudario), en el arte sagrado ruso[284]. La referencia a la Síndone es evidente también en un marfil bizantino (siglo XII) conservado en el *Victoria & Albert Museum* de Londres[285].

---

[280] PFEIFFER H., *Le piaghe di Cristo nell'arte e la Sindone*, o. cit., en p. 92; PFEIFFER H., *La immagine della Sindone e quella della Veronica*, en *La Sindone, la Storia, la Scienza*, o. cit., tav. IX.

[281] MORINI E., *Le «sindoni» ricamate. Simbologia e iconologia dei veli liturgici nel rito bizantino*, en ZACCONE G.M., GHIBERTI G. (Edd.), *Guardare la Sindone. Cinquecento anni di liturgia Sindonica*, Effatà Editrice, Cantalupa (TO) 2007, pp. 229-257, en p. 233.

[282] *Ibid.*, pp. 233-234.

[283] THEOCHARIS M., *"Epitafi" della liturgia bizantina e la Sindone*, en COPPINI L., CAVAZZUTI F. (Edd.), *Le icone di Cristo e la Sindone*, o. cit., pp. 105-121, en pp. 106-108.

[284] CAZZOLA P., *Il Volto Santo e il Sudario di Cristo (Plaščanica) nell'arte sacra russa*, en COERO-BORGA P. (Ed.), *La Sindone e la Scienza*, o. cit., pp. 51-57; CAZZOLA P., *I Volti Santi e le Pietà*, en COPPINI L., CAVAZZUTI F. (Edd.), *Le icone di Cristo e la Sindone*, o. cit., pp. 158-163.

[285] WILSON I., *The Blood and the Shroud*, The Free Press, New York 1998, p. 147.

Un apreciado epitafio es el velo de Stefan Uros II Milutin, rey de Serbia entre el año 1282 y 1321, hoy en el Museo de la Iglesia Ortodoxa serbia de Belgrado[286]. Es de notar el fondo estrellado, que está presente en la mayor parte de los epitafios. Muy significativos son también el epitafio de Tesalónica (siglo XIV) conservado en el Museo de la Cultura Bizantina de Salónica[287] y el epitafio del Monasterio de Stavronikita en el Monte Athos (siglo XIV-XV)[288], ambos con el tejido de la Síndone en espina de pez que recuerda al lino sindónico original.

Es de un gran interés el fresco de la Iglesia de S. Pantaleón en Nerecios, en Macedonia, que se remonta al 1164: Jesús es representado yaciente sobre una larga sábana que presenta diseños geométricos semejantes a los que con frecuencia acompañan a las reproducciones de la imagen de Edesa[289]. Otro motivo presente en la iconografía de la imagen de Edesa es una decoración floral estilizada; se puede observar, por ejemplo, en el Santo Rostro (siglo XIII) conservado en la catedral de Laón, Francia. Un motivo semejante se vuelve a encontrar en la sábana de la deposición de Cristo del Salterio de Melisenda f. 9r (1131-1143), conservado en la Biblioteca Británica de Londres.

Es clara la inspiración sindónica en una miniatura del *Códice Pray* de la Biblioteca Nacional de Budapest que se remonta al 1192-1195[290]. En la escena superior del folio 28r está representada la unción de Cristo, bajado de la cruz sobre una sábana: el cuerpo está enteramente desnudo y las manos se cruzan para cubrir el bajo vientre. No se ven los pulgares. En la frente hay una marca que recuerda el análogo reguero de sangre que se observa en la Síndone. En la escena inferior se ve la llegada al sepulcro de las piadosas mujeres, las miróforas, a las cuales el ángel muestra la sábana vacía.

La parte de arriba de la sábana vacía tiene un diseño que imita el tejido en espina de pez de la Síndone, mientras pequeñas cruces rojas cubren la parte inferior. Bajo el pie del ángel se notan dos marcas rojas serpeantes que pueden representar dos reguerillos de sangre. En ambas partes del tejido se notan algunos circulitos, dispuestos en la misma secuencia de un grupo de cuatro agujeros de quemadura

[286] WILSON I., *Icone ispirate alla Sindone*, en COPPINI L., CAVAZZUTI F. (Edd.), *Le icone di Cristo e la Sindone*, o. cit., p. 84.

[287] THEOCHARIS M., *"Epitafi" della liturgia bizantina e la Sindone*, en COPPINI L., CAVAZZUTI F. (Edd.), *Le icone di Cristo e la Sindone*, o. cit., pp. 105-121, en p. 117.

[288] GUSCIN M., *La Síndone y la Imagen de Edesa. Investigaciones en los monasterios del Monte Athos (Grecia)*, o. cit., pp. 11-12.

[289] WILSON I., *Holy Faces, Secret Places*, Doubleday, London (UK) 1991, p. 152.

[290] DUBARLE A.-M., *L'icona del "Manoscritto Pray"*, en COPPINI L., CAVAZZUTI F. (Edd.), *Le icone di Cristo e la Sindone*, o. cit., pp. 181-188, en p. 181.

que en la Síndone está repetido cuatro veces[291]. Este daño de la reliquia es ciertamente anterior al incendio de 1532: en efecto esas señales están en una copia pictórica de 1516 conservada en la colegiata de S. Gomar en Lierre, en Bélgica[292].

Los testimonios escritos

La presencia de la Síndone en Constantinopla está documentada por otros testimonios escritos, que se remontan como mínimo al siglo XI-XII. Hacia el 1095 una carta atribuída al emperador Alejo l Comneno enumera, entre las reliquias guardadas en la ciudad, «las telas que fueron encontratas en el sepulcro tras la resurrección»[293]. Guillermo de Tiro narra que Manuel I Comneno en el 1171 mostró a Amalrico I, rey de Jerusalén, las reliquias de la Pasión, entre las cuales estaba la Síndone. Los linos sepulcrales de Jesús en Constantinopla son nombrados también en 1151-1154 por Nicolás Soemundarson, abad del Monasterio de Thyngeyr en Islandia[294] y en el 1207 por Nicolás de Otranto[295], abad del Monasterio de Casol, el cual probablemente los vio después en Atenas[296].

Nicolás Mesarites, custodio de las reliquias conservadas en la capilla de Sta. María del Faro, en 1201 tuvo que defenderlas de un intento de saqueo y lo hizo recordando a los sediciosos la santidad del lugar, donde estaban custodiadas, entre otras, el *soudarion* con las telas sepulcrales. «Éstas - subraya Mesarites - mantienen todavía el perfume, desafían a la corrupción, porque han envuelto al inefable muerto, desnudo y embalsamado tras la Pasión». Es lógico deducir que al mencionar el cuerpo desnudo, Mesarites hace referencia a la imagen del cuerpo entero del Salvador sobre una sábana[297]. Hablando a los revoltosos, tras haber enumerado diez de las más preciosas reliquias, Mesarites prosigue: «Mas yo ahora pongo ante tus ojos al Legislador fielmente representado sobre un secamanos y esculpido

---

[291] *Ibid*. pp. 186-187.

[292] FOSSATI L., *The Documentary value of the Lier Shroud*, en DOUTREBENTE M.-A. (Ed.), *Acheiropoietos. Non fait de main d'homme*, o. cit., pp. 195-196.

[293] DUBARLE A.-M., *Histoire ancienne du linceul de Turin*, o. cit., p. 54.

[294] *Ibid*., pp. 53-54.

[295] SAVIO P., *Ricerche storiche sulla Santa Sindone*, o. cit., pp. 119-120.

[296] SCAVONE D., *The Shroud of Turin in Constantinople, the documentary evidence*, en *Sindon N.S.*, Cuaderno n. 1, Junio de 1989, pp. 113-128, en pp. 120-121.

[297] DUBARLE A.-M., *Histoire ancienne du linceul de Turin*, o. cit., p. 39

en una frágil arcilla con tal arte de diseño que se ve que esto no procede de manos humanas»[298].

En 1207 Mesarites hace otra referencia a la imagen de Jesús sobre un tejido en el elogio fúnebre de su hermano Juan, donde afirma: «El indescriptible, aparecido *semejante a los hombres* (Flp 2,7), como nosotros es descriptible, habiendo sido impreso en un prototipo sobre un secamanos». Comenta el teólogo André-Marie Dubarle: «Lo que es digno de notar, es que para él la imagen milagrosa es el *prototipo*, el modelo de las imágenes hechas por mano de hombre y su justificación»[299].

En su obra *La conquête de Constantinople*, Robert de Clari, cronista de la IV Cruzada, escribió sobre las maravillas que se podían ver antes de la caída de la ciudad (12 de abril de 1204) a manos de los cruzados latinos:

> Entre éstas había una Iglesia llamada de Sta. María de las Blanquernas, donde estaba la Síndone (*Sydoines*) en la que Nuestro Señor fue envuelto, que cada viernes era elevada toda recta, de manera que fuera posible ver bien la figura de Nuestro Señor. Nadie, ni griego ni francés, supo qué le sucedió a esta Síndone cuando la ciudad fue conquistada[300].

El filólogo Carlos María Mazzucchi[301] sostiene que el descubrimiento de la verdadera naturaleza del *Mandylion* y el tralado a S. María de las Blanquernas pudo haber sucedido entre el 1201 y el 1203, años entre los más convulsos de la historia de Bizancio. Hay que recordar que cuando llegó a Constantinopla, como ya se ha dicho, la imagen de Edesa fue llevada primero a Sta. María de las Blanquernas y después colocada en la capilla de Sta. María del Faro; por tanto no es inverosímil el desplazamiento entre las dos iglesias. Además hacia el 1100 el historiador bizantino Jorge Cedreno escribía que en el inverno de 1036-1037 el *Mandylion* fue llevado en procesión a pie desde el palacio imperial hasta Sta. María de las Blanquernas para impetrar el fin de una larga sequía.

El traslado a Europa

---

[298] *Ibid.*, p. 40.

[299] DUBARLE A.-M., *Histoire ancienne du linceul de Turin*, o. cit., pp. 41-42

[300] SAVIO P., *Ricerche storiche sulla Santa Sindone*, o. cit., pp. 190-191; P. SAVIO, *Le impronte di Gesù nella Santa Sindone*, en *Sindon*, Cuaderno n. 9, Mayo de 1965, pp. 12-23

[301] MAZZUCCHI C.M., *La testimonianza più antica dell'esistenza di una sindone a Costantinopoli*, en *Aevum*, año 57, n. 2, Mayo-Agosto de 1983, pp. 227-231, en p. 230.

La Síndone vista por Robert de Clari, de todas formas, en el 1204 desaparece de Constantinopla. Probablemente fue Othón de La Roche, que había sido uno de los protagonistas de la IV Cruzada, quien trasladó a Francia la venerada sábana, tras habérsela llevado a Atenas. Hacia la mitad de los 1300 la Síndone apareció en Lirey, en Francia, en posesión de Geoffroy de Charny, cuya mujer, Jeanne de Vergy, era descendiente de Othón de la Roche[302]. Además Geoffroy de Charny era homónimo, y probablemente pariente, de un Templario que acabó en la hoguera en 1314[303]. Según Wilson, la reliquia podría haber sido guardada y venerada durante un período de tiempo por los Caballeros Templarios[304].

Durante la segunda Guerra Mundial, fue encontrada una interesante figura sobre un panel de madera de roble en Templecombe, en Inglaterra. La localidad debe su nombre al hecho de que desde 1185 hasta el inicio del siglo XIV fue lugar de una Institución Templaria[305]. En el panel aparece un rostro barbudo, con los contornos difuminados. No hay duda de que representa a Jesús: basta confrontarla con el *Santo Rostro*[306], un rostro santo del siglo XIV conservado en la catedral de Jaén, en España. Y es inequívocamente semejante a la Síndone: con la técnica de la superposición con luz polarizada han sido encontrados 125 puntos de coincidencia entre las dos imágenes[307].

---

[302] PIANA A., *Sindone: gli anni perduti. Da Costantinopoli a Lirey: nuove prove*, Sugarco Edizioni, Milano 2007; PIANA A., *"Missing years" of the Holy Shroud*, en DI LAZZARO P. (Ed.), *Proceedings of the IWSAI 2010*, o. cit., pp. 95-102, http://www.acheiropoietos.info/proceedings/PianaMYHSWeb.pdf; PIANA A., *La Sindone. Un mistero lungo duemila anni*, Mimep-Docete, Pessano con Bornago (MI) 2014; PIANA A., *Othon de La Roche and the Shroud. An hypothesis between History and Historiography*, en *ATSI 2014*, o. cit., pp. 58-63, https://www.academia.edu/9490977/Othon_de_La_Roche_and_the_Shroud._An_hypothesis_between_History_and_Historiography; SCAVONE D., *Documenting the Shroud missing years*, en DI LAZZARO P. (Ed.), *Proceedings of the IWSAI 2010*, o. cit., pp. 87-94, http://www.acheiropoietos.info/proceedings/ScavoneBesanconWeb.pdf.

[303] WILSON I., *The Shroud. Fresh light on the 2000-year-old Mystery...*, o. cit., p. 274.

[304] WILSON I., *The Shroud of Turin. The burial cloth of Jesus Christ?*, o. cit., pp. 154-165

[305] WILSON I., *The Shroud. Fresh light on the 2000-year-old Mystery...*, o. cit., p. 266.

[306] WILSON I., *Holy Faces, Secret Places*, o. cit., p. 35.

[307] MORGAN R., *Testimonianza iconografica della Sindone in Inghilterra*, en COPPINI L., CAVAZZUTI F. (Edd.), *Le icone di Cristo e la Sindone*, o. cit., pp. 189-194, en pp. 193-194.

Las objeciones[308] respecto a las diferencias entre el rostro de la Síndone y el de Templecombe, que tiene la boca y los ojos abiertos, no hay que tenerlas en cuenta si se observa la Síndone al natural, donde en efecto puede parecer verse la boca y los ojos abiertos; es el negativo fotográfico el que revela que, en cambio, están cerrados. También la ausencia de sangre y de las lesiones no es significativa: existen muchos otros santos rostros de Jesús, inspirados en la Síndone, en los que están corregidas las señales de sufrimiento. Basta pensar en el icono del *Santo Mandylion* (siglo XIV) de la Galería Tretyakov de Moscú.

Con el método del carbono radiactivo, el panel de Templecombe fue datado entre el 1280 y el 1440 d.C. y los científicos que efectuaron el examen comentaron: «Los datos son completamente compatibles con un corte del árbol en el período 1280-1310 d.C. y por tanto la pintura podría ser asociada a los Caballeros Templarios, encargada quizás antes de su supresión en 1307 por obra del rey Felipe el Hermoso de Francia»[309].

El panel de Templecombe podría haber sido la cubierta de una caja de madera en la que fue guardada la Síndone. Es interesante notar que cuando fue descubierto, el panel tenía colores vivos, azul y rojo brillantes. Además en su restauración se nota un fondo estrellado[310]. Este detalle trae a la memoria cuanto escribía Simeón de Tesalónica (siglo XV) en *De Sacra liturgia*: «Al final el sacerdote recubre el altar con el epitafio. Este último simboliza el firmamento, donde se encuentra la estrella, y evoca también la Síndone funeraria, que ha envuelto el cuerpo de Jesús aspersado de mirra: el misterio nos es presentado como sobre una tabla pintada »[311].

---

[308] NICOLOTTI A., *I Templari e la Sindone, storia di un falso*, Salerno Ed., Roma 2011, p. 82. Esta obra tuvo una recensión crítica: MARINELLI E., *Wiping the slate clean*, en *Shroud Newsletter*, n. 74, Diciembre de 2011, pp. 45-70, http://www.sindone.info/SN-74ENG.PDF, traducción italiana: *Un colpo di spugna*, http://www.sindone.info/SN-74ITA.PDF.

[309] HEDGES R.E.M. et al., *Radiocarbon dates of the Oxford AMS system: Archaeometry datelist 6*, en *Archaeometry*, vol. 29, n. 2, 1987, pp. 289-306, en p. 303.

[310] MORGAN R., *Did the Templars take the Shroud to England? New evidence from Templecombe*, en BERARD A. (Ed.), *History, Science, Theology and the Shroud, Proceedings of the St. Louis Symposium*, St Louis, Missouri (USA), 22-23 Junio de 1991, The Man in the Shroud Committee of Amarillo, Amarillo (Texas, USA) 1991, pp. 205-232.

[311] THEOCHARIS M., *"Epitafi" della liturgia bizantina e la Sindone*, en COPPINI L., CAVAZZUTI F. (Edd.), *Le icone di Cristo e la Sindone*, o. cit., pp. 105-121, en p. 108.

Los documentos escritos e iconográficos son por tanto concordantes en confirmar la existencia de la Síndone en los siglos precedentes a su aparición en Europa. La historia del arte, en particular, ha supuesto una ayuda valiosa no sólo para la datación del antiguo lino, sino también para la identificación del Hombre de los Dolores cuyo semblante, misteriosamente impreso, se contempla en la venerada reliquia.

CAPÍTULO V

LAS MARCAS DE LA PASIÓN

Un hombre torturado

En la Síndone se nota una doble imagen humana, frontal y dorsal, punteada con manchas de sangre. Es la impronta de un hombre que ha sufrido un suplicio entre los más crueles y deshonrosos de todos los tiempos: la crucifixión. ¿Quién es este hombre? ¿Tenemos la posibilidad de descubrirlo? La comparación con las narraciones de los Evangelios ha sido una buena ayuda para la identificación del Hombre de la Síndone: en efecto todo coincide con el caso de la crucifixión y muerte de Jesús.

El biblista Giuseppe Ghiberti subraya:

> Existe, por encima de todo, la más amplia concordancia entre los detalles de las torturas sufridas por los protagonistas de los dos relatos, el Jesús de los Evangelios y el Hombre de la Síndone. Ésta es la correspondencia más increíble de nuestra búsqueda, porque los dos relatos se reflejan y se complementan mutuamente de modo sorprendente[312].

Es científicamente cierto que la Síndone envolvió verdaderamente el cadáver de un hombre torturado[313], el cual dejó sobre ella sus marcas inconfundibles que se pueden esquemáticamente enumerar así:

1) su cuerpo fue cruelmente flagelado;
2) su cabeza presenta numerosos heridas provocadas por un conjunto de objetos puntiagudos: un casco de espinas;
3) sus hombros están marcados por una impronta oblicua dejada por el *patibulum*, el palo horizontal de la cruz;
4) sus rodillas se han golpeado en superficies ásperas y accidentadas;

---

[312] GHIBERTI G., *The Gospels and the Shroud,* en SCANNERINI S., SAVARINO P. (Edd.), *The Turin Shroud, past, present and future,* o. cit., pp. 274-284, en p. 278.

[313] SVENSSON N., *Medical and forensic aspects of the Man depicted on the Shroud of Turin,* en DI LAZZARO P. (Ed.), *Proceedings of the IWSAI 2010,* o. cit., pp. 181-186, http://www.acheiropoietos.info/proceedings/SvenssonWeb.pdf

5) su rostro presenta numerosas tumefacciones, causadas por los golpes recibidos y por los impactos con el suelo durante las caídas;

6) sus muñecas y sus pies han sido traspasados por clavos;

7) su costado fue atravesado por una lanza;

8) su cuerpo, descendido de la cruz, desnudo y no lavado, fue colocado sobre una larga sábana que estuvo en contacto con la parte dorsal y, pasando sobre la cabeza, cubrió la parte entera frontal hasta los pies.

La descripción más antigua de las heridas impresas en la Síndone fue hecha por las Clarisas de Chambéry[314], que en su paciente trabajo de restauración, tras el incendio del 1532, del 16 de abril al 2 de mayo de 1534, pudieron contemplar con mucho más tiempo que otros la sagrada sábana.

En efecto nosotras veíamos, sobre esta preciosa imagen, los sufrimientos que no hubiéramos podido imaginar nunca. Vimos en ella también las marcas de una cara toda amoratada y totalmente torturada por golpes, su cabeza divina atravesada por gruesas espinas, por donde salían reguerillos de sangre que descendían por la frente y se dividían en diversos reguerillos revistiéndola de la más preciosa púrpura del mundo.

Veíamos, en el lado izquierdo de la frente, una gota más grande que las otras y más larga, que serpentea como una onda; las cejas aparecían bien delineadas; los ojos un poco menos; la nariz, como la parte más prominente del rostro, está bien marcada; la boca está bien posicionada y es más bien pequeña; las mejillas, hinchadas y desfiguradas, hacen entrever que han sido cruelmente golpeadas y especialmente la derecha; la barba no es ni demasiado larga, ni demasiado pequeña, a la manera de los Nazarenos; se la ve raída en algún punto, porque en parte la habían arrancado por desprecio y la sangre había apelmazado el resto.

Después vimos una larga marca que descendía por el cuello, que nos hizo creer que él fue atado con una cadena de hierro durante la captura en el Huerto de los Olivos, puesto que se ve tumefacto en diversos puntos como si hubiera sido estirado y sacudido; los moratones y los golpes de flagelo son tan numerosos en el estómago que a duras penas se puede encontrar una zona de grande como una punta de alfiler exenta de golpes; éstos se entrecruzaban continuamente y se extendían a lo largo de todo el cuerpo, hasta la punta de los pies; un grueso grumo de sangre señala las heridas de los pies.

De la parte de la mano izquierda, que está muy bien marcada y cruzada sobre la derecha de la cual cubre la herida, los agujeros de los clavos están en el centro de las manos largas y bellas de las que serpea un reguero de sangre a la altura de las costillas hasta la espalda; los brazos son algo

---

[314] BOUCHAGE L., *Le Saint Suaire de Chambéry a Saint-Claire-en-Ville*, Imprimerie C. Drivet, Chambéry (France) 1891, pp. 21-24.

largos y bellos, están en tal disposición que dejan a la vista el vientre entero, cruelmente mancillado por los golpes de flagelo; la llaga del divino costado aparece de una longitud suficiente para que quepan tres dedos, circundada por una marca de sangre de cuatro dedos de ancha, que se estrecha hacia abajo y es de larga cerca de medio pie.

En la segunda mitad de este Santo Sudario, que presenta la parte posterior de nuestro Salvador, se ve la nuca de la cabeza atravesada por largas y gruesas espinas, que son tan tupidas que se puede deducir que la corona estaba hecha como un casco y no en diadema como las de los príncipes, cual la representan los pintores; cuando se la observa atentamente, se ve la nuca más torturada que el resto y las espinas clavadas más profundamente, con gruesas gotas de sangre coagulada entre los cabellos, que están completamente ensangrentados; las marcas de sangre bajo la nuca son más gruesas y más visibles que las otras, puesto que los bastones con los que golpeaban la corona hacían entrar las espinas hasta al cerebro, de modo que habiendo recibido heridas mortales, era un milagro que él no muriera bajo los golpes; además se reabrieron por el brusco movimiento de la cruz cuando la pusieron en el agujero del suelo y antes también cuando lo hicieron caer sobre la cruz para clavarlo; la espalda está totalmente desgarrada y aporreada por golpes de flagelo que se extienden por todas partes.

Las gotas de sangre aparecen largas como hojas de mejorana; en bastantes puntos, hay gruesas fracturas a causa de los golpes que le dieron; en medio del cuerpo se notan las marcas de la cadena de hierro que le ataba tan estrechamente a la columna que por eso aparece todo ensangrentado; la diversidad de los golpes hace ver que se sirvieron de diferentes especies de flagelos, como vergas enroscadas con espinas, cadenas de hierro que lo destrozaron tan cruelmente que mirando el Sudario desde abajo, cuando estaba distendido en la tela de Holanda del soporte, veíamos las llagas como se mirásemos a través una vidriera.

Examinemos ahora más detalladamente las diferentes señales de martirio que aparecen en la Síndone.

La flagelación y la coronación de espinas

En base a los estudios más recientes, se pueden reconstruir las modalidades de esta flagelación:

1) el Hombre de la Síndone sufrió un número relevante de golpes, cerca de 120[315]; la legislación hebrea admitía al maximo 40 menos uno, mientras que la ley romana no imponía limitación alguna;

---

[315] RICCI G., *L'Uomo della Sindone è Gesù*, o. cit., pp. 139-180.

2) la precisión y la dirección de los golpes, que no dejan libre casi ninguna zona cutánea, testimonian la profesionalidad del suplicio[316];

3) de las lesiones, compatibles con los testimonios iconográficos y arqueológicos de los distintos tipos de *flagrum* romano[317], se deduce que los instrumentos utilizados tenían algunas cuerdas o tiras de cuero o cadenillas, recargadas con pedazos de huesos puntiagudos o bolitas metálicas;

4) el Hombre de la Síndone fue flagelado desnudo, porque sobre las regiones glúteas son claramente visibles las lesiones provocadas por la flagelación; en base al camino de los reguerillos de sangre fue posible deducir que estaba quieto, curvado y verosímilmente atado a una columna baja[318].

La flagelación fue infligida con fría determinación, pero el condenado no debía morir, sólo ser castigado[319]; no se ha de considerar como preparatoria para la crucifixión, porque frente a la crucifixión la flagelación era mucho menos cruel, en cuanto que el condenado debía todavía mantenerse con bastantes fuerzas para poder llevar el *patibulum*[320]. Esto está de acuerdo con el "cambio de opinión" de Pilato, que, en un primer momento, buscando salvar a Jesús, lo hizo sólo

---

[316] LARATO G., *L'ignominiosa flagellazione secondo la Sindone. Rilievi di fisiopatologia clinica*, en COERO-BORGA P., INTRIGILLO G. (Edd.), *La Sindone, nuovi studi e ricerche*, o. cit., pp. 191-218, en p. 193.

[317] FACCINI B., *Scourge bloodstains on the Turin Shroud: an evidence for different instruments used*, en FANTI G. (Ed.), *The Shroud of Turin. Perspectives on a multifaceted enigma*, o. cit., pp. 228-245, http://ohioshroudconference.com/papers/p19.pdf; FACCINI B., FANTI G., *New image processing of the Turin Shroud scourge marks*, en DI LAZZARO P. (Ed.), *Proceedings of the IWSAI 2010*, o. cit., pp. 47-54, http://www.acheiropoietos.info/proceedings/FacciniWeb.pdf; MANSERVIGI F., MORINI E., *The hypotheses about the roman flagrum: some clarifications*, en *Shroud of Turin, the controversial intersection of faith and science, International Conference*, o. cit., http://www.academia.edu/8802951/The_hypotheses_about_the_Roman_fla-grum_that_was_used_to_scourge_the_Man_of_the_Shroud._Some_clarifications.

[318] LARATO G., *L'ignominiosa flagellazione secondo la Sindone. Rilievi di fisiopatologia clinica*, en COERO-BORGA P., INTRIGILLO G. (Edd.), *La Sindone, nuovi studi e ricerche*, o. cit., pp. 191-218, en p. 193.

[319] ZANINOTTO G., *The Shroud and Roman crucifixion: a historical review*, en SCANNERINI S., SAVARINO P. (Edd.), *The Turin Shroud, past, present and future*, o. cit., pp. 285-324, en p. 319.

[320] ZANINOTTO G., *La tecnica della crocifissione romana*, Emmaus 3, Quaderni di Studi Sindonici, Centro Romano di Sindonologia, Roma 1982, p. 16.

flagelar, para después ceder a las presiones de la multitud tras el *Ecce Homo* y condenarlo a la crucifixión.

Por esto, después de haberlo castigado, lo dejaré en libertad (Lc 23,16).

Por tanto lo castigaré y lo dejaré en libertad (Lc 23,22).

Entonces Pilato hizo prender a Jesús y lo mandó flagelar (Jn 19,1).

He presentado mi espalda a los que me flagelaban (Is 50,6).

En mi dorso han arado los aradores, han cavado largos surcos (Sal 129 [128],3).

La cabeza toda está enferma, toda entraña doliente. De la planta de los pies hasta la cabeza no hay nada sano, sino golpes, magulladuras y heridas abiertas, que no han sido limpiadas, ni vendadas, ni cuidadas con aceite (Is 1,5-6).

La cabeza del Hombre de la Síndone presenta numerosas heridas, provocadas por un conjunto de objetos punzantes. El crudo realismo de las coladas de sangre nos hace comprender en qué consistió la coronación de espinas: no se trató de un pequeño aro puesto en torno al cabeza, como se ve en las representaciones artísticas, sino de un casco de espinas que recubrió la superficie entera en conformidad con las verdaderas coronas reales de Oriente, llevadas sobre la cabeza a modo de mitra[321].

Observando que en las imágenes de la Síndone faltan las regiones parieto-temporales, es lícito suponer que el casco produjera la incisión, en el cuero cabelludo, de al menos una cincuentena de espinas[322]. Es cierto que toda la superficie de la cabeza está marcada por numerosas trazas de sangre. El examen objetivo de las improntas de la corona de espinas evidencia que se trata de reguerillos sanguíneos, algunos formados por sangre arterial, otros por sangre venosa.

En efecto la impronta en la frente, a la izquierda de la línea mediana y en forma de "3" invertido, tiene las características de sangre venosa con descendimiento lento y contínuo. Esa corresponde anatómicamente, de modo perfecto, con la vena frontal dañada por una espina de la corona y parece debida a una contracción espasmódica, es decir a una arruga, a lo largo de la cual ha descendido una pequeña colada sanguínea, coagulándose, en seguida, sobre la ceja. La marca

---

[321] COPPINI L., BAIMA BOLLONE P., *Rilievi anatomici per la valutazione delle lesioni da corona di spine*, en COPPINI L., CAVAZZUTI F. (Edd.), *La Sindone, Scienza e Fede*, o. cit., pp. 179-193, en p. 179.

[322] RODANTE S., *La coronazione di spine alla luce della Sindone*, en *Sindon*, Cuaderno n. 24, Octubre de 1976, pp. 16-30.

que se ve, en cambio, en la región fronto-temporal derecha tiene caracteres netamente diferentes de la anterior: en efecto es sangre emanada por una arteria y dirigida hacia abajo, como un reguero, a lo largo del marco de los cabellos, precisamente porque la impulsa la presión arterial.

Trenzaron una corona de espinas y se la pusieron en la cabeza (Mt 27,29).

Trenzaron una corona de espinas y se la pusieron alrededor de la cabeza (Mc 15,17).

Trenzada una corona de espinas, se la pusieron en la cabeza (Jn 19,2).

El transporte del *patibulum* y la crucifixión

Las representaciones del *Via Crucis* muestran una cruz entera llevada por Jesús sobre un hombro. EL cuidadoso examen de la imagen de la Síndone induce a los estudiosos a creer, en cambio, que las lesiones de las regiones supraescapular derecha y escapular izquierda han sido provocadas por el *patibulum*, un palo que el condenado llevaba trasversalmente sobre los hombros.

Las escoriaciones dejadas por el *patibulum* hacen entrever los golpes de la flagelación menos claramente, porque son más anchas y difuminadas. Esto indica que sobre los hombros, tras la flagelación, ha ido pesando un cuerpo rugoso que ha agravado las heridas preexistentes y ha provocado otras.

En el transporte hacia el lugar de la ejecución, situado fuera de las murallas de la ciudad, los condenados por feroces delitos, para mayor ignominia, eran cargados con el *patibulum*. Y si los condenados eran numerosos, eran atados uno tras otro[323]. El Hombre de la Síndone marchaba fatigosamente bajo el peso de su *patibulum*, puesto que había ya sufrido una grave flagelación. La extrema debilidad y quizás también el movimiento de los compañeros le hacían caer, provocando la colisión violenta de las rodillas y del rostro con el adoquinado de la calle. Los fragmentos de tierra, encontrados en la Síndone en el sitio de la punta de la nariz y de la rodilla izquierda, confirman tales caídas.

El rostro del Hombre de la Síndone es seguramente, entre las partes del cuerpo, la que ha sufrido más traumas. Sin embargo aquel rostro continúa impresionando por su majestuosidad y triste serenidad. En él aparecen señales evidentes de feroces malos tratos. Aquel rostro fue golpeado por un bastón, cuya traza es fácilmente reconocible en

---

[323] ZANINOTTO G., *La tecnica della crocifissione romana*, o. cit., pp. 23-24.

la mejilla derecha y en la nariz. La imagen tridimensional[324] del Hombre de la Síndone proporciona los siguientes detalles: golpe en el cartílago de la nariz; tumefacción en el pómulo derecho; golpes, procurados por las repetidas caídas en la grava en el pómulo izquierdo; grumo de sangre en el párpado izquierdo; dos reguerillos de sangre saliendo de la nariz; gotas de sangre bajo el labio superior; contusión y ligera desviación de la punta de la nariz. Otros datos de relieve son las heridas lacero-contusas de las cejas y las equimosis de los párpados.

Entonces le escupieron en la cara y lo golpearon; otros lo abofetearon (Mt 26,67).

Y le golpeaban en la cabeza (Mt 27,30).

Y comenzaron algunos a escupirle y a taparle el rostro, a golpearle y a decirle: «¡Haz de profeta!». Y los criados le abofetaban (Mc 14,65).

Y le golpeaban la cabeza con una caña (Mc 15, 19).

Y le escarnecían hiriéndole (Lc 22,63).

Uno de los guardias presentes dio una bofetada a Jesús (Jn 18,22).

Y le daban bofetadas (Jn 19,3).

No he escondido la cara a insultos y salibazos (Is 50,6).

Y llevando a cuestas su cruz, salió hacia el lugar llamado de la Calavera (Jn 19,17).

El Hombre de la Síndone tiene las manos cruzadas en el bajo vientre. La izquierda pasa sobre la muñeza derecha, ocultándola; por esto sólo aquella nos muestra la herida en la muñeca, producida por el clavo de la crucifixión[325]. Un enclavamiento en la palma no permitiría a los tejidos aguantar un peso correspondiente al de un hombre,

---

[324] TAMBURELLI G., GARIBOTTO G., *Nuovi sviluppi nell'elaborazione dell'immagine Sindonica*, en COERO-BORGA P. (Ed.), *La Sindone e la Scienza*, o. cit., pp. 173-184, en pp. 179-181; TAMBURELLI G., OLIVIERI F., *Un nuovo processamento della immagine Sindonica*, en COERO-BORGA P., INTRIGILLO G. (Edd.), *La Sindone, nuovi studi e ricerche*, o. cit., pp. 245-254; TAMBURELLI G., BALOSSENO N., *Ulteriori sviluppi nell'elaborazione elettronica del volto Sindonico*, en RODANTE S. (Ed.), *La Sindone, indagini scientifiche*, o. cit., pp. 120-126.

[325] COPPINI L., *La lesione da chiodo agli arti superiori del crocifisso*, en COERO-BORGA P., INTRIGILLO G. (Edd.), *La Sindone, nuovi studi e ricerche*, o. cit., pp. 175-190.

mientras que esto es posible si el enclavamiento se realiza en el punto de la muñeca. Las manos muestran también vastas escoriaciones de los dedos, debidas al roce sobre las asperezas del madero de la cruz[326].

De la herida de la muñeca izquierda parten dos coladas de sangre divergentes. Estas diferentes direcciones tienen una explicación plausible. El Hombre de la Síndone fue clavado en el *patibulum* estando tumbado en tierra y fue después alzado sobre el *stipes*, el palo vertical de la cruz; entonces el peso del cuerpo hizo asumir a los brazos una posición más inclinada respeto a la casi horizontal que tenían en el momento del enclavamiento de las muñecas.

Observando la impronta dorsal en la Síndone, se revela que la pierna izquierda está ligeramente flexionada y las puntas de los pies son convergentes: esto sucede porque en la cruz el pie izquierdo estaba superpuesto sobre el derecho, que estaba apoyado directamente contra el leño de la cruz. En la época de Jesús no se usaba el apoyapiés, que probablemente fue introducido más tarde en el curso del siglo I d.C., cuando la crucifixión fue modificada para adaptarla al interior del circo[327]: los pies entonces se apoyaban sobre un escabel (subpedaneum).

Los dos pies del Hombre de la Síndone estaban clavados juntos y así los dejó fijos la rigidez cadavérica. Esto explica por qué tenemos una impronta completa del pie derecho, mientras que del izquierdo se ve sólo el tobillo. La impronta del pie derecho resulta por eso la más interesante. Ella muestra también los coágulos de las coladas de sangre. En el centro se nota un manchurrón de sangre, correspondiente a la posición del clavo de la crucifixión; esa se encuentra a la altura del segundo espacio intermetatarsal. Desde este manchurrón se derivan algunos reguerillos: los que son de sangre vertida durante la crucifixión descienden hacia los dedos; otros, más difuminados, van hacia el tobillo sobrepasando la impronta del pie. Estas últimas coladas se produjeron durante el descenso del cadáver de la cruz, cuando fue quitado el clavo de los pies[328].

Tras haberlo crucificado se repartieron sus vestidos (Mt 27,35).

Lo crucificaron y se repartieron sus vestidos (Mc 15,24).

Cuando llegaron al lugar llamado de la calavera, crucificaron allí a él y a los malhechores (Lc 23,33).

---

[326] RICCI G., *L'Uomo della Sindone è Gesù*, o. cit., p. 116.

[327] ZANINOTTO G., *La crocifissione a quattro chiodi e l'Uomo della Sindone*, en RODANTE S. (Ed.), *La Sindone, indagini scientifiche*, o. cit., pp. 240-269, en p. 247.

[328] RICCI G., *L'Uomo della Sindone è Gesù*, o. cit., p. 255.

Lo crucificaron y con él a otros dos (Jn 19,18).

Han taladrado mis manos y mis pies. Puedo contar todos mis huesos (Sal 22 [21], 17-18).

Las causas de la muerte

Se han dado distintas hipótesis[329] sobre las causas de la muerte de Jesús, también a la luz de la Síndone. Según Luigi Malantrucco[330], médico jefe de Radiología en el Hospital de S. Pedro Fatebenefratelli de Roma, la marca "clave" para la solución del problema es la herida del hemitórax derecho. Esta herida describe un óvalo casi perfecto, cuyo eje mayor supera en muy poco los 4 cm de longitud y el menor es de casi 1 cm y medio; ha sido provocada por un arma de punta y corte; sus márgenes han permanecido ensanchados, como se puede esperar de un golpe a un cadáver.

La mancha de sangre en torno y bajo la herida se presenta como una colada divergente por los márgenes de la herida misma, no homogénea, constituída por gruesas manchas que descienden con recorrido ondulado y en parte se superponen; éstas están intercaladas con áreas de color más claro, semejante pero no idéntico al color de fondo del lino; los análisis han demostrado que se trata de sangre y suero de sangre, separados y en gran cantidad; la colada aparece interrumpida por debajo de manera neta; el recorrido de la interrupción es oblicuo, de abajo hacia arriba y del interior hacia el exterior. En la parte dorsal, en zona más baja respecto a la mancha anterior, se observa una basta e irregular mancha de sangre con gruesas estrías entrecruzadas, con recorrido casi transversal; ésa se interpreta como la prolongación dorsal de la colada anterior.

La herida del costado, post-mortal, no sólo puede refrendar la identificación del Hombre de la Síndone con Jesús, recordando el episodio descrito por Juan, sino que puede, de por sí, añadir algo importante a la definición de una causa de muerte.

La única hipótesis que da una respuesta a cada pregunta, tanto sindónica como evangélica, es el hemopericardio. Con esta palabra se pretende describir una recogida de sangre, en cantidad más o menos abundante, en el saco pericárdico. El pericardio es una delgada membrana, formada por dos hojas cerradas en forma de saco, que circunda el corazón en toda su extensión. Normalmente la cavidad de este saco es virtual y no recopila, en su interior, más de 5 cc de líquido seroso. Cuando esta cavidad, por una alteración patológica, se llena de

---

[329] FIORISTA F., FIORISTA L., *Ma Gesù morì di infarto?*, en *Giornale Italiano di Cardiologia*, vol. 10, Septiembre de 2009, pp. 602-608.

[330] MALANTRUCCO L., *Il silenzio della Sindone*, Radicequadrata, Roma 2010.

sangre, la hoja externa se extiende y se ensancha, y en ella se puede recopilar una abundante cantidad de líquido, hasta un máximo de cerca de dos litros. En este caso, la sangre no coagula, o coagula en mínima parte.

Puesto que el cadáver estaba en posición erecta, con el paso del tiempo, por el propio peso, los elementos corpusculares tienden a estratificarse hacia abajo, mientras que por encima de ellos el plasma resulta siempre más cristalino; después de algunas horas se tendrá la completa división por la que los elementos rojos (hematíes) estarán completamente estratificados abajo, mientras el plasma estará completamente límpido por encima y entonces, lacerando la pared torácica, se obtendrá primero la salida de la parte roja (sangre), seguida después por la parte plasmática (agua). Esta salida de "sangre y agua" sucede con violencia, puesto que la sangre, recogida en el saco pericárdico, se encuentra bajo fuerte presión. Y la rapidez de esta salida está claramente manifestada tanto en la Síndone, como en el Evangelio de Juan.

La formación del hemopericardio es debida a una laceración de la parte propria del corazón (miocardio), a través de la cual la sangre, contenida en la cavidad cardíaca, pasa al interior del saco pericárdico. El desbordamiento de éste sucede en el intervalo de pocos segundos y provoca rápidamente la muerte por "taponamiento del corazón". Y con frecuencia, por el agudo dolor provocado por este proceso, se emite un fuerte grito. Es precisamente éste el modo en el que Jesús murió. Esta muerte rápida y violenta, acaecida en plena lucidez, que contradice a cualquier hipótesis de asfixia, colapso, etc., es característica de la muerte por hemopericardio. Una rápida comparación entre la Síndone y los Evangelios puede mostrar mejor cómo la hipótesis del hemopericardio se corresponde a estos relatos.

Pero Jesús dando de nuevo un fuerte grito exhaló el espíritu (Mt 27,50).

Pero Jesús, lanzando un fuerte grito, expiró (Mc 15,37).

Y Jesús, dando un fuerte grito dijo: "Padre, en tus manos encomiendo mi espíritu". Dicho esto, expiró (Lc 23,46).

E inclinando la cabeza, entregó el espíritu (Jn 19,30).

Yo soy como agua derramada, están dislocados todos mis huesos. Mi corazón es como cera, se derrite entre mis entrañas (Sal 22 [21],15).

El oprobio me ha roto el corazón y desfallezco (Sal 69 [68],21).

Mas al llegar a Jesús, como lo vieron ya muerto no le quebraron las piernas, sino que uno de los soldados con una lanza le atrvesó el costado, y al instante salió sangre y agua. El que lo vio lo atestigua y su testimonio es verdadero; él sabe que dice la verdad, para que también vosotros creáis (Jn 19,33-35).

Derramaré sobre la casa de David y sobre los habitantes de Jerusalén un espíritu de gracia y de oración; y mirarán hacia mí, a aquel a quien traspasaron (Zac 12,10).

La sepultura y la tumba vacía

La ley romana permetía la sepultura de los ajusticiados, pero se necesitaba hacer una petición para tener el permiso. Si nadie reclamaba el cuerpo, éste era puesto en un sepulcro común[331].

Los hebreos daban una extrema importancia a la sepultura[332]. Al difunto se le cerraban los ojos; si era necesario, la boca se la mantenía cerrada con un pañuelo, que pasaba bajo las mandíbulas y era atado sobre la cabeza; todos los orificios debían ser obturados. El cadáver era lavado, ungido con aceite de oliva y diferentes especies de aromas; cabellos y pelos en general debían ser recortados, luego el cadáver era amortajado con sus vestidos y envuelto en una sábana. Perfumes disueltos en aceite de oliva eran derramados sobre el difunto. El trasdado al lugar de la sepultura se hacía en una camilla y se quemaban aromas durante el cortejo fúnebre.

La tumba era preparada esparciendo copiosamente ungüentos y aromas en polvo sobre el banco del sepulcro para preparar un lecho y colocando algunos quemaderos de perfumes en la gruta para purificar el aire en el interior del sepulcro. Los tres días sucesivos, los parientes visitaban la tumba para verificar la muerte acaecida y evitar el riesgo de muerte aparente; además, si era necesario, se completaban los trámites de la sepultura. Quien se acercaba a visitar al difunto llevaba vasijas de aceites aromatizados para ponerlos sobre el cadáver y saquitos de aromas en polvo para quemarlos en su honor.

En el estudio de las catacumbas judías de Villa Torlonia (Roma), que se remontan al tiempo de Septimio Severo (emperador romano del 193 al 211 d.C.), el barnabita Umberto Fasola[333], rector del Pontificio Instituto de Arqueología Cristiana y secretario de la Pontificia Comisión de Arqueología Sagrada, constató que los sepulcros en el

---

[331] ZANINOTTO G., *La tecnica della crocifissione romana*, o. cit., pp. 64-65.

[332] GROSSI A., *Jewish shrouds and funerary customs: a comparison with the Shroud of Turin*, en *I Congreso Internacional sobre la Sábana Santa en España*, o. cit., pp. 1-33, a pp. 8-9; PERSILI A., *Sulle tracce del Cristo Risorto*, Casa della stampa, Tivoli 1988, p. 50.

[333] FASOLA U., *Scoperte e studi archeologici dal 1939 ad oggi che concorrono ad illuminare i problemi della Sindone di Torino*, en COERO-BORGA P. (Ed.), *La Sindone e la Scienza*, o. cit., pp. 59-83, en pp. 60 y 64.

interior se presentaban cubiertos de una pátina negruzca, porque habían sido abundantemente embadurnados por una mixtura aceitosa que contiene áloe.

Los hebreos utilizaban una gran variedad de perfumes: incienso, mirra, áloe, nardo, azafrán, canela, cinamomo, gálbano, estoraque, ónice, bálsamo. La mirra, una especia de fuerte perfume y de gusto amargo, era utilizada bajo forma de ungüento para purificar el cuerpo de los malos olores. Sola o con otras sustancias, en particular el áloe, era usada para perfumar las telas (sábanas o vestidos). El áloe medicinal, o *áloe socotrina*, era un jugo amargo. Se mezclaba con la mirra quizás para rebajar su fuerte olor. Su uso para los cadáveres tenía la finalidad de retrasar la putrefacción.

> *Asa se acostó con sus padres; murió el año cuarenta y uno de su reinado. Le sepultaron en el sepulcro que se había excavado en la Ciudad de David. Lo pusieron sobre un lecho lleno de aromas y perfumes, compuestos con arte de perfumería; de ellos quemaron para él una cantidad immensa (2 Cr 16,13-14).*

> *Se le acercó una mujer que traía un vaso de alabastro, lleno de perfume muy caro, y lo derramó sobre su cabeza mientras estaba a la mesa. (...) «Al derramar este perfume en mi cuerpo, ella lo ha hecho en vistas de mi sepultura» (Mt 26,7; 26-12).*

> *Mientras estaba a la mesa, llegó una mujer que traía un frasco de alabastro, lleno de perfume de puro nardo, de gran valor. Quebró el frasco de alabastro y derramó el perfume sobre su cabeza. (...) «Ha hecho lo que ha podido. Se ha anticipado a embalsamar mi cuerpo para la sepultura» (Mc 14,3; 14,8).*

> *Entonces María tomando una libra de perfume de nardo puro, muy caro ungió los pies de Jesús, después los secó con sus cabellos y toda la casa se llenó del aroma de aquel perfume. (...) «Déjala que lo guarde para el día de mi sepultura» (Jn 12,3.7)*

> *Pasado el sábado, María Magdalena, María madre de Santiago y Salomé compraron aromas para ir a embalsamarle (Mc 16,1).*

> *Las mujeres que habían venido con él desde Galilea seguían a José y vieron el sepulcro y cómo había sido puesto el cuerpo de Jesús, después regresaron y prepararon aromas y mirra. El día de sábado descansaron como estaba prescrito. El primer día de la semana, muy de mañana fueron al sepulcro, llevando consigo los aromas que habían preparado (Lc 23,55-56; 24, 1).*

La norma hebrea del lavado del cadáver tenía una excepción: si el difunto había sido víctima de una muerte violenta y había derramado una cierta cantidad de su sangre, ésta, en todo caso, debía ser sepultada con el cuerpo y por tanto no se debía hacer el lavado ritual. Por el temor de que se perdiera "sangre de vida", la tierra sobre la que había caído la sangre debía ser removida y sepultada junto con el cuerpo.

Según el Códice de la Ley hebrea *Kitzur Shulchan Aruch* del siglo XVI, redactado por Rabbi Salomone Ganzfried[334], quien moría de muerte violenta no era lavado antes de ser sepultado:

> Uno que ha caído y ha muerto al instante, si su cuerpo ha sido herido y está sangrando, y si vemos que la sangre viva quedó absorbida en sus vestidos y en sus zapatos, por todo ello, nosotros no lo purificamos, más bien lo sepultamos con sus vestidos y con sus zapatos (dado que esta sangre es considerada parte de él y debe ser conservada con el cuerpo para la sepultura). Luego, sobre sus vestidos envolvemos en torno a él una sábana que se llama "sovev". Es costumbre excavar el terreno donde cayó, si en él hay sangre, y también en las cercanías, y sepultamos con él toda la tierra que tiene sangre sobre ella.

También un texto muy antiguo (siglo X) de Rav Radak refiere las mismas prescripciones.

El cadáver que fue envuelto en la Síndone fue entregado enseguida a quien se interesó por su sepultura. Se usó ciertamente áloe y mirra. La ausencia de qualquier señal de descomposición hace pensar en un contacto del cuerpo con la tela sólo por un breve período de tiempo. La presencia de la sangre demuestra la falta de lavado del cadáver, porque fue víctima de una muerte violenta. Probablemente la sábana fue sencillamente ajustada al cuerpo distendido, sin apretarlo con vendas[335].

Al atardecer vino un hombre rico, de Arimatea, llamado José; también él se había hecho discípulo de Jesús. Éste se presentó a Pilato y le pidió el cuerpo de Jesús. Pilato entonces ordenó que le fuera entregado. José tomó el cuerpo, lo envolvió en una sábana limpia y lo depositó en su sepulcro nuevo, que se había hecho excavar en la roca; hizo después rodar una gran piedra a la entrada del sepulcro, y se marchó (Mt 27,57-60).

Y ya al atardecer, como era la parasceve, es decir la víspera del sábado, vino José de Arimatea, miembro respetable del consejo, que esperaba también él el reino de Dios, tuvo la valentía de entrar donde Pilato y pedirle el

---

334 GANZFRIED S., *Kitzur Shulchan Aruch*, Lamed, Milano 2001, ch.197:9, http://www.yonanewman.org/kizzur/kizzur197.html; LAVOIE B.B., LAVOIE G.R., KLUTSTEIN D., REGAN J., *The body of Jesus was not washed according to the Jewish burial custom*, en *Sindon*, Cuaderno n. 30, Diciembre de 1981, pp. 19-29.

335 FANTI G., MARINELLI E., *A study of the front and back body enveloping based on 3D information*, en *The 2nd Dallas International Conference on the Shroud of Turin*, Dallas (Texas, USA), 25-28 Octubre de 2001, pp. 1-18, http://www.sindone.info/FANTI4A.PDF.

cuerpo de Jesús. Pilato se extrañó de que ya hubiese muerto y llamando al centurión le preguntó si había muerto hacía tiempo. Informado por el centurión, concedió el cadáver a José. Él entonces, comprada una sábana, lo descolgó de la cruz, lo envolvió en la sábana y lo puso en un sepulcro excavado en la roca. Después hizo rodar una piedra a la entrada del sepulcro (Mc 15,42-46).

Y he aquí que había un hombre de nombre José, miembro del Sanedrín, bueno y justo. Él no se había adherido a la decisión y parecer de los otros. Era de Arimatea, una ciudad de la Judea, y esperaba el Reino de Dios. Se presentó a Pilato y pidió el cuerpo de Jesús. Lo descolgó de la cruz, lo envolvió en una sábana y lo puso en un sepulcro excavado en la roca, en el cual nadie había sido todavía sepultado (Lc 23,50-53).

Tras estos hechos José de Arimatea, que era discípulo de Jesús, pero de incógnito, por miedo a los Judíos, pidió a Pilato autorización para retirar el cuerpo de Jesús. Pilato se lo concedió. Entonces fue y retiró el cuerpo de Jesús. Fue también Nicodemo – aquel que anteriormente había ido a verle de noche - y trajo cerca de unas cien libras de una mezcla de mirra y áloe. Tomaron entonces el cuerpo de Jesús y lo envolvieron con telas, ungido con aromas, conforme a la costumbre judía de sepultar. En el lugar donde había sido crucificado había un huerto y en el huerto un sepulcro nuevo, en el cual nadie había sido todavía depositado. Allí, pues, puesto que era el día de la parasceve de los Judíos y dado que el sepulcro estaba cerca, pusieron a Jesús (Jn 19,38-42).

Y se puso su sepultura entre los malvados, y con los ricos su tumba por más que no hizo atropello ni hubo engaño en su boca (Is 53,9).

El uso del término *othónia*, que Juan emplea para describir las telas vacías encontradas en el sepulcro, ha suscitado grandes discusiones, sobre todo porque en el pasado fue traducido por *vendas*, por ejemplo en la Biblia de Jerusalén[336].

Comentaba en el 2004 el biblista José Ghiberti[337]:

No creo tampoco que *othónia* se corresponda con fajas. Las fajas sugieren generalmente la representación de qualquier cosa estrecha (con poca diferencia de las *vendas* de la antigua Conferencia Episcopal Italiana: espero que pronto se pueda leer *telas*), mientras que *othónia* es formalmente un diminutivo, aunque en la evolución alcanzada en el griego bíblico haya perdido este sentido. No creo que los *othónia* coincidan con las *keiríai*, *cintas* de la sepultura de Lázaro: de éstas en la sepultura de Jesús no se habla (aunque es probable que fueran empleadas); no creo sin embargo que *othónia* signifique otra cosa que la *sindon* sinóptica. En

---

[336] *La Bibbia di Jerusalen*, Edizioni Dehoniane, Bologna 1974.
[337] GHIBERTI G., *Dalle cose che patì*, Effatà Editrice, Cantalupa (TO) 2004, p. 137.

Juan para el caso de Jesús se conocen sólo dos vestiduras fúnebres: las telas y sudario.

Según Ghiberti[338], el plural *othónia* es usado para entender lo que vieron Pedro y Juan en el sepulcro vacío: «La tela de encima y la tela de abajo puestas la una sobre la otra: dos telas, justamente, a pesar de que en realidad no eran más que una sola». En la nueva tradución de la CEI[339], *othónia keímena* (Jn 20,5-6) ha sido finalmente traducido ya no por las *vendas por el suelo* como decía la Biblia de Jerusalén, sino por las *telas puestas*.

En lo que respecta al tiempo de permanencia del cuerpo en la sábana, de los análisis realizados en la Síndone se deduce que la redisolución de los coágulos hemáticos por fibrinólisis se detuvo tras un período verosímilmente no superior a las 36-40 horas. Las marcas hemáticas no muestran señales de arrastre y es inexplicable cómo el contacto entre el cuerpo y la sábana se interrumpió sin alterar los calcos que se habían formado.

Tras la deposición de la sangre, en la sábana se imprimió la imagen en negativo del cadáver al que había envuelto. Esta impronta sería explicable sólo admitiendo que el cuerpo hubiera emitido una breve y potente radiación ultravioleta. En la oscuridad de aquel sepulcro, un fenómeno de luz puede iluminarnos para comprender el misterio de la Síndone.

Y hasta mi carne descansa en seguro, porque no abandonarás mi vida al seol, ni dejarás que tu fiel vaya a la fosa (Sal 16 [15],9-10).

Dentro de dos días nos volverá a dar la vida y al tercero nos hará resurgir (Os 6,2).

Jonás permaneció en el vientre del pez tres días y tres noches (Jon, 2,1).

¡Una generación malvada y adúltera pretende una señal! Pero no se le dará otra señal sino la del profeta Jonás. Porque de la misma manera que Jonás permaneció tres días y tres noches en el vientre del pez así también el Hijo del hombre estará tres días y tres noches en el corazón de la tierra (Mt 12,39-40).

Pedro sin embargo se levantó y corrió al sepulcro e, inclinándose, vio sólo las telas (Lc 24,12).

Pedro entonces salió junto con el otro discípulo y se acercaron al sepulcro. Corrían juntos los dos, mas el otro discípulo corrió más rápido

---

[338] *Ibid.*, p. 130.

[339] *La Sacra Bibbia*, Conferenza Episcopale Italiana, Unione Editori e Librai Cattolici Italiani, 2008.

que Pedro y llegó el primero al sepulcro. Se inclinó, vio las telas puestas allí, pero no entró. Llegó mientras tanto también Simon Pedro, que le seguía, y entró en el sepulcro y observó las telas puestas allí, y el sudario – que había estado sobre su cabeza – no puesto con las telas, sino enrollado en un lugar aparte. Entonces entró también el otro discípulo, que había llegado primero al sepulcro, y vio y creyó (Jn 20,3-8).

Y se transfiguró delante de ellos: Su rostro brilló como el sol y sus vestidos se hicieron blancos como la luz (Mt 17,2).

INDICACIONES BIBLIOGRÁFICAS

Elenco de los principales textos utilizables por el lector para mayor profundización.

- Baima Bollone Pierluigi, *Sindone. Storia e scienza 2010,* Priuli & Verlucca, Ivrea (TO) 2010
- Balossino Nello, *Sindone. Immagini per la conoscenza,* Effatá Editrice, Cantalupa (TO) 2010
- Barberis Bruno, Boccaletti Marco, *Il caso Sindone non è chiuso,* Ed. San Paolo, Cinisello Balsamo (MI) 2010
- Barbesino Francesco, Moroni Mario, *Lungo le strade della Sindone,* Edizioni San Paolo, Cinisello Balsamo (MI) 2000
- Battezzati Stefano, Gesù, *ma quanto... quanto ci ami!,* Mimep-Docete, Pessano (MI) 2013
- Benedetto XVI, Poletto Severino, Schönborn Christoph, Ravasi Gianfranco, Verdon Timothy, *Icona del Sabato Santo,* Effatá Editrice, Cantalupa (TO) 2011
- Ciola Nicola, Ghiberti Giuseppe (Edd.), *La Passione di Gesù e la Sindone*, Lateran University Press, Città del Vaticano 2014
- Commissione Diocesana per la Sindone, Sindone (DVD), Nova-T 2004
- Coppini Lamberto, Cavazzuti Francesco (Edd.), Le *icone di Cristo e la Sindone,* Ed San Paolo, Cinisello Balsamo (MI) 2000
- Di Lazzaro Paolo (Ed.), *Proceedings of the IWSAI 2010, International Workshop on the Scientific approach to the Acheiropoietos Images*, 4-6 Maggio 2010, ENEA, Frascati (Roma) 2010
- Dubarle André-Marie, *Histoire ancienne du Linceul de Turin,* OEIL, París, (France) 1985; traducción italiana: Dubarle André-Marie, Storia antica della Sindone di Torino, Ed. Giovinezza, Roma 1989
- Fanti Giulio (Ed.), *The Shroud of Turin. Perspectives on a multifaceted enigma, Proceedings of the 2008 Columbus International Conference, Columbus (Ohio, USA) 2008*, Ed. Libreria Progetto, Padova 2009
- Fanti Giulio, Gaeta Saverio, *Il mistero della Sindone,* Rizzoli, Milano 2013
- Ferrari Giuseppe, Pascual Rafael, *La Sindone tra scienza e fede,* Edizioni Studio Domenicano, Bologna 2008
- Fossati Luigi, *La Sacra Sindone, Storia documentata di una secolare venerazione,* Editrice Elledici, Leumann (TO) 2000
- Ghiberti Giuseppe, *Davanti alla Sindone,* Ed. San Paolo, Cinisello Balsamo (MI) 2010

- Guerreschi Aldo, *La Sindone e la fotografia*, Edizioni San Paolo, Cinisello Balsamo (MI) 2000
- Guscin Mark, *The Image of Edessa*, Brill, Leiden 2009
- Losi Loris (Ed.), *Il mistero continua*, Fondazione 3M Edizioni, Milano 2005
- Malantrucco Luigi, *Il silenzio della Sindone*, Radicequadrata, Roma 2010
- Marinelli Emanuela, *La Sindone. Il mistero di un'immagine*, I quaderni del Timone, Ancora, Milano 2010
- Marinelli Emanuela, *La Sindone. Analisi di un mistero*, Sugarco Edizioni, Milano 2009
- Marinelli Emanuela, *La Sindone. Testimone di una presenza*, Ed. San Paolo, Cinisello Balsamo (MI) 2010
- Marinelli Emanuela, Marinelli Maurizio, *Alla scoperta della Sindone*, Ed. Messaggero Padova, Padova 2010
- Marinelli Emanuela, Marinelli Maurizio, *La Sindone. Un mistero tra storia, scienza e fede*, Editrice Shalom, Camerata Picena (AN) 2010
- Marinelli Emanuela, Russi Angelo, (Edd.), Sindone *2000, Atti del Congresso Mondiale, Orvieto 27-29 Agosto 2000*, Gerni Editori, San Severo (FG) 2002
- Petrosillo Orazio, Marinelli Emanuela, *El escandalo de una medida. La Sábana Santa y el Carbono 14*, Marcombo, Barcelona, España 1991
- Petrosillo Orazio, Marinelli Emanuela, *La Sindone. Storia di un enigma*, Rizzoli, Milano 1998
- Piana Alessandro, *Sindone: gli anni perduti. Da Costantinopoli a Lirey: nuove prove*, Sugarco Edizioni, Milano 2007
- Piana Alessandro, *La Sindone. Un mistero lungo duemila anni*, Mimep-Docete, Pessano (MI) 2014 (con DVD)
- Repice Domenico (Ed.), *Quattro percorsi accanto alla Sindone*, Edizioni Radicequadrata, Roma 2011
- Ricci Giulio, *L'uomo della Sindone è Gesù*, Ed. Cammino, Milano 1985
- Rodante Sebastiano, *Le realtá della Sindone* - Massimo, Milano 1987
- Saracino Francesca, *La Sacra Sindone. La storia* (DVD), Mimep-Docete, Pessano (MI) 2007
- Saracino Francesca, *La notte della Sindone* (DVD), Polifemo, Roma 2011
- Savio Pietro, Ricerche *storiche sulla Santa Sindone*, SEI, Torino 1957
- Scannerini Silvano, Savarino Pietro (Edd.), *The Turin Shroud, past, present and future, International Scientific Symposium, Torino, 2-5 Marzo 2000*, Effatá Editrice, Cantalupa (TO) 2000

- Schiatti Lamberto (Ed.), *Il grande libro della Sindone,* Ed. San Paolo, Cinisello Balsamo (MI) 2000
- Tosatti Marco, *Inchiesta sulla Sindone,* PIEMME, Casale Monferrato (AL) 2009
- Tornielli Andrea, Sindone, *Inchiesta sul mistero,* Gribaudi Editore, Milano 2010
- Trovellesi Cesana Luca, *I misteri del Santo Sepolcro* (DVD), Sydonia 2014
- Vercelli Piero, *La Sindone nella sua struttura tessile,* Effatá Editrice, Cantalupa (TO) 2010
- Wilson Ian, *The Shroud, Fresh light on the 2000-year-old Mystery...* – Transworld Publishers, London (UK) 2010
- Zaccone Gian Maria, *La Sindone. Storia di un'immagine,* Paoline Editoriale Libri, Milano 2010
- Zaccone Gian Maria, Ghiberti Giuseppe (Edd.), *Guardare la Sindone, Cinquecento anni di liturgia sindonica,* Effatá Editrice, Cantalupa (TO) 2007

Páginas internet

Archidiócesis de Turín: www.sindone.org
Collegamento pro Síndone: www.sindone.info
Shroud of Turin website: www.shroud.com

MARCO FASOL

LOS EVANGELIOS
Y LA CIENCIAS HISTÓRICAS

"La Palabra era la luz verdadera,
que ilumina a todo hombre"

(Jn 1,9).

Las preguntas de nuestro tiempo

«Es verdadero lo que nos cuentan los Evangelios o son todo leyendas populares?». «Entre Jesús y Júpiter, ¿hay de verdad alguna diferencia? ¿O los dos son mitos?». Durante más de treinta años de enseñanza he oído con frecuencia preguntas o frases semejantes. No hay por qué maravillarse o enfadarse por esta ignorancia histórica, porque es como una señal de los tiempos. Nos indica una dirección de búsqueda. No sirve de nada lamentarse.

En el pasado pre-iluminista esta búsqueda crítica y científica sobre los Evangelios era de escasa importancia. La gente creía sin problemas. San Francisco o Santa Catalina, por citar los dos patronos de Italia, no sabían nada de las pruebas científicas que hemos visto en la Síndone o que veremos sobre los Evangelios, y sin embargo su fe no se debilitaba. Vivían en otro ambiente cultural, en el que no tenía sentido tener dudas o preguntas sobre la verdad de los textos transmitidos. Hoy los tiempos han cambiado y sólo el análisis científico de los textos nos permite diferenciar las leyendas y supersticiones del saber auténtico.

El hombre moderno hace nuevas preguntas sobre la historia y si los creyentes no saben responder harán mofa de ellos como crédulos.

La proclamación de los textos sagrados ya no es suficiente. Qualquier catequesis tiene su premisa indispensable en el estudio del valor histórico de los Evangelios. Sin esta seriedad científica, el anuncio está expuesto a la burla y al escarnio y deja al creyente indefenso frente a un gran peligro: el fideísmo ignorante de quien no sabe explicar la diferencia entre los Evangelios y las leyendas con final feliz.

Por fideísmo entiendo una fe disociada de la historia, de la razón crítica. Si el Evangelio en el que creemos está disociado de la historia, se convierte inmediatamente en una leyenda edificante o una peligrosa ideología fundamentalista.

La fe cristiana auténtica, en cambio, ¡es histórica! Contempla hechos acaecidos realmente y bien documentados. De todas formas debemos distinguir la búsqueda histórica de la elección de fe, que no está subordinada a estudios aproximativos y parciales. Sin embargo es indispensable que la fe esté reforzada también por un conocimiento racional, capaz de responder a las objeciones y a las críticas.

Desde la Síndone a los Evangelios

Tras haber estudiado científicamente la Síndone, buscaremos pues aplicar el mismo método también a los Evangelios que son su clave de lectura. La sagrada tela conservada en Turín y los Evangelios se sostienen y clarifican mutuamente.

Los tres Evangelios sinópticos, que como veremos son los más antiguos, hablan explícitamente de una síndone: «José tomó el cuerpo, lo envolvió en una sábana (en griego: *sindon*) limpia» (Mt 27,59; Mc 15,46; Lc 23,53). El quarto evangelista, que escribe hacia el final del siglo primero, precisa después:

> Llegó entre tanto también Simon Pedro, que le seguía, y entró en el sepulcro y observó las telas puestas allí (*othonia kéimena*), y el sudario (*soudarion*) que había estado sobre su cabeza – no puesto allí con las telas, sino enrollado (*entetuligménon*) en un lugar aparte. Entonces entró también el otro discípulo, que había llegado primero al sepulcro, y vio y creyó (Jn 20,6-8).

¿Qué vio y por qué creyó? El sudario estaba *enrollado*. Juan usa en efecto el participio pasivo griego (*entetuligménon*) del mismo verbo utilizado por Mateo y por Lucas en la forma activa: «José tomó el cuerpo, lo envolvió (*enetulixen*) en una sábana (*sindon*) limpia» (Mt 27,59; Lc 23,53). Parece que sea precisamente la especial *envoltura* del sudario la señal prodigiosa que suscita la fe en Juan.

El texto es lacónico y de difícil interpretación. En todo caso esta descripción detallada (*sábana limpia, sudario envuelto, telas puestas*), que los evangelistas recuerdan después de treinta años o incluso sesenta años, nos hace entender que el suyo es un relato directo, que se remonta a testigos oculares. Precisamente ésta es la gran preocupación de los evangelistas: quieren hacernos entender que no son visionarios o fantasiosos creadores de leyendas, sino que cuentan lo que han visto con sus ojos. El evangelista Lucas, al inicio de su Evangelio, dice referir los hechos: «Como los transmitieron los que fueron testigos oculares de ellos desde el principio» (Lc 1,2). Y el texto griego habla precisamente de *testigos oculares (autoptai)*. En efecto, poco después nos ofrece un preciso y detallado marco histórico de los hechos:

En el año decimoquinto del imperio de Tiberio César, mientras Poncio Pilato era gobernador de Judea, Herodes tetrarca de Galilea, y Filippo, su hermano, tetrarca de Iturea y de Traconítide, y Lisanias tetrarca de Abilene, bajo los Sumos Sacerdotes Anás y Caifás, la palabra de Dios vino sobre Juan... (Lc 3,1-2).

Hoy nos preguntamos con espíritu crítico: ¿tenemos pruebas convincentes de ese testimonio directo? Para que resulten creíbles estos testimonios frente a la cultura iluminista y científica de nuestro tiempo resulta necesario afrontar un viaje de búsqueda, para descubrir los tres *pilares* que sostienen el valor histórico de los Evangelios.

El *primer pilar* (Capítulo I) tratará del texto tal como lo leemos hoy día: «¿Es tal cual idéntico al original?». Analizaremos la extraordinaria cantidad y antigüedad de los manuscritos que, por su concordancia, nos garantizan la fidelidad de la transmisión.

El *segundo pilar* (Capítulo II) tratará del estudio filológico del texto original griego, que revela claramente su origen arameo y hebreo, precisamente las lenguas habladas por Jesús. Esto nos garantiza que los autores nos han aportado un testimonio de primera mano, con las estructuras y los estilos originales típicos de la didáctica semítica.

El *tercer pilar* (Capítulo III) tratará las diferentes hipótesis sobre Jesús. Tras haber superado la hipótesis crítica y mítica, gracias a los descubrimientos papirológicos y a los estudios filológicos, veremos cómo la concatenación de los hechos narrados impone al historiador como explicación necesaria la narración íntegra de los Evangelios.

Después trataremos (Capítulo IV) de responder científicamente a algunas objeciones de la crítica contemporánea, en particular sobre las fuentes no cristianas, sobre los Evangelios apócrifos y sobre la fiablidad de testimonios "no imparciales".

Finalmente (Capítulo V) podremos descubrir el valor más profundo de aquella *luz del Santo Sepulcro* que da un sentido a nuestro camino. Veremos qué ha significado para nuestra historia la gran "revolución" del amor misericordioso.

CAPÍTULO I

MILES DE MANUSCRITOS ANTIGUOS

Desde la predicación oral hasta el texto escrito

Todos sabemos que los cuatro Evangelios son las fuentes históricas básicas del Cristianismo y por tanto nuestra búsqueda científica debe iniciarse precisamente en estos textos *canónicos.* Las primeras comunidades cristianas definieron un *canon,* es decir una "regla" que identificaba los textos que eran conformes con la predicación original. Veremos que también los *Evangelios apócrifos,* descubiertos sobre todo en los últimos dos siglos, constituyen una posterior fuente histórica, que sin embargo no satisface los criterios de fiabilidad científica. Profundizaremos en la cuestión de los apócrifos y de la definición del *canon* en la parte conclusiva (cap. IV), mientras afrontamos ahora, en primer lugar, el estudio de los Evangelios canónicos, desde el momento en que ya todos los estudiosos competentes los reconocen como las fuentes históricas más antiguas y fiables.

La primera pregunta es sobre la antigüedad de la composición de los cuatro Evangelios canónicos (Mateo, Marcos, Lucas y Juan) y de los demás textos del Nuevo Testamento (Hechos de los Apóstoles, 14 cartas atribuidas tradicionalmente a Pablo, 2 cartas de Pedro, 3 de Juan, una carta de Santiago, una carta de Judas Tadeo y el Apocalisis), en total 27 escritos.

Hasta los inicios del siglo pasado, algunos historiadores pensaban que los Evangelios habían sido escritos hasta doscientos años después de los hechos. Esos estudiosos hablaban por tanto de *fábulas populares* legendarias, deformadas por la fantasía de las primeras *comunidades helenísticas,* como afirmaban por ejemplo R. Bultmann o M. Dibelius. Los recientes descubrimientos papirológicos y el análisis lingüístico del griego de los Evangelios han impuesto, en cambio, una datación anterior, muy cercana a los hechos. Recorramos las etapas de este proceso de su formación.

La muerte de Jesús, por crucifixión, acaeció en el año 30 y sobre este drama no existen dudas entre los estudiosos, incluso los no creyentes. Puede existir una oscilación cronológica de algún año porque estaban en uso calendarios diferentes, pero este hecho está atestiguado tanto por todas las fuentes cristianas, como por historiadores laicos, como Tácito y Flavio Josefo. Después de aquello la comunidad de los creyentes difundió el alegre anuncio, a partir de Jerusalén para después alcanzar Antioquía, Damasco, Atenas, Roma, Alejandría de Egipto y otras ciudades del Mediterráneo. Es ésta la fase de la sola predicación oral, típica de las culturas antiguas. Según los estudios más recientes[340] en la Palestina de entonces, menos del 10% de la población sabía leer y escribir. Por tanto el anuncio era inicialmente sólo oral. La "biblioteca" del hombre común era la memoria, ayudada por algunas técnicas que la facilitaban.

No debemos proyectar, por tanto, sobre estos primeros dos o tres decenios nuestras ideas sobre la predicación oral, porque son muy diferentes. En el judaísmo de la época, en efecto, la tradición oral era traspasada siguiendo reglas precisas y rigurosas de fidelidad, palabra por palabra. La regla áurea de la enseñanza antigua era la "memorización", el aprender de memoria, con el control y la autoridad del maestro. La vida entera de los maestros transcurría en una continua repetición de memoria del patrimonio de los antiguos. Y esto vale no sólo para la cultura judía, sino también para las culturas antiguas en general. También Cicerón afirma que *la repetición es la madre de los estudios (repetitio est mater studiorum)*.

Es, por tanto, verosímil que también las primeras comunidades cristianas respetaran esta praxis de transmisión fiel de las palabras del Maestro, bajo la guía de la autoridad de los Apóstoles. La estructura linguística de los Evangelios, como veremos, lo confirma. Sobre todo en el arco del primer trentenio, pero también en los decenios sucesivos, fue elaborada pues la traducción del hebreo y del arameo al griego, porque el Maestro había confiado una misión a sus discípulos: «Ir por todo el mundo...» (Mc 16,15) y todo el mundo antiguo hablaba griego, no podía ciertamente entender el arameo, ¡que era un dialecto local! Tras los primeros dos o tres decenios de predicación oral, comenzaron a tomar forma escrita, en griego, los primeros tres Evangelios, de Mateo, Marcos y Lucas, llamados sinópticos (*legibles en paralelo, con una única mirada*), puesto que refieren en paralelo la trama esencial y numerosos discursos y relatos, con palabras muy semejantes. Este paso de la forma oral a la escrita se hacía necesario como punto de referencia seguro para las nuevas comunidades que se iban expandiendo cada vez más. Los relatos orales se habían sedimentado según esquemas o *formas de predicación,* reunidos después en conjuntos con un trabajo de *redacción,* en los primeros decenios después del año 50. El Evangelio de Juan fue redactado, en cambio, más tarde, probablemente hacia el final del siglo primero. La crítica histórica, sobre todo de lengua alemana, ha dintinguido *formas literarias (Formgeschichte)* y *redacción (Ryaktiongeschichte),* o sea trabajo de unión narrativa entre las distintas *formas.*

---

[340] DUNN J., *Dal Vangelo ai Vangeli*, Ed. San Paolo, Torino 2012, pp. 37-38.

Le *formas literarias* estaban constituidas por las recopilaciones de *parábolas, milagros, dichos o discursos, relatos de la Pasión...* Además se recopilaban las referencias a las antiguas profecías, realizadas en la vida de Jesús: en los cuatro Evangelios encontramos ¡al menos noventa citas! La *redacción* definitiva consistía en conectar de modo ordenado y coherente todas estas recopilaciones.

Los primeros resultados de estas investigaciones eran contradictorios y muy heterogéneos, pero los logros de los últimos cincuenta años nos permiten hoy afirmar que la predicación oral, conforme a las reglas didácticas antiguas, nos garantiza una fidelidad de transmisión incluso de mayor respeto que una grabación mecánica. Decisivos en este tema han sido los estudios de la escuela escandinava de Upsala[341] confirmados por los más recientes estudios sobre las reglas de transmisión oral en el Oriente Medio, por obra de D. G. Dunn y R. Bauckham[342]. Es fácil darse cuenta de esta homogeneidad de la tradición oral cuando se observa que la redacción final de los sinópticos es sustancialmente concordante en la secuencia narrativa y en el léxico, en todas las comunidades del Mediterráneo. Leamos las palabras del autorizado card. C. M. Martini, biblista universalmente conocido:

> El examen del proceso de formación de los evangelios nos ha hecho ver cómo ese proceso, en todas sus partes, confirma la validez histórica de los evangelios. Los apóstoles eran los más cualificados para imprimir en su mente los dichos y los hechos de Jesús, de los que habían sido espectadores cotidianos. La predicación habida tras la muerte y resurrección de Jesús fue siempre hecha bajo la supervisión del grupo apostólico, y con una constante preocupación por la transmisión fiel de cuanto les había sido entregado. En el momento de la puesta por escrito de los evangelios, los evangelistas exponían, además de sus recuerdos personales, todo ese material ya analizado y elaborado. La solidez de las cosas traspasadas al evangelio reposa por tanto no en el testimonio singular de alguna persona particular, sino en el grupo de los apóstoles, y sobre el conjunto más vasto de los que habían visto los hechos de Cristo y tenían todo el interés en que lo relatado se conservase con esmero y fielmente. La reciente búsqueda exegética, en lugar de restringir, ensancha la base de testimonio sobre la que se funda el valor de los evangelios y pone nuestra fe en comunión con la de toda la primera comunidad de los creyentes[343].

---

[341] RIESENFELD H., *The gospel tradition and its beginnings*, Fortress, Philadelphia 1970; GERHARDSSON B., *Memory & Manuscript, Oral Tradition and Written Transmission in Rabbinic Judaism and Early Christianity*, Willian B. Eerdmans Publishing Company, Grand Rapids (Michigan) 1998.

[342] DUNN J., *Gli albori del cristianesimo. La memoria di Gesù*, vol 1, Paideia, Brescia 2006; BAUCKHAM R., *Jesus and Eyewitnesses*, Willian B. Eerdmans Publishing Company, Grand Rapids (Michigan) 2006.

[343] MARTINI C. M., *Qualcosa in cui credere*, Piemme, Milano 2010, pp. 52-53.

La metodología histórica más reciente identifica pues tres fases en la formación de los Evangelios: la primera es la vida misma de Jesús, la segunda es la tradición oral, la tercera es la redacción evangélica de los escritos. También el reciente magisterio oficial de la Iglesia católica ha aceptado este requerimiento metodológico[344]. El Concilio Vaticano II, en la *Dei Verbum*, (1965) en el n. 19, afirma *sin titubeos la historicidad de los cuatro Evangelios*.

Dejemos a los estudiosos la búsqueda erudita – y también un poco académica – sobre la *cuestión sinóptica* que busca las fases del trabajo redaccional, incluso frase por frase. Centenares de estudiosos se han enfrentado con el laberinto de las hipótesis. Lo que verdaderamente nos interesa es, en cambio, la *sustancial* concordancia de las fuentes sobre la predicación y los hechos principales. Examinaremos en el próximo capítulo la estructura linguística de algunas reglas de la tradición oral semítica, gracias a las cuales se garantiza la fidelidad de transmisión. Será fácil convencerse de que los textos escritos recalcan esquemas de predicación concordantes en todas las comunidades cristianas más antiguas, desde Jerusalén hasta Antioquía, Atenas, Roma, Alejandría de Egipto, Éfeso y otras.

El texto más documentado de la historia antigua

En este punto nos ponemos el siguiente interrogante: ¿estamos seguros de que nos ha llegado íntegro e intacto precisamente el texto de la predicación apostólica original? Se trata del problema de la transmisión de los textos antiguos gracias al copiado a mano.

Antes de la invención de la imprenta (en el 1450 aprox.), todos los textos de la antigüedad nos han llegado gracias al trabajo incansable de los amanuenses, que han copiado a mano a lo largo de los siglos, todo el patrimonio de las culturas antiguas. Los manuscritos eran copiados sobre *papiros, pergaminos, códices, rollos...* conservados hoy en todas las más prestigiosas Bibliotecas del mundo. Obviamente, cuanto mayor es el número de manuscritos de un determinado texto, tanto más se dice que está bien documentado. Por ejemplo, de la Ilíada y de la Odisea nos han quedado cerca de 600 manuscritos, y ¡se trata de un record! En efecto todas las demás obras maestras antiguas tienen un número generalmente muy inferior de manuscritos. Virgilio tiene poco más de 100, Platón y César tienen sólo una decena y así la mayor parte de los grandes autores de la antigüedad. Tácito tiene, para algunas obras, ¡sólo uno, un *unicum* y además incompleto!

Y, ¿cuántos son los manuscritos del Nuevo Testamento? ¡Un número immenso! Nos han quedado al menos 5.300 manuscritos

---

[344] PONTIFICIA COMMISSIONE BIBLICA, *De historica Evangeliorum veritate*, Libreria Editrice Vaticana, Città del Vaticano 1964.

griegos, 8.000 manuscritos latinos, al menos 2.000 ó 3.000 (todavía debe completarse el catálogo) en traducciones en lenguas antiguas como el armenio, el sirio, el copto... En conjunto ¡más de 15.000 manuscritos![345]

En este momento un lector contemporáneo podría objetar: «Los amanuenses eran con frecuencia monjes benedictinos, entonces ¡quién sabe cuántos milagros o relatos legendarios, se habrán inventado para sugestionar al pueblo ignorante!» C. Augias, por ejemplo, escribe: «Los textos sagrados son el fruto de numerosas reconstrucciones y manipulaciones»[346].

Los estudiosos que han consultado miles de manuscritos pueden rebatir esta afirmación fácilmente: ¿dónde están esas manipulaciones y reconstrucciones si todos los manuscritos refieren el mismo texto, palabra por palabra? Incluso habiendo sido copiados en Roma, Atenas, Éfeso, Alejandría de Egipto, Antioquía, Damasco... ¡y en épocas diferentes! Como ha escrito el acreditado K. Aland, se trata de una concordancia inesperada también para el especialista. Ciertamente, debemos precisar que, como en toda obra humana, hay muchos errores ortográficos o de transcripción. Un buen amanuense comete de media un error cada veinte líneas. Si los manuscritos son miles, evidentemente habrá miles de errores y muchas variantes. Pero estos errores no afectan a los contenidos fundamentales, como han afirmado los mayores estudiosos de filología, como B. Metzger, E. Nestle, K. Aland, o C. M. Martini.

Debemos saber criticar la desinformación a la que se prestan muchos aficionados en busca de notoriedad. Ésta consiste en dar una información verdadera, pero callando todas las demás informaciones que son mucho más importantes. Si un "desinformador" escribe que hay miles de errores en los manuscritos de los Evangelios, dice una cosa verdadera. Debe añadir, sin embargo, que estos errores no afectan a los contenidos fundamentales, sino que tienen que ver sobre todo con ausencias, errores ortográficos y omisiones no esenciales. Debe añadir que los manuscritos ¡son 15.000! Que todos citan sustancialmente ¡el mismo texto! Que podemos verificar y definir el texto auténtico confrontando ¡miles de manuscritos! Que los más grandes estudiosos mundiales han llegado a un consenso unánime en definir

---

[345] El catálogo completo se puede encontrar en ALAND K. y B., *Il Testo del Nuovo Testamento*, Marietti, Genova 1987, o también en *Appendices* de la versión oficial del *Novum Testamentum Graece* a cargo de NESTLE E., ALAND B. y K., KARAVIDOPOULOS J., MARTINI C.M., METZGER B., Deutsche Bibelgesellschaft, 28ª ed., Stuttgart, 2012. También la obra de METZGER B., *Il testo del Nuovo Testamento*, Paideia, Brescia 1996, pp. 40-95, aporta un detallado elenco de los manuscritos con comentarios y explicaciones.

[346] AUGIAS C., PESCE M., *Inchiesta su Gesù*, Mondadori, Milano 2006, p. 245, ¡frase final!

el texto auténtico[347]. El *Novum Testamentum Graece* constituye la coronación de este trabajo.

Los amanuenses han querido por tanto respetar con la máxima fidelidad el texto original, sin añadir nada. Evidentemente eran sabedores de la importancia decisiva de lo que escribían para las generaciones futuras. Notad además que los amanuenses ¡no tenían ciertamente a su disposición las técnicas modernas de comunicación! No podían ciertamente telefonearse para ponerse de acuerdo en ¡añadiduras o manipulaciones! Trabajaban encerrados en sus habitaciones (*scriptoria*), en lugares diferentes, en épocas diferentes y han copiado los textos con una fidelidad extraordinaria. Cada manuscrito confirma y es confirmado por todos los demás. Este respeto riguroso en la transmisión escrita es una confirmación del análogo respeto riguroso en la transmisión oral, del que hemos hablado. Además, si nadie ha dudado jamás de la autenticidad de un Platón o de un Tácito, con mayor razón nadie debe dudar de la fidelidad de transmisión de los textos evangélicos, que tienen miles y miles de copias manuscritas. Debe saberse también que a los más de 15.000 manuscritos neotestamentarios se deben añadir todas las citas de los escritores cristianos de los primeros tres siglos (Justino, Ireneo, Clemente romano y Clemente alejandrino, Orígenes, Tertuliano, etc.) difundidos por todo el mundo antiguo, desde Europa al Norte de Africa y a Asia occidental: ¡más de 20 mil citas! Hasta el punto de que sería posible reconstruir casi todo el Nuevo Testamento sencillamente recopilando todas estas citas antiguas.

Sobre este tema, en París se inició la publicación de un informe[348] de los primeros 200 años de difusión del cristianismo: del año 30 al 230 aproximadamente. Los Evangelios son citados muy frecuentemente: 3.800 citas de Mateo, cerca de 1.400 de Marcos, 3.200 de Lucas, 2.000 de Juan. La primera carta a los Corintios, que contiene el primer anuncio completo de la resurrección (1 Cor 15,1-8) es citada 1.650 veces[349]. Estas 20.000 citas se multiplican por varias veces si se añaden los autores del siglo III y IV, como Ambrosio, Atanasio, Jerónimo, etc.[350].

Notad que los primeros autores cristianos proceden de todo el mundo entonces conocido: desde Roma a Atenas, a Antioquía,

---

[347] METZGER B., *Il testo del Nuovo Testamento*, o. cit., pp. 143-144.

[348] *Biblia patristica, Index des citations et allusions bibliques dans la littérature patristique,* Editions du CNRS, París 1975.

[349] Estas informaciones se encuentran en METZGER B., *Il canone del Nuovo Testamento*, Paideia, Brescia 1997, pp. 227–228. B. Metzger es considerado uno de los mayores estudiosos de papirología.

[350] Una lista global de los autores cristianos de los primeros cuatrocientos años de cristianismo lo encontramos en METZGER B., *Il testo del Nuovo Testamento*, o.cit., pp. 92-93. Más de ¡un millón de citas!

Jerusalén, Egipto, Lión, Hierápolis. Los manuscritos del Nuevo Testamento que han utilizado procedían por tanto de los lugares más dispersos. Su concordancia confirma que para ningún otro protagonista de la historia antigua tenemos un testimonio tan unánime de las fuentes.

Para dar al lector una idea concreta del immenso trabajo de los amanuenses, concluyo con una frase escrita por ellos al final de su paciente trabajo de copiado. Son palabras emblemáticas de la fatiga, pero también de la devoción y conciencia de estos miles de anónimos "obreros" del Evangelio a los cuales debemos una immensa gratitud:

Oh lector, perdóname con amor espiritual, excusa la osadía de aquel que escribió y convierte tú sus errores en algún bien místico... No existe copista alguno que no desaparezca, pero esto que sus manos han escrito permanecerá para siempre. No escribir nada de tu puño, excepto lo que estarás contento de ver en la resurrección... Quiera el Señor Dios Jesúcristo hacer sí que esta santa copia ayude a la salvación del alma del mísero hombre que la escribió. Piedad para el que ha escrito, oh Señor, sabiduría para que los que leen, gracia para los que escuchan, salvación para los que poseen (este Códice). Quien no sabe cómo se escribe cree que esto no es una fatiga; pero aunque escriben sólo tres dedos, el cuerpo entero se fatiga. Escribir con la espalda encorvada, clava las costillas en el estómago y causa una debilidad general del cuerpo[351].

Los manuscritos más antiguos y más importantes

El Nuevo Testamento es el texto más documentado de la historia antigua no sólo por el número de los manuscritos, sino también por la antigüedad de estos papiros y pergaminos. Debemos de inmediato poner por delante que los manuscritos originales autógrafos, escritos de propria mano por los autores antiguos, se han perdido todos. Las vicisitudes de la historia, la caducidad de los materiales utilizados, las inclemencias climáticas y otros mil factores han impedido la conservación de los textos autógrafos. Del mismo Dante, que es un autor mucho más reciente, no poseemos el manuscrito autógrafo completo de la *Divina Commedia*. De todas formas esta pérdida es en nuestro caso de escasa relevancia, porque con 15.000 manuscritos todos concordantes no podemos tener dudas en la fidelidad de la transcripción del autógrafo original.

Analicemos pues la antigüedad de los manuscritos ante todo sobre la base de los criterios paleográficos. Los estudiosos que han consultado miles de manuscritos antiguos reconocen las tipologías de escritura de las distintas épocas. Por ejemplo el estilo *ornado herodiano* resulta ser más antiguo que la escritura *uncial mayúscula,* o que la

---

351 METZGER B., *Il testo del Nuovo Testamento,* o. cit., pp. 27-29.

minúscula cursiva, o que la *minúscula carolingia* y así otros. Asociando a estos conocimientos paleográficos también los criterios comparativos, arqueológicos y químicos, se llega a determinar con suficiente precisión la antigüedad de un manuscrito.

Excluyendo los Evangelios, el autor clásico del cual nos ha llegado el manuscrito más antiguo es Virgilio. Se trata de un breve fragmento, copiado cerca de 350 años después de la muerte del poeta. Para todos los demás autores clásicos la distancia entre el original y el manuscrito más antiguo llegado hasta nosotros es muy superior. Para César, por ejemplo, el manuscrito más antiguo se remonta a 900 años después del original; para Platón hay alrededor de 1.300 años entre el original y el manuscrito más antiguo.

Para los manuscritos del Nuevo Testamento el discurso cambia radicalmente, porque la distancia entre texto original autógrafo y los manuscritos más antiguos es muy corta. El manuscrito más antiguo de los Evangelios es probablemente el *Papiro Rylands (P 52)*, un fragmento de las dimensiones de una tarjeta de crédito, conservado en la *J. Rylands Library* de Mánchester, publicado en 1934. Contiene 114 letras griegas, que refieren el texto de Jn 18,31-33 (por delante) y Jn 18,37-38 (por detrás) y se remonta al año 125 d.C. aproximadamente, según la datación del prestigioso prof. Colin H. Roberts. Fue hallado en Egipto, entre el equipaje de un soldado, que tenía un ejemplar en "formato de bolsillo" del Evangelio de Juan. El papiro atestigua que el cuarto Evangelio fue compuesto al final del siglo primero, porque para llegar desde Éfeso – donde fue escrito el original – a Egipto tuvo que transcurrir casi una generación. El texto traído en este fragmento corresponde perfectamente, palabra por palabra, al texto de Juan que leemos nosotros hoy. Por tanto este Evangelio no podía haber sido escrito después de 200 años de los hechos, como sostenían los inventores de la hipótesis mítica y de las "leyendas populares".

Otro manuscrito antiquísimo es el *Papiro Bodmer II P 66*, conservado en la *Biblioteca Bodmeriana* de Cologny (Ginebra) publicado en 1956. Contiene buena parte del Evangelio de Juan, en 104 páginas de 11 x 14 cm. La publicación de este papiro suscitó gran interés por parte de los estudiosos porque según la datación del prof. Herbert Hunger de Viena el fragmento se remonta a no más tarde de la mitad del siglo II. También este texto concuerda perfectamente con los manuscritos mayores del siglo IV (*Códice Vaticano, Sinaítico, Alejandrino, etc...*) y demuestra, por tanto, la fidelidad de los amanuenses de la que hemos hablado.

Un texto más controvertido es el célebre *Papiro 7Q5,* descubierto en la gruta séptima de Qumran en 1955 y conservado en la *Rockfeller Library* de Jerusalén. Tiene las dimensiones de un sello de correos y contiene sólo 11 letras alfabéticas completas y otras 8 parciales, colocadas sobre 5 líneas. Fue el papirólogo José O'Callaghan, en 1972, quien formuló la hipótesis del descifrado del texto. ¡La ciencia informática nos ha ayudado! En el *Thesaurus Linguae Graecae* de la Universidad Irvine de California, en efecto, fueron informatizadas las obras de la literatura griega, por un montante de 91 milones de palabras. Confrontando la disposición de las letras del papiro 7Q5 con este *Thesaurus* resultaba compatible sólo el texto de Mc 6,52-53. El 7Q5 se remonta al 50 d.C., en base al estilo paleográfico, el llamado *ornado herodiano*. En todo caso, al igual que todos los manuscritos de Qumran, el 7Q5 no puede ser posterior al 68 d.C., año en el que la comunidad esenia fue masacrada por la legión romana *Fretensis,* durante la guerra judía. Fue ciertamente antes de aquel trágico trance cuando las grutas del Qumran, con los preciados manuscritos, fueron selladas para evitar la destrución de los textos. Si el descifrado de O'Callagan resultase confirmado, el 7Q5 sería el más antiguo fragmento del Evangelio, pero la datación ha sido contestada por otros estudiosos, desconocedores o escépticos sobre las pruebas informáticas. Reproduzco en un esquema los términos de la cuestión, así el lector podrá darse cuenta directamente de las dificultades textuales de descifrado de un papiro antiguo. La documentación fotográfica es presentada también en el anexo de este libro.

Le letras del 7Q5	La compatiblidad con el Evangelio de Marcos 6,52-53	Letras de cada línea
EP	*SUNEKAN EPI TOIS ARTOIS*	20
UTON E	*ALL'EN AUTON E KARDIA PEPORO*	23
E KAITI	*MENE KAI TIAPERASANTES*	20
NNES	*ELTHON EIS GENNESARET KAI*	21
THESA	*PROSORMISTHESAN KAI EXEL*	21

Otros papiros y códices antiquísimos son los siguientes.

- El *Papiro Bodmer XIV - XV (P 75)* descubierto en 1952, se remonta al final del siglo II, contiene en un centenar de hojas una parte del Evangelio de Lucas y otra parte consistente del Evangelio de Juan. Fue recientemente donado a la Biblioteca Vaticana.

- El *Papiro Chester Beatty II (P 46)*, en 86 folios, algunos conservados en la *Chester Beatty Library* de Dublín, otros en la *University of Michigan* de Ann Harbour, contiene 7 cartas de Pablo. La datación es controvertida; el papirólogo Young Kyu Kim, en 1988, lo dató en torno al 70, pero según otros habría que colocarlo al final del siglo II.

- Los *Códices mayores,* sobre pergamino, contienen casi por entero el Nuevo Testamento. Entre estos recordamos el *Códice Vaticano (B 03, Roma, Biblioteca Vaticana),* 759 folios; se remonta a la primera parte del siglo IV, comprende también una buena parte del Antiguo Testamento. Sobre este Códice se basa el *textus receptus,* la edición oficial reconocida por católicos, ortodoxos y protestantes del *Novum Testamentum Graece* de Nestle–Aland.

- El *Códice Sinaítico* (*01, Londres, British Library*), 346 folios, se remonta al 330–350 aproximadamente, fue encontrado en el Monasterio de Santa Catalina del Sinaí en 1850 aproximadamente. Contiene, además de casi todo el Nuevo Testamento (147 folios), también amplias partes del Antiguo.

- El *Códice Alejandrino* (*A 02, Londres, British Library*), 773 folios de pergamino, se remonta al mismo período de los dos códices precedentes, procedía de Alejandría de Egipto.

En conjunto, según el cómputo de K. y B. Aland (*El Texto del Nuevo Testamento*) poseemos en los primeros cuatro siglos al menos 127 papiros (muchos de los cuales son sólo fragmentos) y 20 pergaminos del Nuevo Testamento.

Todos estos manuscritos refieren el texto original griego, pero no debemos olvidar las miles de traducciones en latín, sirio, georgiano, armenio, gótico, etíope, eslavo antiguo y copto. Algunas de éstas se remontan también a los primeros siglos.

Conclusiones sobre la fidelidad de los textos transmitidos

Estamos, por tanto, en condiciones de extraer nuestras conclusiones sobre el que es el primer *pilar* de nuestra búsqueda. Podemos estar seguros de que los Evangelios que leemos hoy son verdaderamente los escritos en los orígenes del cristianismo. Los manuscritos antiguos son más de 15.000 y se encuentran en las más prestigiosas bibliotecas de todo el mundo. Recopilaciones de particular importancia se encuentran en el Monasterio del Monte Athos (900 manuscritos), de Santa Catalina del Sinaí (300 manuscritos), en Roma (367), París (373), Atenas (419), Londres, San Petersburgo, Jerusalén, Oxford, Cambridge etc...

Estos millares de manuscritos, como ya he dicho, concuerdan de tal modo que «resulta inesperado también para el especialista»[352], por lo que fue posible publicar un *texto standard* elaborado por un *Comité internacional* con los siguientes estudiosos, representantes de las principales escuelas filológicas mundiales: M. Black de S. Andrés, en Escocia; B. M. Metzger, de Princeton; A. Voobus de Chicago; A. Vikgren de Chicago; K. Aland de Münster, C. M. Martini del Pontificio Instituto Bíblico de Roma. Estos estudiosos han consultado no sólo los 5.300 manuscritos griegos, sino también los 8.000 latinos y los miles de manuscritos en lenguas antiguas (copto, sirio, armenio, etc.) además de las miles de citas de los Padres de la Iglesia de los primeros siglos.

---

[352] ALAND K. y B., *Il testo del Nuovo Testamento*, o. cit., p. 35.

Este trabajo gigantesco, que completa las investigaciones de generaciones y generaciones de estudiosos a partir de Erasmo de Róterdam en el siglo XVI, nos garantiza que el texto de los Evangelios que leemos hoy es con mucho el más contrastado y documentado de la historia antigua. Como escribió C. M. Martini:

> El estudio de los manuscritos es una verdadera aventura científica llevada a cabo con la ayuda de una immensa y puntual documentación. Y el descubrimiento fundamental es siempre la sorpresa de un texto que, a pesar del transcurso de los siglos y las múltiples transcripciones, se ha conservado fielmente, permitiendo así a los estudiosos y a los traductores hacerlo resonar, intacto, en nuestras comunidades y para cada uno de los lectores, creyentes o no[353].

---

[353] Premisa al texto de Aland K. y B., o. cit., p. XII.

Capítulo II

Los estilos linguísticos: Jesús hablaba así

Los rastros de la lengua madre

Una vez certificada la fidelidad de la transmisión a lo largo de los siglos, profundicemos ahora en el segundo *pilar* de las ciencias históricas aplicadas a los textos antiguos: la búsqueda filológica que estudia el estilo comunicativo de una obra, el lenguaje utilizado. Veremos que este análisis filológico es de gran ayuda para garantizarnos que los autores de los Evangelios no eran ciertamente filósofos helenistas, fantasiosos literatos o novelistas refinados, sino que nos han relatado la predicación de Jesús y la historia de su vida, manteniendo intacto un estilo linguístico originalísimo y único en todo el mundo antiguo.

Los cuatro Evangelios canónicos nos han llegado en lengua griega, la más difundida entonces en toda la cuenca del Mediterráneo. Sin embargo el griego neotestamentario revela claramente un sustrato semítico, de derivación hebrea y aramea, las lenguas habladas por Jesús. Son lenguas muy semejantes, hasta el punto de que el léxico es sustancialmente coincidente. El arameo era el dialecto hablado, difundido sobre todo en Galilea y en el lenguaje popular, mientras que el hebreo era la lengua escrita, más difundida en las ceremonias oficiales y en la clase culta. La lengua madre de Jesús, precisa J. Jeremías, era propriamente la variante galilea del arameo occidental. En efecto, las analogías lingüísticas más próximas a las palabras de Jesús se encuentran en los fragmentos arameos de procedencia galilea y de entonación popular del Talmud[354] palestinense y de los *midrashim*[355].

Veremos por tanto que numerosos términos, frases y construcciones lingüísticas fueron pensados y formulados precisamente por testigos directos de los discursos de Jesús, porque conservan literalmente el originalísimo estilo arameo creado por el Maestro. Es ya

---

[354] El Talmud (que significa enseñanza), el Midrash y la Mishnah son considerados como trasmisión y discusión oral de la Torah. El Talmud fue fijado per escrito en el tiempo de la destrucción del Segundo Templo de Jerusalén. Consiste en una colección di discusiones entre los sabios y los rabinos sobre los significados y las aplicaciones de los passajes de la Torah escrita.

[355] JEREMIAS J., *Teologia del Nuovo Testamento,* vol. 1, Paideia, Brescia 1976, p. 12.

unánime entre los estudiosos el consenso sobre este sustrato semítico, tras los estudios de Joaquín Jeremías[356], Pierre Greelt[357], James D.G. Dunn[358], John P. Meier[359], por citar sólo algunos. Un estudioso frances, Jean Carmignac, ha resumido así su experiencia de filólogo, especializado durante treinta años en el hebreo de Qumran: «Vi que el traductor de ebreo a griego del Evangelio de Marcos había traducido palabra por palabra, conservando en griego el orden de las palabras requerido por la gramática hebrea... el alma invisible era semítica, pero el cuerpo visible era griego»[360]. Carmignac sostenía que el Evangelio de Marcos había sido escrito en hebreo, pero no se ha encontrado hasta ahora ningún manuscrito de esta versión original, por lo que esta tesis ha sido severamente criticada por P. Grelot. De todas formas los dos estudiosos comparten la certeza de que los autores hablaban la misma lengua madre de Jesús. Este sustrato arameo es especialmente importante para las ciencias históricas, porque veremos lo que diferencia a los Evangelios canónicos de los apócrifos, cuyo léxico y cuya morfología resultan extraños a este sustrato. Los apócrifos son ciertamente obra de filósofos helenistas gnósticos o de fabuladores alejados del ambiente de Palestina porque quedan desenmascarados inequívocamente por su léxico y lenguaje griego o copto, generalmente de origen egipcio.

Escribe Jeremías:

> Establecer que en las palabras de Jesús se perfila un sustrato arameo es de gran importancia para la cuestión de la fiabilidad de la tradición. En efecto este resultado nos lleva a la esfera de la tradición oral aramea y nos obbliga a confrontar las palabras de Jesús con el lenguaje del judaísmo contemporáneo de lengua semítica... también bajo el perfil de la lengua y del estilo[361].

Veamos por tanto, a base de algunos ejemplos, cómo el lenguaje evangélico nos aporta precisamente las originales e innovadoras creaciones lingüísticas del Maestro. Sólo los testigos directos de su predicación podían transmitirnos un estilo comunicativo único en la literatura antigua y, podríamos decir, en la literatura mundial.

---

[356] JEREMIAS J., *Teologia del Nuovo Testamento* , o. cit.

[357] GRELOT P., *L'origine dei Vangeli,* Libreria Editrice Vaticana, Città del Vaticano 1989.

[358] DUNN J., *Gli albori del cristianesimo,* o. cit.

[359] MEIER J. P., *Un ebreo marginale,* Queriniana, Brescia, vol. 1, 2002.

[360] CARMIGNAC J., *La naissance des Evangiles Synoptiques,* OEIL, Paris 1984, p. 11.

[361] JEREMIAS J., *Teologia del Nuovo Testamento,* o. cit., p. 16.

Las palabras originales arameas y hebreas

El texto griego mantiene numerosas palabras arameas o hebreas no traducidas. Evidentemente estas palabras habían permanecido impresas indeleblemente en la memoria de los discípulos, habían cambiado toda su vida, por esto las recordaban también a treinta o cuarenta años de distancia y no quisieron tampoco traducirlas, para que resonaran tal cual en quienes leyeran el Evangelio a lo largo de los siglos.

Abbá

Una de estas palabras, quizás la más importante,es la invocación con la que Jesús se dirigía al Padre, llamándolo en arameo *Abbá* (Mc 14,36), como el evangelista Marcos nos refiere en la oración de Getsemaní. Nadie había nunca osado invocar así al Altíssimo. Un estudioso prestigioso como J. Jeremías afirma con seguridad que en ningún punto del immenso patrimonio literario del hebraísmo del primer milenio se puede encontrar esta invocación de Dios como *Abbá;* ni en las oraciones litúrgicas, ni en las privadas.

Como escribe el*Talmud*: «Las primeras palabras que aprende un niño son *abbá* (papá) e *immá* (mamá)». El evangelista Marcos nos ha querido testimoniar que el Maestro tenía precisamente esta confianza filial en su relación con el Padre. J. Jeremías tiene dedicado un libro entero al estudio de esta palabra, afirmando que este término resume el mensaje central de todo el Nuevo Testamento:

> Para la sensiblidad hebrea habría sido indecoroso y inadmissible dirigirse a Dios con este vocablo familiar. Jesús por tanto ha asumido una innovación absoluta. Él ha hablado con Dios como el niño habla con su padre, con la misma simplicidad, la misma intimidad, el mismo abandono confiado. Con el vocablo Abbá, Jesús ha manifestado la esencia misma de su relación con Dios[362].

La referencia al lenguaje infantil no debe sin embargo ser tergiversada, porque en el lenguaje familiar también el hijo adulto podía dirigirse al padre llamándole *abbá*. Esta expresión, en las relaciones familiares, indicaba confianza, pero también devota sumisión y reconocimiento de pleno poder.

Las primeras comunidades cristianas habían percibido la importancia esencial de esta innovación y la usaban habitualmente en sus oraciones. Lo atestigua Pablo que escribiendo en griego a los Romanos y a los Gálatas, atribuye a una inspiración divina la invocación

---

[362] JEREMIAS J., *Abba*, Supplemento al Grande Lessico del Nuovo Testamento, Paideia, Brescia 1966, p. 65.

Abbá, que evidentemente había llegado a ser habitual en las oraciones (Rm 8,15; Gal 4,6). En un mundo que multiplicaba con una larga lista los títulos divinos, Jesús compendia la esencia de su mensaje en una sola palabra. Comprendemos por este detalle cómo la primera predicación subrayaba la fidelidad a las *ipsissima verba* (= palabras precisas) del Maestro.

Notad que la expresión *Abbá* no era una excepción, sino que era usada habitualmente por Jesús. Lo comprendemos a través de una de las fórmulas más antiguas de los sinópticos: «Sì, oh Padre, porque así lo has decidido en tu benevolencia» (Mt 11,26; Lc 10,21). El texto griego tiene: *o Patèr,* artículo y sustantivo en nominativo, mientras el griego correcto requeriría el vocativo sin artículo. En arameo en cambio la construcción es correcta, en efecto la palabra *abbá* era recurrente en el arameo palestino del siglo I, tanto como apelativo (vocativo), como equivalente a la expresión "el padre" (nominativo). Evidentemente el artículo del texto griego es gramaticalmente incorrecto, pero resulta correcto en el original arameo, en el que nominativo y vocativo coincidían. El texto griego, en suma, ¡es una traducción impropia! Había sido "pensado" en arameo, como lo pronunciaba habitualmente el Maestro.

Amen, amen...

Otra expresión innovadora que los evangelistas han mantenido en la forma original hebrea, sin traducirla, es *amen.* Se presenta en los Evangelios al menos 60 veces, con frecuencia está redoblada *amen, amen...*y se traduce: *en verdad, en verdad...* de la raíz hebrea *amàn* que significa *verdad, decir lo verdadero.* Es un término doblemente innovador. En primer lugar porque nadie nunca había osado introducir su discurso con una autoridad y una seguridad tan rotunda. En segundo lugar porque esta expresión era habitualmente la confirmación conclusiva de un discurso o de un diálogo. La palabra *amen* era usada siempre como una respuesta de aprobación a las palabras de otro; expresaba el consentimiento del oyente. Como nosotros hoy respondemos: «*Amén*» al celebrante del que recibimos la partícula consagrada.

Jesús la usa siempre, en cambio, como introducción, como premisa enunciativa; por esto había suscitado una impresión indeleble, hasta el punto de que, sobre todo el evangelista Juan, ha querido mantenerla intacta en su sonido original hebreo. La refiere hasta 25 veces en su Evangelio y siempre repetida, *amen, amen.* Quería remarcar solemnemente la verdad del Evangelio que no debía ser intercambiada por una opinión qualquiera o reflexión humana, defectibile y discutibile. El *amen* hebreo debía ser como un sello divino puesto al inicio de cada discurso solemne del Maestro. También esta expresión innovadora fue pasada al lenguaje habitual de las oraciones cristianas, que como todos sabemos se concluyen siempre con este sello categórico. El *amen* repetido más de sesenta veces en los Evangelios calificaba el anuncio como novedad inaudita respecto a qualquier Filosofía o discurso humano.

A continuación hago una lista de otros términos arameos usados por Jesús, en atención sobre todo a los estudios de Jeremías: *bar* (Mt 16,17), hijo de Jonás, *Bariona,* era el nombre de Simón. *Be'el (Belzebú)* (Mt 10,25), significa "señor" en arameo. *Gehenna* (Mc 9,43.45.47), valle de la perdición. *Kephas* (Jn 1,42), significa "piedra", el nombre arameo de Pedro. *Lemá* (Mt 27,46), "por qué", es el interrogante arameo de Jesús desde la cruz. *Mammona* (Mt 6,24), significa *"dinero".* *Pasha* (Mc 14,14), indica el paso, la pascua hebrea. *Kumi* (Mc 5,41), o *qam,* o *qumi,* o *qum,* "álzate", "despiértate". *Rabbí* (Mt 23,7), de la raíz "rab" que significa grande, maestro. *Boanerges* (Mc 3,17), *significa* "hijos del trueno". *Raqa* (Mt 5,22), significa "estúpido". *Sabbata* (Mc 3,4), indica el día del sábado. *Sata* (Mt 13,33: *tres "sata"* = tres medidas, de harina con la levadura). *Satán* (Mc 3,23-26), es el enemigo de Dios y del bien. *Sebak* (Mc 15,34), es la raíz de la que deriva *sabaktaní,* abandonar. *Talità* (Mc 5,41), "muchacha", significa también corderito, en el diminutivo, desde el momento en que el arameo *talia* significa tanto cordero como muchacho, joven, siervo. Cuando Jesús resucita a la muchacha, hija de Jairo, se le derije con un diminutivo afectuoso que nos testifica el lenguaje familiar y confidencial del Maestro. Estas palabras *talità kum* habían permanecido tan impresas en la memoria de los testigos, que podían ser recordadas en arameo a treinta o cuarenta años de distancia.

A esta lista añadimos las palabras propiamente hebreas: *Amen,* "con seguridad, en verdad". *Elí,* (Mt 27,46), *"Dios mío",* pronunciada por Jesús desde la cruz. *Effethá* (Mt 7,34), "ábrete", pronunciada por Jesús en el momento de un milagro. *Corbán* (Mc 7,11), ofrenda sagrada, fórmula de rechazo. *Rabboni,* Maestro mío, pronunciada por María de Magdala (Jn 20,16). *Hosanna* (Mt 21,9) sálvanos, es una aclamación de exultación dirigida al Hijo de David que entra en Jerusalén. *Zebul,* vivienda (Mt 10,25). Se deben añadir también los nombres propios hebreos: *Jesous, Mariam, Joanan, Elisabeth, Zacharia, Betleem, David, Moise, Hesaias, Salomonos, Golgotha, Getsemani, Gabbata, Jerusalem, Betsaida, Gennesareth, Nathanael, Kaiafa, Anna, Farisaioi, Saddukaioi...* Y así la cuenta global de los arameísmos y hebraísmos supera ampliamente las cuarenta palabras. Es difícil tener dudas sobre el hecho de que los Evangelios no hayan sido escritos precisamente por testigos directos de la predicación y de la vida de Jesús.

Los paralelismos semíticos

Probad a identificar los rasgos comunes de las frases siguientes.

También el Hijo del hombre en efecto no ha venido para hacerse servir, sino para servir (Mc 10,45).

No son los sanos los que tienen necesidad del médico, sino los enfermos (Mc 2,17).

El cielo y la tierra pasarán, pero mis palabras no pasarán (Mc 13,31).

No es Dios de los muertos, sino de los vivos (Mc 12,27).

No nos abandones en la tentación, mas líbranos del mal (Mt 6,13).

Habéis oído que se dijo: amarás a tu prójimo y odiarás a tu enemigo. Mas yo os digo: amad a vuestros enemigos (Mt 5,43-44).

Habréis ya entendido que la misma idea se repite en dos modos diferentes, uno negativo y el otro positivo. Es como si el mismo pensamiento fuera repetido *en paralelo*. Nos encontramos frente a los así llamados *paralelismos antitéticos*. El paralelismo podría ser definido como una "rima del pensamiento", y es una ley fundamental de la poesía y de la prosa hebrea. Es típica de la cultura oral que debe utilizar técnicas aptas para ser recordadas más fácilmente. No se presenta en la lengua griega clásica, que considera pleonásticas estas repeticiones.

El Maestro habría podido limitarse a pronunciar la segunda frase: *he venido para servir... son los enfermos los que tienen necesidad del médico...mis palabras no pasarán...* pero para que su enseñanza se imprimiese mejor en la memoria, se redobla el discurso, repitiendo el mensaje en forma negativa: *no he venido para ser servido... no son los sanos los que tienen necesidad del médico...* y así sucesivamente.

En los paralelismos antitéticos la repetición sucede por contraposición, y entonces se tendrá una frase afirmativa y otra negativa. Se trata de una técnica comunicativa muy repetida también en el Antiguo Testamento. Es típicamente semítica. Por ejemplo: «El Señor es mi pastor, // no carezco de nada» (Sal 23,1). Las dos proposiciones, afirmativa y negativa, revalidan la misma idea de protección divina en nuestra vida. Puede darse también el *paralelismo sintético o sinonímico*: «En prados de fresca hierba me hace reposar, // a aguas tranquilas me conduce» (Sal 23,2). Aquí la misma idea es repetida *en paralelo,* con dos proposiciones afirmativas, que tienen un significado semejante.

El paralelismo, tanto en la forma antitética como en la sinonímica, aparece sobre todo en los fragmentos poéticos de los Evangelios, por ejemplo en el *Benedictus* (Lc 1,68-79), *Magnificat* (Lc 1,46-55), *Padre Nuestro* (Mt 6,9-13), *Prólogo de Juan* (Jn 1,1-14), *Oración sacerdotal de Jesús* (Jn 17). Todos estos fragmentos poéticos no reflejan de hecho las leyes de la poesía griega, sino las de la poesía hebrea.

Confirman por tanto la tesis histórica del origen semítico, antiquísimo de los Evangelios. Según E. Norden[363] el más seguro semitismo del Nuevo Tetamento es precisamente el paralelismo, junto con la construcción de la frase a partir del verbo. C. F. Burney[364] ha llegado a la conclusión de que, entre los diferentes tipos de paralelismo semítico (sinonímico, antitético, sintético) el antitético es la«contraseña de la enseñanza del Señor en todas las fuentes evangélicas». Es más, llega a afirmar que con los paralelismos antitéticos nos acercamos mucho a las *ipsissima verba Jesu*, (las palabras mismas de Jesús) «más que con qualquier otra sentencia expresada con otros medios».

¿Quántos son estos paralelismos antitéticos en los Evangelios? Sólo en los tres Evangelios sinópticos tenemos ¡más de cien ejemplos! Una frequencia sorprendente. ¡Notemos que se exluyen en el recuento los paralelismos que se encuentran en fragmentos enteros catalogados como antítesis! Y si añadimos el Evangelio de Juan tenemos otros 30 ejemplos. En el cuarto Evangelio, sin embargo, el cómputo se hace problemático por el hecho de que con frecuencia Juan procede de modo dualístico y por tanto el paralelismo joaneo podría contarse como su estilo linguístico, más que en referencia a las *ipsissima verba Jesu*. Jeremías tiene contados 30 paralelismos antitéticos en Marcos; 34 comunes a Mateo y Lucas; 44 en solo Mateo, 30 en solo Lucas.

El paralelismo antitético estaba presente también en el Antiguo Testamento, pero en este último el mensaje central estaba constituido por el primer verso, de la primera proposición, mientras la segunda era sólo una aclaración. Por ejemplo: «El Señor es mi pastor, no carezco de nada» (Sal 23,1). «El Señor conoce el camino de los justos, mientras la vía de los malvados se pierde» (Sal 1,6). En las palabras de Jesús en cambio sucede exactamente lo contrario, porque el acento se pone siempre en la segunda mitad. «El Hijo del hombre en efecto no ha venido para hacerse servir, sino para servir» (Mc 10,45). «Los cielos y la tierra pasarán, pero mis palabras no pasarán» (Mc 13,31). Así en la memoria del oyente permanece el contenido decisivo. Como el último regusto saboreado.

El paralelismo antitético se encuentra también en las parábolas. La casa sobre la arena es contrapuesta a la que está sobre la roca, el siervo fiel al infiel, el camino ancho al estrecho, el hijo pródigo al hijo mayor. Parece precisamente que Jesús tuviese una predilección por el paralelismo antitético. Encontramos por tanto una continuidad con la tradición hebrea, que utilizaba ampliamente el paralelismo antitético, pero también una originalidad innovadora: el mensaje decisivo es puesto en la segunda frase. Algunos filólogos consideran que este criterio de la *continuidad/discontinuidad* es uno de los más importantes para reconocer con seguridad el mensaje típico del Maestro.

---

363 NORDEN E., *Agnostos Theos*, Leipzig, Berlin 1913.
364 BURNEY C. F., *The poetry of our Lord,* Clarendon Press, Oxford 1925.

También en la oración por excelencia del cristiano, el *Padre nuestro,* encontramos los dos tipos de paralelismo superpuestos. Las primeras tres peticiones son un ejemplo de *paralelismo sinonímico,* a ritmo ternario, en el que el Maestro invoca la paternidad de Dios en toda nuestra vida: «sea santificado tu nombre, venga tu reino, hágase tu voluntad» (Mt 6,9-10). La misma idea es repetida tres veces para que se imprima mejor en la memoria y nos haga entender que ésta es verdaderamente la cosa más importante. Las dos peticiones finales son, en cambio, un *paralelismo antitético:* invocamos la liberación del mal con dos proposiciones, una negativa (no nos dejes caer en la tentación), y la otra positiva (líbranos del mal). Desde estas observaciones filológicas podemos entender por qué la versión del *Padre nuestro* en el Evangelio de Lucas es más breve. El evangelista Lucas conocía perfectamente las leyes del paralelismo semítico, por el que podía oponer dos frases (hágase tu voluntad, líbranos del mal) sin que quedara empobrecido el sentido.

Los Evangelios han aportado también numerosos *paralelismos sinonímicos,* que refuerzan el mensaje a través de dos expresiones análogas. Por ejemplo: «No déis las cosas santas a los perros y no echéis vuestras perlas ante los puercos» (Mt 7,6). «Este tu hermano estaba muerto y ha vuelto a la vida, estaba perdido y ha sido encontrado» (Lc 15,32). «Pedid y se os dará, buscad y encontraréis, llamad y se os abrirá» (Mt 7,7).

Esta identificación de los paralelismos nos ha permitido, por tanto, demostrar cómo los Evangelios son verdaderamente testimonios directos de la predicación a viva voz del Maestro. Con más de cien ejemplos tenemos la prueba de una predicación innovadora y de extraordinaria eficacia. Nadie nunca había hablado como Jesús. En primer lugar por los contenidos éticos y teológicos, obviamente, pero también desde el punto de vista de las técnicas expresivas, que el Maestro supo utilizar ateniéndose a la tradición de su pueblo, aportando, sin embargo, su originalidad con la proposición del mensaje más valioso. Quien quiera verificar el elenco completo de los paralelismos antitéticos puede consultar J. Jeremias, *Teologia del Nuovo Testamento,* vol. 1, pp. 23–29. El estudioso concluye su detallado análisis en estos términos: «Los datos encontrados muestran que el origen de los paralelismos antitéticos en las palabras de Jesús no es nunca la redacción... por esto el meollo de los textos debe remontarse a Jesús mismo».

El "pasivo teológico"

Observad atentamente los verbos pasivos en estos ejemplos.

Bienaventurados los que están en el llanto, porque serán consolados (Mt 5,4).

Bienaventurados los que tienen hambre y sed de la justicia, porque serán saciados (Mt 5,6).

Con el juicio con el que juzguéis, seréis juzgados (Mt 7,2).

Pedid y os será dado, buscad y encontraréis, llamad y os será abierto (Mt 7,7).

Es fácil notar que la construcción pasiva de los verbos deja siempre enterder que el complemento agente es Dios mismo, que sin embargo no es nombrado explícitamente. Jesús habría podido muy bien construir la frase en forma activa: «Bienaventurados los afligidos, porque Dios los consolará», «Pedid y Dios os dará... llamad y Dios os abrirá», etc. Ha preferido en cambio el así llamado *pasivo teológico o pasivo divino,* del que tenemos en los Evangelios ¡hasta más de cien ejemplos!

La sorpresa es todavía mayor cuando se observa que en la vastísima literatura talmúdica el pasivo teológico es raro. Estudiosos expertos como G. Dalman, H. Strack y P. Billerbecks[365] citan sólo una docena de ejemplos. Entonces podemos afirmar que se trata de una innovación típica del Maestro. Los autores de los Evangelios han querido referirnos fielmente un estilo comunicativo sin precedentes.

Tratemos ahora de explicar al menos algún motivo de esta elección estilística. Debemos referirnos al segundo mandamiento: «No pronunciarás en vano el nombre del Señor, tu Dios» (Ex 20,7. Dt 5,11) que excluía qualquier abuso del nombre de Dios, hasta el punto de que los escribas y los doctores de la Ley prohibían pronunciar el nombre propio del Altísimo. Por esto en el ambiente judío se utilizaban circunloquios o perífrasis y todavía hoy hay discusiones sobre la antigua pronunciación del tetragrama (YHWH), el nombre propio del Altísimo, que en ciertos períodos de la historia de Israel era pronunciado sólo una vez al año, por el Sumo Sacerdote, en señal de absoluto respeto.

Jesús, sin duda, pronunció repetidamente el nombre de Dios e introdujo, como hemos visto, la gran innovación del término *Abbá.* Sin embargo también quiso tener en gran consideración el segundo mandamiento. Jeremías contó así los pasivos teólogicos: 21 en Marcos, 23 comunes a Mateo y Lucas, 27 sólo en Mateo, 25 sólo en Lucas. Los pasivos teólogicos son, por tanto, el testimonio de una predicación original y única, que diferencia los textos evangélicos de toda la

---

365 DALMAN G., *Worte Jesu,* Kessinger Publishing, LLC, Whitefish (Montana) 2010 (original 1898); STRACK H., BILLERBECKS P., *Kommentar zum Neuen Testament aus Talmud und Midrash,* C.H. Beck, München 1922.

literatura antigua y que es «una de las más claras contraseñas de las palabras mismas de Jesús»[366].

La construcción de la frase

Notad las siguientes construcciones lingüísticas, poco frecuentes en nuestro lenguaje y todavía menos en el griego clásico.

Se le abrió la boca y se le soltó la lengua (Lc 1,64).

Alzados los ojos, vio a los ricos ... (Lc 21,1).

Se puso a hablar y les enseñaba diciendo... (Mt 5,2).

Se llenaron de una alegría inmensa (en el texto griego: «gozaron de un gozo grande») (Mt 2,10).

He deseado mucho comer esta Pascua con vosotros (en el texto griego: «he deseado con deseos...») (Lc 22,15).

Lo que ponen en común estos ejemplos es la *superabundancia expresiva*. El verbo es reforzado con sinónimos (*abrió... soltó. Alzados los ojos... vio. Se puso a hablar... diciendo*), con adverbios (*mucho, tanto...*), con la repetición del mismo término (*he deseado con deseos*). Es una redundancia extraña para nuestro lenguaje que prefiere expresiones más sintéticas y directas. Los Evangelios nos aportan en cambio una modalidad expresiva semítica que nos remite directamente al ambiente originario de Jesús.

Notad otro celebérrimo ejemplo:

En el principyo era el Verbo, y el Verbo estaba junto a Dios y el Verbo era Dios (Jn 1,1).

Ciertamente ningún griego habría iniciado así su narración. Podemos poner de relieve, en este primer versículo, emblemático del estilo joaneo, al menos tres semitismos:

a) *construcción paratáctica y no hipotáctica*. El estilo narrativo semítico prefiere un estilo con una secuencia de oraciones coordinadas, todas en el mismo plano, casi recitativas. En términos técnicos hablamos de *parataxis:* es un estilo típico de las culturas orales donde la narración a viva voz no permite una construcción elaborada con oraciones subordinadas. Por el contrario el estilo griego y en general el estilo de las lenguas escritas modernas, mucho más elaboradas, prefiere la constrrucción por subordinación (*construcción hipotáctica*) de tipo causal, final, temporal, hipotética, etc.

---

[366]JEREMIAS J., *Teologia del Nuovo Testamento*, o. cit., p. 22.

b) *anticipación del predicado respecto al sujeto.* El evangelista no costruye «El Verbo era en el principio», sino que sigue el estilo semítico, posponiendo el sujeto. Para los primeros cristianos de origen hebreo, este inicio joaneo remitía enseguía el celebérrimo inicio de la Escritura: «En el principio creó Dios el cielo y la tierra» (Gn 1,1)

c) *repetición de los términos.* Para que se impriman mejor en la memoria, se repite, en un sólo versículo, por tres veces el término *Verbo* y por dos veces el término *Dios*. A propósito de repeticiones, observad también los siguientes ejemplos.

El sembrador salió a sembrar su semilla. Mientras sembraba... (Lc 8,5).

Perdónanos nuestras deudas como también nosotros perdonamos a nuestros deudores (Mt 6,12).

Bendita tú entre las mujeres y bendito el fruto de tu vientre (Lc 1,42).

Buena cosa es la sal; pero si la sal se vuelve insípida, con qué se la salará? Tened sal en vosotros mismos (Mc 9,50).

Es claro que los ejemplos son unificados por la repetición de términos idénticos: *simiente, deuda, perdona, perdonar, bienaventurado, sal.* Esta repetición es típica de la tradición oral semítica, mientras que es extraña a la cultura griega, que consideraba como no elegantes o inoportunas las repeticiones de los mismos términos. Los estudios de B. Gerhardsson sobre las técnicas de la didáctica rabínica nos han explicado que en las escuelas del antiguo Israel, la actividad de los discípulos consistía principalmente en la repetición de memoria, bajo la guía del maestro. El patrimonio de las Escrituras era aprendido con acentuación, ritmo melódico y estilo lingüístico cadenciado. «Canta todos los días» era un eslogan de esta didáctica, pues cada discípulo debía recitar cantando todos los días los pasajes bíblicos más importantes. Es sabido en efecto que generalmente un texto se aprende de memoria más fácilmente si se canta. Según otra sentencia rabínica, cada maestro debía preparar la síntesis más breve posible de su enseñanza, del modo que pudiera ser aprendido más fácilmente. Además el maestro debía empeñarse en repetir al menos cuatro veces su lección, en la forma que se hiciera más asimilable por sus discípulos[367].

Tenemos en los Evangelios mismos, a título de ejemplo, el relato del juicio final en el cap. 25 de Mateo (Mt 25,35 ss.). Jesús repite en esta narración precisamente por cuatro veces los ejemplos concretos,

---

[367] GERHARDSSON B., o. cit., p. 61.

que los discípulos podrán así recordar más fácilmente: «He tenido hambre y me habéis dado de comer, he tenido sed y me habéis dado de beber, era extranjero y mi habéis acogido, desnudo y mi habéis vestido, enfermo y mi habéis visitado, estaba en la cárcel y habéis venido a visitarme...». Y los discípulos justos repiten las seis imágenes, preguntándole cuándo lo han socorrido. Después el juez repite una tercera vez las seis imágenes de necesitados, recriminando a los indiferentes, que repiten por cuarta vez los seis ejemplos. Para la cultura helenística y también para nosotros hoy, esta narración parece ciertamente pleonástica, pero se vuelve comprensible en cuanto que facilita la memoria y responde también a la exigencia semítica de exhaustividad y simetría de las partes de una narración.

En resumen, los autores de los sinópticos no eran ciertamente comunidades anónimas egipcias o neoplatónicas o helenísticas que habían mitificado y hecho legendaria la figura de Jesús, sino que eran personas que habían escuchado repetidamente al Maestro. Si no, no habrían podido utilizar todos los arameísmos que hemos visto: palabras arameas, construcciones sintácticas arameas, asonancias y repeticiones típicamente semíticas, etc. En su memoria se imprimieron sus mismas palabras, a veces referidas incluso en la lengua original. La filología desmiente radicalmente las teorías costruídas en pupitre por R. Bultmann aproximadamente hace un siglo, sobre el mito de un *Cristo de la fe,* inventado por *comunidades helenísticas* con *leyendas populares.* El Cristo de la fe es precisamente el Jesús de la historia.

Las parábolas: un *unicum* en la literatura mundial

Nosotros estamos habituados a oir los relatos de las parábolas. Generalmente a partir de la infancia nos enseñan y hasta ilustrados estos cuadros sugestivos que han entrado en nuestro imaginario colectivo y que han plasmado, incluso inconscientemente, nuestros sentimientos de acogida y perdón (*el hijo pródigo*), de cuidado de los enfermos (*el buen Samaritano*), de amor para los pobres (*Lázaro*) y así las demás. Pero para comprender su originalidad debemos identificarnos con los que han escuchado por primera vez estos relatos. Han reconocido una creación genial, que revelaba un nuevo rostro de Dios y nuevas relaciones entre nosotros.

Le fuentes históricas nos refieren estos relatos como elementos inconfundibles de la predicación del Maestro de Nazaret. «En toda la literatura del antiguo judaísmo, tanto de la época veterotestamentaria como neotestamentaria, en los escritos esenios, en Pablo y en los escritos rabínicos, no se encuentra nada que pueda comparse con las parábolas de Jesús»[368].

---

[368] JEREMIAS J., *Teologia del Nuovo Testamento*, o. cit., pp. 41-42.

Nos han llegado también las fábulas morales de Esopo y Fedro, pero tienen por protagonistas ¡a los animales! mientras que Jesús no ha inventado fábulas en las que ¡las plantas o los animales hablen! La moral conclusiva de las fábulas clásicas, además está dictada por el buen sentido popular, mientras que las parábolas tienen un mensaje moral novedoso y resultan armas tajantes de reto y conflicto con la clase dirigente de la época.

Nos han llegado también algunos relatos figurados en el Antiguo Testamento (Jue 9,8-15; 2R 14,9; Ez 17,3-8) pero constituyen episodios aislados que no se insertan en un cuadro sistemático de anuncio ético y teológico.

En la inmensa literatura rabínica tenemos sólo un par de metáforas del rabbino Hillel[369]. Y en el lenguaje figurado de Pablo, cuando habla de la simbología del cuerpo, de la competición de los atletas, de la armadura de los guerreros... no podemos encontrar nada análogo a las parábolas. Los Evangelios nos refieren más de cuarenta. Una colección tan abundante nos da a entender que las parábolas expresaban el estilo comunicativo habitual de Jesús. El Maestro no escoge protagonistas aristocráticos, no recurre a relatos extraordinarios y espectaculares para atraer la atención. Toma como modelo la vida familiar de la gente común, imbuida en el trabajo cotidiano: *el sembrador, el pastor, la mujer que ha perdido una moneda, las jóvenes vírgenes, los invitados al banquete de bodas...* y a través de estas personas simples anuncia mensajes éticos y teológicos revolucionarios: el *padre misericordioso, la gratuidad hacia los obreros de la última hora, el buen Samaritano, la recompensa para Lázaro...*

Desde el punto de vista lingüístico, Jeremías afirma con seguridad que «destrás del texto griego se adivina por todas partes la lengua materna de Jesús»[370]. El estilo lingüístico de las parábolas, en efecto, sobreabunda en arameísmos, que son como la contraseña del anuncio original. Son muy frecuentes los *paralelismos antitéticos*: la casa construida en la arena contrapuesta a la construida sobre la roca, la oración del fariseo y del publicano, el contraste entre el rico Epulón y el pobre Lázaro, y así los demás. Observad el paralelismo antitético de la parábola del padre misericordioso (Lc 15,11-32) en la que se contrapone el hijo que vuelve y el primogénito resentido. En los diálogos entre el padre y ése último reconocemos los paralelismos antitéticos arameos:

Mira, que yo te he servido durante muchos años..., y tú no me has dado nunca un cabrito para hacer fiesta con mis amigos. // Pero ahora que ha vuelto éste tu hijo..., has matado el novillo cebado... Hijo, tu estás siempre conmigo y todo lo mío es tuyo; // pero era necesario hacer fiesta y

---

[369] JEREMIAS J., *Le parabole di Gesù*, Paideia, Brescia 1973, p. 10.
[370] *Ibid.*, p. 9.

alegrarse, porque éste tu hermano estaba muerto // y ha vuelto a la vida, estaba perdido // y fue encontrado.

Estos paralelismos antitéticos se revelan eficacísimos porque, además de permanecer más recordados con respecto a las sentencias filosóficas, estimulan una toma de posición. Las parábolas con dos vertientes narrativas, en efecto, dejan siempre la conclusión al lector. Son un arma de desafío porque contraponen dos mandamientos divergentes.

Quedándonos en esta parábola, observad ahora como último ejemplo de estilo semítico, la descripción del *padre misericordioso* que acoge al hijo que ha regresado: «Cuando estaba todavía lejos, su padre lo vio, tuvo compasión, corrió a su encuentro, se le echó al cuello y lo besó» (Lc 15,20). Con cinco verbos, en secuencia paratáctica, el Maestro ha logrado imprimir en los discípulos una imagen de extraordinaria eficacia. Ha abierto un horizonte nuevo sobre la misericordia del Padre hacia los pecadores, es el alegre anuncio. *Lo vio,* nos revela que el padre observa también desde lejos nuestro camino. *Tuvo compasión,* el verbo griego (*splanchnizo*), hace referencia a una commoción visceral, correspondiente al original hebreo *raham*, que indica la commoción materna. En efecto en hebreo, el término significa también *útero.* Se atribuye al padre también una afectividad maternal, alusión no nueva en la Biblia (cfr. Is 66,13 y 49,14-15). *Corrió hacia su encuentro,* especial este verbo, casi en paralelismo antitético respecto al *lento a la ira* de los Salmos (Sal 86,15. 103,8. 145,8). El Maestro, con una autoridad innovadora, nos presenta a un padre que no sólo es lento a la ira, sino que *corre para* perdonar. El *se arrojó al cuello,* es mucho más que un abrazo. *Le besó,* una señal de amor que acerca al padre a nuestra fragilidad y nos aleja del miedo a Dios.

Notad que los verbos elegidos por el Maestro son muy concretos, nos hacen entender la interioridad a través de los movimientos del cuerpo. Incluso la commoción interior es expresada con alusiones sensibles. El padre no pronuncia una palabra, habla con sus gestos. Se describe con el lenguaje figurado semítico, que ve ante sí a la persona viva. El Maestro, que llamaba a su Padre confidencialmente *Abbá,* en esta parábola lo ha descrito como nadie jamás había hecho, como un familiar nuestro, que nos perdona. Le han bastado pocas imágenes para revoluzionar la idea severa de Dios construida por los escribas y fariseos.

Volviendo a los arameísmos en las parábolas, podemos citar también las repeticiones de las mismas palabras para facilitar la memoria del oyente. Es otra característica de las lenguas semíticas, como hemos visto. Por ejemplo: «El sembrador salió a sembrar. Mientras sembraba...» (Mc 4,3-4).

También el léxico de las parábolas refleja un original hebreo. Los *hijos del reino* (Mt 8,12) son una traducción literal de una expresión hebrea o aramea para indicar los ciudadanos del reino. La expresión los *invitados a bodas* (Mt 9,15) traduce el texto griego *"los hijos del banquete de bodas"*, una tradución literal del hebreo. Los *hijos de este mundo* (Lc 16,8) traduce en griego la expresión hebrea que indica un *esclavo del mundo*. Y los ejemplos podríamos continuarlos. Estos elementos semíticos nos atestiguan que estamos muy próximos al Jesús histórico. Nos encontramos, por tanto, frente a una creacción léxica y linguística verdaderamente única.

Las imágenes, trazadas con pocas pinceladas, se imprimieron en las mentes y en los corazones de los oyentes, hasta el punto de que incluso a treinta o cuarenta años de distancia los autores de los sinópticos recordaban perfectamente estos ejemplos eficacísimos y nos los han transmitido, con textos concordantes, con frecuencia, palabra por palabra.

Conclusiones sobre el criterio lingüístico

Hemos llegado así a las conclusiones sobre el segundo *pilar* de las ciencias históricas aplicadas a los Evangelios. Resulta claro, para un historiador honesto, que el texto griego fue escrito ateniéndose a los testigos oculares directos de la predicación de Jesús, testigos fieles a su mensaje originario y a veces incluso a sus mismas palabras (*ipsissima verba o ipsissima vox*).

No debemos, en todo caso, estar obsesionados por la búsqueda minuciosa de las *ipsissima verba* originales. Pensad que para las palabras importantísimas de la institución de la Eucaristía, en la última cena, los sinópticos nos refieren expresiones ligeramente diferentes. Esto demuestra que la tradición oral había transmitido el significado más profundo, esencial, que podía revestirse de formas lingüísticas con matices diversos, como es típico de cada testigo ocular. Evidentemente tampoco los evangelistas estaban obsesionados por las *ipsissima verba,* sino que querían comunicarnos la sustancia del discurso.

Por tanto, sólo oyentes directos de las palabras de Jesús podían transcribirnos un texto tan rico de arameísmos. La experiencia directa, para cada texto histórico, es evidentemente un criterio de gran fiablidad.

Veremos en el cuarto capítulo que la comparación con los Evangelios apócrifos es iluminadora: en estos últimos los arameísmos desaparecen y son sustituidos por conceptos filosóficos helenistas y del léxico gnóstico o neoplatónico. La filología desenmascara a estos pretenciosos falsificadores que creían llevarnos a engaño falseando sus tratados filosóficos con "etiquetas" prestigiosas: *Evangelio de Pedro, Evangelio de Santiago, Evangelio de Tomás, Evangelio de Felipe*...

La fiabilidad de los autores del Nuevo Testamento no se extrae generalmente sólo a partir de la filología, sino que es valorada también por el hecho de que muchos de ellos murieron como mártires precisamente por no renegar de lo que habían escrito. Pensemos en Pedro, Pablo, Mateo, Marcos, Judas Tadeo, Santiago. Y los mártires de la primera generación cristiana fueron una *ingens multitudo* (*ingente multitud*), como nos refiere el historiador romano Cornelio Tácito[371] cuando describe la persecución neroniana del 64. Esta novedad de un *martirio* (= testimonio) en nombre de la propria conciencia personal, no es históricamente explicable sin una motivación fundada sobre hechos reales. Es de notar que los mártires dispuestos a entregar su vida por testificar que Jesús había de verdad resucitado, no fueron individuos excepcionales, como un Sócrates o una Antígona, ¡sino grandes multitudes!

Respecto a la fiabilidad de los autores, se debe añadir que un pueblo entero había sido testigo de los hechos narrados en los Evangelios: predicación, milagros, crucifixión, resurrección, anuncio evangélico posterior. Además no nos ha llegado ningún texto de la época que desmienta los hechos narrados. Es claro que, por ejemplo, el anuncio de la resurrección no habría podido sostenerse ni siquiera una tarde si no hubiera estado de verdad el sepulcro vacío, visible a todos, la Síndone y el sudario, y si no hubieran sido verdad las apariciones del Resucitado. Y así mismo los milagros públicos de la multiplicación de los panes, de la curación del ciego de nacimiento en el Templo de Jerusalén, de la resurrección de Lázaro, etc... además de los milagros realizados por los Apóstoles tras la Resurrección, descritos en los primeros capítulos de los Hechos de los Apóstoles. Eran todos hechos que los contemporáneos los habrían podido fácilmente desmentir, cubriendo de ridículo a los evangelistas si sus relatos hubieran sido falsos o inventados.

Hemos pues examinado los primeros dos *pilares* de la fiabilidad de los Evangelios, es decir la certeza de que los textos que leemos hoy son verdaderamente los escritos de los orígenes del Cristianismo y la confirmación filológica de que los autores de los Evangelios han referido fielmente los hechos con un estilo lingüístico original. Estas dos argumentaciones son también definidas como criterios *externos* de fiabilidad histórica, en el sentido de que no entran en el interior de los contenidos narrados, sino que se limitan a considerar los elementos externos a la narración. Afectan en efecto a la fidelidad de transmisión de los manuscritos, el análisis filológico en el contexto de las lenguas habladas en aquella época y en aquel ambiente, y el contexto cultural testimoniado también por los hallazgos arqueológicos, entre los cuales sobresale naturalmente la Sagrada Síndone.

Veamos ahora los criterios *internos* que entran en relación con los contenidos evangélicos.

---

[371] TACITO, *Anales*, XV, 44.

CAPÍTULO III

¿SUCEDIÓ VERDADERAMENTE?

La hipótesis crítica

Hemos llegado al tercer *pilar* de nuestra búsqueda, a la pregunta crucial y conclusiva para las ciencias históricas. Los Evangelios ¿cuentan lo que realmente acaeció? Obviamente la respuesta será siempre personal e irrepetible. El juicio conclusivo espera a cada uno de nosotros, en la libertad de la propia conciencia. En las páginas siguientes podemos sencillamente proponer algunas informaciones y conocimientos válidos para un juicio de fiablidad histórica, pero esta búsqueda se termina a la sombra del misterio de la libertad. Respetar la libertad significa ante todo eliminar la ignorancia, porque quien no conoce los documentos históricos no será nunca libre para llevar a cabo una elección consciente y competente.

Una vez examinados los criterios externos, como los papiros y los pergaminos, o las estructuras sintácticas y léxicas, nos adentramos entonces en el estudio de los criterios internos de la narración evangélica, por tanto de la fiablidad histórica de los hechos.

Hasta hace 250 años sobre esta fiablidad histórica no había dudas. Antes del Iluminismo se daba por descontado, en el ámbito cristiano, que los Evangelios decían la verdad. Pero hoy los tiempos han cambiado y todos sabemos que la historia está llena de embaucadores y calumniadores; resulta por tanto indispensable un estudio crítico.

Los primeros contestatarios de los Evangelios fueron algunos iluministas, que aventuraban las primeras críticas, después superadas, porque en el Setecientos no se conocían todavía los manuscritos antiguos. H. S. Reimarus, en 1778, fue quizás el primero en dudar de la historicidad de los Evangelios. A continuación D. Extrauss, hegeliano convencido, sostenía que Jesús fue un mito (1837). Tras algún decenio, E. Renán publicó su vida de Jesús (1863). Era un romántico y consideraba los Evangelios como historias populares. Interpretaba la resurrección como la impresión de la Magdalena: «La pasión de una iluminada resucita a un Dios para el mundo».

Se trataba de hipótesis simplistas. Renán, por ejemplo, hablaba sólo de la Magdalena ¡e ignoraba todos los demás testimonios! Esta primera búsqueda ha pasado a la historia como *hipótesis crítica*. No negaba la existencia histórica de Jesús, pero se limitaba a considerarlo un simple hombre. Tras su crucifixión, habría sido divinizado por los discípulos que le habrían atribuido los milagros y la resurrección. En resumen la hipótesis crítica sostenía que los discípulos habían hecho de un hombre un Dios. En esta teoría eran evidentes los prejuicios filosóficos racionalistas o románticos que rechazaban brutalmente todo lo que no concordaba con las visiones preconcebidas de los autores. Estas teorías ochocentistas forzaban y alteraban los textos, ignorando las más elementales reglas de las ciencias históricas. Quizás el análisis crítico más pertinente a estas teorías fue formulado por A. Schweitzer[372], que reconoció cómo estos primeros autores críticos proyectaron sobre Jesús sus conceptos morales. Los racionalistas describían a Jesús como uno de ellos, los socialistas como el primer revolucionario, los idealistas hegelianos como el predicador de la quintaesencia de la humanidad, los teólogos liberales alemanes presentaban a Jesús como un filósofo kantiano, que centraba la religión entre los limites de la razón. Evidentemente la hipótesis crítica era sólo un pretexto para poder revestir al Maestro con las proprias interpretaciones subjetivas y arbitrarias.

Hoy, con más de 15.000 manuscritos concordantes y con frecuencia muy antiguos, y con un conocimiento mucho más profundo del contexto histórico, cultural, filológico y arqueológico, esta hipótesis ha resultado insostenible. Esta primera fase ha sido por tanto clasificada con frecuencia como *vieja búsqueda* (*Old Quest*); *se* prologa desde 1778 al 1906.

La hipótesis mítica

Desde 1921 a 1953 se prolonga entre los estudiosos luteranos una segunda fase, la llamada *no búsqueda* (*No Quest*) sobre Jesús histórico. Rudolf Bultmann, estudioso luterano, fue el protagonista de este desarrollo. Su obra principal, *Jesús* (1926), distingue y separa el *Cristo de la fe* del *Jesús de la historia,* introduciendo entonces la hipótesis *mítica*. Bultmann hablaba explícitamente de una *desmitificación del Cristianismo,* porque consideraba los milagros como *mitos, relatos populares* elaborados por *comunidades helenísticas,* de algunas generaciones posteriores a los hechos. El estudioso alemán revelaba explícitamente sus prejuicios positivistas: «No nos podemos servir de la luz electrica y de la radio, o recurrir en caso de enfermedad a los modernos remedios médicos y clínicos y al mismo tiempo creer en el mundo de los espíritus y de los milagros propuestos por el Nuevo Testamento»[373].

En sus primeras publicaciones afirmaba categóricamente: «Yo soy indudablemente del parecer de que no podemos saber prácticamente

---

[372] SCHWEITZER A., *Storia della ricerca della vita di Gesù,* Paideia, Brescia 2003.

[373] BULTMANN R., *Nuovo Testamento e mitologia,* Queriniana, Brescia 1973, p. 110.

nada de la vida y de la personalidad de Jesús»[374]. Sin embargo, a continuación Bultmann identificaba hasta 25 *dichos* de Jesús que los consideraba históricos:

> Los exorcismos, la transgresión del reposo del sábado, la no observancia de las purificaciones rituales, la polémica contra la ley hebrea, la familiaridad con los pecadores..., la benevolencia hacia las mujeres y los niños; además Jesús no fue asceta; quizás se puede también añadir que invitó a la gente a seguirle y reunió en torno a sí una pequeña tropa de discípulos, hombres y mujeres... fue consciente de ser encargado por Dios para anunciar el mensale escatológico del inminente Reino de Dios[375].

De todas formas, para Bultmann, la fe no depende de la historia. Los milagros son proyecciones y elaboraciones de la fantasía popular, son creaciones míticas. El suyo es un fideísmo que parte del principio luterano de la *sola fe* y que hace propios los prejuicios de la filosofía positivista de la época. Pero quien se casa con el espíritu de su tiempo bien pronto se encuentra ¡viudo!

Los historiadores sucesivos en efecto han demostrado la falta de fundamento de sus presupuestos. Bultmann pensaba que los Evangelios fueron el producto de una «tradición anónima y popular, informal», por parte de las primeras iglesias de Roma, Corinto, Éfeso... En resumen de «comunidades helenísticas». En cambio hemos visto en el segundo capítulo de este estudio que los Evangelios son riquísimos en arameísmos: palabras arameas, paralelismos, pasivos teológicos, repeticiones y asonancias, etc. También los estudios más recientes (Universidad de Jerusalén, 2000)[376] garantizan que los 46 nombres propios masculinos y los 14 nombres proprios femeninos existentes en los Evangelios están atestiguados también en los documentos judíos de la tardía antigüedad (230 a.C. – 200 d.C.). Los nombres son por tanto históricos y palestinos y no helenistas como sostenía Bultmann.

Además el estudioso alemán creía que los evangelistas recurrieron a *formas literarias* propias de la literatura rabínica precedente: *parábolas, milagros, controversias con los fariseos, el cumplimiento de las profecías*. La crítica histórica posterior ha demostrado en cambio que se trata de ¡una novedad absoluta! No hay ningún precedente. En lo referente a las *parábolas*, hemos ya visto que representan un *unicum* entre todas las literaturas antiguas. Para los *milagros*, las fuentes rabínicas y helenísticas hablan raramente de ¡hacedores de prodigios! Que generalmente tenían el único fin de suscitar admiración en la

---

374 BULTMANN R., *Gesù*, Queriniana, Brescia 1972 (original 1926), p. 9.

375 BULTMANN R., *Esegetica, vol. 1. La coscienza messianica di Gesù*, Borla, Torino 1971, p. 169.

376 Citados en SEGALLA G., *La ricerca del Gesù storico*, Queriniana, Brescia 2010, pp. 186-187.

gente[377]. Los milagros de los Evangelios, en cambio, no son gestos mágicos, sino señales que manifiestan el rostro nuevo de Dios. Representan por tanto una novedad histórica sin precedentes.

Fue otro teólogo luterano, Ernst Käsemann, discípulo de Bultmann, quien puso en crisis la filosofía del maestro e inauguró una nueva fase, conocida entre los estudiosos como *nueva búsqueda* (*New Quest*) desde 1953 hasta 1980 aproximadamente. En 1953, en una célebre conferencia (*El problema del Jesús histórico*), tenida delante de su maestro, puso algunas preguntas decisivas. Para Bultmann los primeros cristianos ¿habían inventado y creído en leyendas? La fe y la historia ¿son contradictorias? Pero una fe en el Resucitado, sin una realidad histórica, ¡ya no es fe! «La fe misma, por su parte, no puede por menos que garantizarse en torno a las palabras, a los hechos, al destino del Jesús terreno»[378]. En resumen, Käsemann, delante de su maestro, rebate que el Cristo de la fe es tal sólo si es el Jesús de la historia. La fe consiste en creer que Jesús de verdad ha resucitado, en la historia, si no no es fe, sino ilusión mitológica. Si los Evangelios han sido escritos, es porque a los primeros discípulos les interesaba precisamente el Jesús histórico, y querían anclar sólidamente su fe en hechos históricos reales.

Otra importantísima contestación a esta hipótesis mítica vino de los estudios de Kurt Schubert y Joaquin Jeremías en los inicios de los años setenta[379]. Hemos visto que la hipótesis mítica sustancialmente le daba la vuelta a la crítica: no ya desde un hombre a un Dios, sino desde un mítico Dios a un hombre. Esta hipótesis imaginaba por tanto que en el origen del cristianismo había un mito legendario, antiquísimo, preexistente, respecto a un Dios que se encarnaba, moría y después resucitaba para la salvación de los hombres. Ahora, los dos estudiosos antes citados y después numerosos otros estudios sucesivos,

---

[377] Las fuentes hablan solo de tres personajes, en el primer siglo antes y después de Cristo: dos taumaturgos hebreos y Apolonio de Tiana. Para los dos primeros tenemos como única fuente el Talmud, compuesto al menos trescientos años después. Para Apolonio tenemos un solo biógrafo, Filostrato, que escribe cerca de 150 años después, en la forma de una novela. Estas fuentes históricas no satisfacen los criterios de fiabilidad que veremos en este capítulo.

[378] Citado en Lambiasi F., *L'autenticità storica dei vangeli*, EDB, Bologna 1986, p. 37.

[379] Schubert K., *'Auferstehung Jesu' im Lichte der Religionsgeschichte des Judentums*; Jeremias J., *Die alteste Schicht der Osteruberlieferungen*, in Dhanis E. (Ed.), *Resurrexit. Actes du Symposium International sur la Résurrection de Jesus* (Rome 1970), Libreria Editrice Vaticana, Città del Vaticano 1974, pp. 185–229.

han demostrado que en la literatura hebrea de la época de Jesús ¡no existía ningún mito de una resurrección como un suceso en la historia y como relacionado con un hombre particular! Es verdad que en el tardo judaísmo se había difundido la fe en una resurrección, pero ésta era concebida como un hecho universal y escatológico, es decir afectaba a todo el pueblo y al final de la historia. No existía ningún mito de un mesías que debería morir crucificado para después resucitar después de tres días. David Flusser, quizás el mayor historiador israelita sobre el origen del cristianismo, profesor durante muchos años en la Universidad hebrea de Jerusalén, escribió: «No hay nada en todo el judaísmo de los tiempos de Jesús, nada en ninguna corriente conocida por nosotros, que sepa algo de un Hijo del Hombre que tuviese que morir y resucitar»[380].

Si además examinamos toda la literatura helenística notamos que tampoco en ésta, ningún texto, hasta el siglo IV d.C., atribuye a un Dios una muerte redentora o una resurrección en la historia, que sea análoga a la descrita en los Evangelios. Con una mirada superficial algunas leyendas mitológicas sobre Heraclio, Asclepíades, Dionisio, Osiris, Mitra... pueden parecer semejantes, pero la aparente analogía *muerte-despertar* alude al ciclo de las estaciones en el que la naturaleza pasa del "sueño" del invierno al "despertar" de la primavera. Faltan en cambio en todos estos mitos clásicos los elementos de un contexto histórico preciso, de un nuevo anuncio ético, de un desencuentro con las clases dirigentes de un pueblo, que caracterizan las narraciones evangélicas.

La *tercera búsqueda* y la explicación necesaria

Tras el fracaso de las hipótesis crítica y mítica, surgió, sobre todo en el ámbito angloamericano, a partir de 1980, la llamada *tercera búsqueda* (*Third Quest*) que revaloriza la continuidad entre Jesús y el ambiente judío. En los dos decenios precedentes, las profundas investigaciones de Joaquín Jeremías, uno de los mejores expertos de lenguas semíticas, delinearon magistralmente el lenguaje singularísimo de Jesús, remontándose a su predicación aramea. También Birger Gerhardsson[381] explicó que el material sinóptico es «material de enseñanza tratado profesionalmente: condensado, breve, lapidario y bien estructurado», compatible con la didáctica rabínica. Añádase que los nuevos conocimientos sobre

---

380 FLUSSER D., *Jesus,* Morcelliana, Brescia 1997.
381 GERHARDSSON B., o. cit.

Qumran permitieron una reconstrucción mejor del contexto hebreo.

Un estudioso emblemático de esta *Third Quest* es el jesuíta estadounidense John Paul Meier, autor de *Un ebreo marginale. Ripensare il Gesù storico* (2002/09) hasta la fecha editado en cuatro volúmenes de más de 3.200 páginas en conjunto. Quizás la obra mejor de la *Third Quest*. Un elemento importante adquirido por Meier es el reconocimiento, tras un cuidadoso examen crítico, de que las fuentes creíbles para el Jesús histórico son precisamente los cuatro Evangelios canónicos, mientras que los numerosos apócrifos han perdido fiabilidad por criterios intrínsecos y extrinsecos. «Fuera de los cuatro Evangelios canónicos se encuentra sólo algún dicho aislado de Jesús, que no añade nada nuevo respecto a los Evangelios»[382].

Otro autor de gran importancia es Gerd Theissen, teólogo luterano que revaloriza el criterio de la concatenación y plausibilidad explicativa de los hechos en su monumental *Il Gesù storico, un manuale* (2007), escrito en colaboración con Annette Merz.

El resultado quizás más importante de la *New Quest* y *Third Quest* es la identificación de los *criterios de autenticidad histórica*. En otras palabras, los estudiosos han buscado algunas reglas objetivas que permiten discernir los hechos o los discursos más fiables.

Un primer criterio, que autoriza un juicio de autenticidad, es el *criterio de testificación múltiple:* un suceso que es confirmado por más fuentes independientes es más fiable. Por ejemplo la crucifixión está atestiguada por todos y cada uno de los 27 libros del Nuevo Testamento, por Tácito, por Flavio Josefo, por los evangelios apócrifos...

Existe después el *criterio de discontinuidad/continuidad:* cuando un suceso, una narración o un discurso resulta en continuidad con la tradición histórica y cultural de la época y a la vez revela elementos de novedad y originalidad respecto a esa tradición, entonces es históricamente fiable. Hemos visto, por ejemplo, cómo las parábolas, los paralelismos, los pasivos teólogicos, las repeticiones y asonancias... revelan

---

[382] MEIER J.P., o. cit., vol. 1, p. 149.

continuidad con la didáctica rabínica, si bien presentan innovaciones que todas las fuentes atribuyen precisamente a Jesús de Nazareth.

Finalmente, el criterio quizás más importante es el de *la explicación necesaria*. Se la llama *intrínseca,* porque no se refiere a elementos externos a los relatos, como las otras fuentes históricas, los manuscritos, la comparación con la didáctica rabínica....sino que entra precisamente en el núcleo de la cuestión y responde a la pregunta que más nos interesa: «¿Sucedió de verdad?»

Este criterio se aplica a la concatenación de los hechos.

Qualquier hecho histórico exige siempre una explicación causal que pueda hacer plausible, razonable, la existencia de los hechos. Obviamente debemos aplicar también a los Evangelios este criterio que ha sido definido como búsqueda de una *explicación necesaria.* Leamos la fórmulación de René Latourelle, profesor de la Universidad Gregoriana, que considera este criterio como «el más importante entre todos los criterios fundamentales».

> Si ante un complejo considerable de hechos que exigen una explicación coherente y suficiente, se ofrece una explicación que ilumina y reagrupa armónicamente todos estos elementos (que si no permanecerían como enigmas), podemos concluir que estamos en presencia de un dato auténtico (hecho, gesto, palabra de Jesús)[383].

Este criterio representa el punto de llegada hacia el que convergen las investigaciones examinadas antes. Se definió también como el *criterio de coherencia narrativa*.

Latourelle aplicó este criterio a los milagros de Jesús, que son los hechos más criticados por la hipótesis crítica y por la mítica. Llegó a la conclusión de que los milagros no son hechos aislados en el Evangelio, sino que están encadenados inseparablemente con todo el resto, que resultaría incomprensible sin ellos. Los milagros son en resumen un elemento indispensable para una *explicación necesaria* de los hechos.

Tomemos en consideración la narración de los sinópticos. Si quitásemos los milagros no se entendería la fe de los apóstoles y de los discípulos en Jesús, ni la exaltación de las masas que lo aclamaron

---

[383] LATOURELLE R., *L'authenticité historique des miracles de Jésus,* en *Gregorianum,* 54, 1973, p. 238. Citado en LAMBIASI F., o. cit., p. 103. También: LATOURELLE R., *Critères d'authenticité historique des Evangiles,* en *Gregorianum,* 55, 1974, pp. 609-637.

como Mesías, ni el desencuentro con la clase dirigente y con el Sanedrín, envidioso por el éxito de Jesús y tampoco la polémica sobre los milagros realizados en día de sábado. Además se debe tener presente que el pueblo hebreo tenía una concepción tan elevada de Dios que no podía nunca reconocer como Dios a un hombre, sino ante señales verdaderamente milagrosas. Sin los milagros la narración de los sinópticos sería por tanto incomprensible.

También en el cuarto Evangelio la correlación entre *señales* milagrosas y hechos es clara. La primera señal es el milagro de Caná, al cual sigue la fe de los discípulos (Jn 2,11). La señal siguiente es la curación del paralítico en la piscina de Betsaida (Jn 5,1-9) que desencadena la polémica con los Judíos porque la curación fue hecha en sábado. Tras la señal de la multiplicación de los panes (Jn 6,1-13) la gente quiere hacerlo rey y esto será un cargo de acusación ante Pilato. Tras la curación del ciego de nacimiento (Jn 9,1-41) y la resurrección de Lázaro (Jn 11,1-44) los Sumos Sacerdotes y los fariseos deciden la muerte de Jesús (Jn 11,53) y quieren matar también a Lázaro, «porque muchos Judíos se les alejaban a causa de él y creían en Jesús» (Jn 12,10-11). Es claro que la coherencia narrativa no puede prescindir de las señales milagrosas.

La explicación necesaria y la resurrección

En este momento debemos restringir el ámbito de nuestra búsqueda. Dejemos a teólogos y exégetas el estudio de las enseñanzas del Evangelio y del desencuentro con el Sanedrín y la autoridad romana. Centremos, en cambio, la atención en el suceso más extraordinario que ha cambiado la historia: la Resurrección de Jesús. Es este hecho el que marca la diferencia entre Jesús y todos los demás fundadores de religiones. San Pablo es categórico: «Si Cristo no ha resucitado, vacía entonces es nuestra predicación, vacía también vuestra fe» (1 Cor 15,14). Por tanto es sobre esta piedra angular sobre la que se construye todo el edificio cristiano. Si nosotros logramos encontrar argumentaciones convincentes, todo el edificio queda en pie y adquieren una nueva luz todas las otras discusiones sobre episodios particulares y también sobre el valor de las enseñanzas.

Apliquemos por tanto el criterio de la explicación necesaria al milagro de los milagros y veremos cómo sin este suceso no resulta comprensible nada del Evangelio. Los textos canónicos eran perfectamente conscientes de esta clave de lectura. De hecho la resurrección está atestiguada por los 27 escritos del Nuevo Testamento y había desconcertado e impresionado de tal manera a los testigos que los vocablos *egheiréin* (resucitar) y *anástasis* (resurrección) se presentan ¡más de 100 veces! Nos encontramos por tanto frente a una *palabra clave* para entrar en la comprensión del Evangelio.

Un historiador, pero también cualquier honesto investigador de la verdad, debe explicar cómo pudo ser posible, en la comunidad de los discípulos, un cambio tan extraordinario en solo tres días, o como máximo en el arco de pocas semanas.

Reflexionemos sobre la secuencia de los hechos.

La tarde del Viernes Santo, tras haber visto crucificado al Maestro, la comunidad de los discípulos estaba ciertamente desilusionada y deshecha, en un desvanecimiento psicológico y teológico. Habían creído en Él como Hijo de Dios, habían visto muchas señales, habían escuchado revelaciones inauditas y llenas de esperanza, y ahora todo parecía resquebrajado. El Maestro había sido humillado e incluso crucificado, como un maldito de Dios (Dt 21,23: «El colgado es una maldición de Dios»). Pablo habla del crucificado como «escándalo para los Judíos y estupidez para los paganos» (1 Cor 1,23) y estas palabras nos revelan todo el desconcierto y la desilusión del Viernes Santo. Todas las expectativas parecían truncadas para siempre. Notad que la condena a la cruz era considerada tan humillante para la opinión común, que durante 400 años los cristianos no se atrevieron a representar al crucificado. La primera representación del Cristo crucificado se remonta en efecto al portal ligneo de Santa Sabina en Roma, cerca del año 450.

Todas las profecías de las Escrituras parecían clamorosamente desmentidas. Y sabemos bien que el pueblo hebreo «vivía» de la Palabra de Dios (Dt 8,3; Mt 4,4), por tanto la desilusión sobre las profecías mesiánicas había creado ciertamente una pérdida teológica profundísima. ¿Qué sentido podían tener las grandes profecías mesiánicas sobre el Hijo de David? Quién sabe cuántas veces los discípulos habían rezado con los Salmos mesiánicos en los que Dios proponía a su Mesías: «Te daré en herencia las gentes y en tu dominio las tierras más lejanas. Las quebrantarás con cetro de hierro, como vaso de arcilla las quebrarás» (Sal 2,8-9). «Siéntate a mi derecha, hasta que ponga a tus enemigos como escabel de tus pies... Domina en medio de tus enemigos... ¡El Señor está a tu derecha! El abatirá a los reyes en el día de su ira» (Sal 110,1-2.5). Quién sabe cuántas veces se habían parado a reflexionar, llenos de esperanza, sobre las visiones del Hijo del Hombre:

> He aquí que en las nubes del cielo venía uno semejante a un hijo de hombre; llegó hasta el anciano y fue presentado a él. Le fueron dados poder, imperio y reino; todos los pueblos, naciones y lenguas le servían. Su poder es un poder eterno, que no acabará nunca, y su reino no será nunca destruido (Dan 7,13-14).

Los discípulos conocían bien este pasaje, porque el título Mesiánico *Hijo del Hombre* aparece ¡cerca de 80 veces en los Evangelios! Y Jesús se lo aplicaba con frecuencia a sí mismo, también en el momento solemne del proceso delante de Caifás. Como escribe D.

Boyarin, uno de los más prestigiosos estudiosos contemporáneos del judaísmo, las visiones del profeta Daniel eran «uno de los textos más influyentes del hebraísmo moderno, comprendida su rama cristiana»[384]. Todas estas expectativas parecían derrumbadas para siempre. Los discípulos se habían encerrado por tanto en el Cenáculo desconfiados, temiendo tener el mismo final que el Maestro.

Si un historiador estudia honestamente esta situación debe admitir que la comunidad de los discípulos no tenía en sí misma los recursos para levantarse.

Parecía precipitada a un barranco sin vía de escape.

A esta turbación psicológica y teológica se debían añadir las condiciones de pobreza cultural, política y económica de los discípulos. Sabemos por los *Hechos de los Apóstoles* que eran «sencillos y sin instrucción» (*agràmmatoi* e *idiòtai*, Hch 4,13). El Maestro les había negado el uso de las armas y de las riquezas, por lo que no tenían ningún poder militar ni económico. Notemos que sobre este cuadro empequeñecido están de acuerdo todos los historiadores, desde los creyentes hasta los laicos. Que Jesús fue muerto crucificado es una certeza histórica incontestable.

Ahora probemos a quitar las apariciones del Resucitado. Imaginemos que no hubieran sucedido, que fueran toda una falsificación histórica.

Observemos cómo en el giro de pocas semanas se inicia la más grande revolución ética y teológica de la historia, una revolución que ha cambiado la visión del mundo desde hace 2.000 años a esta parte. A partir de la mañana de Pascua y después de Pentecostés estos mismos discípulos aparecen cambiados radicalmente.

Todo ha cambiado completamente.

Afirman con convicción que el crucificado es incluso el Hijo de Dios. Notad que los primeros discípulos eran todos hebreos, monoteístas de siempre, personas que no habrían nunca podido predicar la divinidad de un hombre si no hubiesen tenido pruebas ciertas y desconcertantes.

Lo anuncian como «El Señor» (*Kyrios*, título divino), en Jerusalén, en Judea y después en todo el mundo antiguo. Dejan además sus familias, su tierra, para aventurarse en una predicación llena de obstáculos y de peligros, sabiendo muy bien que muchos de ellos serían llevados al martirio. No tienen ningún poder, y en cambio desafían nada menos que al Imperio de Roma. Han comprendido, increíble decirlo, el significado de las Escrituras con todas las antiguas profecías, explicadas en los discursos de Pedro en los primeros capítulos de los

---

[384] BOYARIN D., *Il Vangelo ebraico, le vere origini del cristianesimo*, Castelvecchi, Roma 2012, p. 46. Boyarin, profesor de Cultura Talmúdica en la Universidad de California, es reconocido como uno de los más prestigiosos estudiosos mundiales del Talmud.

Hechos de los Apóstoles. Estas explicaciones no podían provenir de la inteligencia o de la cultura de los discípulos, porque nadie, entonces, podía entender cómo un hombre crucificado por ellos podía realizar el triunfo Mesiánico del Hijo de David y del Hijo del Hombre.

El cambio es tan radical e inesperado, que es inexplicable si no se admite una causa que transformó totalmente la historia. Todos los textos aportan que esta causa fueron las apariciones reales del Resucitado, con las explicaciones de las Escrituras, confirmadas por el sepulcro vacío y por la señal de la Síndone.

Sin esta intervención de Dios en la historia, este cambio radical resulta completamente incomprensible. También un historiador laico debe honestamente pronunciar estas palabras: «Ha habido una irrupción que trasciende los hechos humanos».

¿Conocemos el primer anuncio?

Nos preguntamos si los documentos dejan entrever algún rastro del primer anuncio. Partimos del dato histórico de que los primeros escritos no fueron los cuatro Evangelios, sino algunas cartas de San Pablo, cuya composición se remonta a los primeros años cincuenta, por tanto a unos veinte años de los hechos. C. M. Martini ha escrito:

> Hoy podemos estudiar, con los medios más refinados de la búsqueda histórica y crítica, los orígenes del cristianismo volviendo muy hacia atrás en el tiempo. Llegamos a un punto en el cual, a través del análisis de los textos, podemos recoger las fórmulas primeras del mensaje, no sólo las de los años 60, 70 ó 50 d.C. sino incluso las de los años 30 d.C., es decir del origen del mensaje cristiano. Este mensaje, el más antiguo que podemos recoger, es el del Cristo resucitado. Nunca existió un cristianismo primitivo que afirmara como primer mensaje 'amémonos los unos a los otros', 'seamos hermanos', 'Dios es Padre de todos'... Del mensaje 'Jesús ha resucitado verdaderamente' derivan todos los demás[385].

Es precisamente en el recorrido del texto griego de las cartas de Pablo, donde podemos discernir algunas "gemas preciosas", que han permanecido incrustadas en los textos. Son los testimonios más antiguos, de origen arameo o hebreo y se remontan a poquísimos años tras los hechos. Breves frases arcaicas, o himnos, o fórmulas conclusivas, acuñadas cuando estaban todavía vivos los testigos oculares.

¿Cómo discernir estas gemas preciosas? El léxico y la construcción sintáctica no son los usados habitualmente por Pablo. Estas fórmulas cristalizadas del *kerygma* o primer anuncio cristiano circulaban en las primeras comunidades, todas de lengua hebrea. El discurso que

---

[385] MARTINI C.M., *Ultime ricerche sulla risurrezione di Gesù*, en *Rassegna di teologia*, 15, 1974, p. 51.

sigue requeriría más bien una profundización exegética y teológica, mas en este caso nos limitamos a breves anotaciones filológicas.

La fórmula más antigua era la más breve, de tipo *teológico:* «Aquel que resucitó de entre los muertos a Jesús» (Rm 4,24; Rm 8,11; 2 Cor 4,14; 1 Tes 1,10; Gal 1,1; 1 Cor 6,14; Rm 10,9...). La fórmula es brevísima y no incluye ninguna interpretación del significado y del valor salvífico de la muerte y resurrección. Por eso los estudiosos consideran que es la fórmula más antigua de la fe cristiana. Es una fórmula teológica, sobre Dios. Está anclada en efecto al monoteísmo de Israel: Dios no es ya sólo el «Dios del cielo y de la tierra», ni sólo el «Dios de Abrahán, de Isaac, de Jacob», sino también el Dios que ha intervenido en la historia, con la resurrección de Jesús. Es una fórmula con el verbo en participio, como una nueva *bendición*, sobre el modelo de las alabanzas hebreas (*beraká*): «Bendito sea Dios» que es «El que ha hecho cielo y tierra, el que ha liberado a Israel de la esclavitud de Egipto, el que ha resucitado a Jesús de entre los muertos».

Una fórmula posterior es la de tipo *cristológico*, en la que Jesús es reconocido como *el Señor, el Cristo* (Rm 1,4; Rm 8,34; 1 Tes 4,14 ss.). «Jesús ha resucitado» (1 Tes 4,14), es Él el sujeto explícito y por tanto es reconocido como: *el Señor* (*Kyrios*). Es ensalzado por tanto a la par con Dios, denominado en hebreo *Adonai*, que ha quedado en el griego de la traducción de los setenta como *Kyrios, el Señor*. Es un título de grandeza y soberanía divinas, la expresión más alta y completa de la fe. Es la resurrección la que convence a los discípulos de que en Jesús se han realizado todas las profecías sobre el Mesías. El Salmo 2, el Salmo 110, la profecía de Daniel (Dan 7,13-14) han recibido una explicación desde el Resucitado. También en la fórmula cristológica: «Cristo Jesús ha muerto, pero ha resucitado, está a la derecha de Dios e intercede por nosotros» (Rm 8,34) se ve explícitamente la lectura Mesiánica de la Resurrección como entronización a la derecha del Padre. Ciertamente muy arcaica también la oración aramea, no traducida al griego, dejada en la forma original: «Marána tha» (¡Señor nuestro, ven!, 1 Cor 16,22) que presupone la fe en la resurrección de Jesús y en su elevación a Dios. Jesús es puesto al lado de Dios y esta puede ser considerada quizás como la primera expresión de fe en la divinidad de Jesús.

Nos concentramos ahora en la tercera formulación, *soteriológica* (=salvífica), la más completa. Se encuentra en 1 Cor 15,1-8. Veremos que la estructura y el léxico son típicamente semíticos, de lengua madre aramea. Pablo la hace remontar al tiempo de su conversión, acaecida en ¡el año 36! Si tuviésemos incluso sólo este párrafo podríamos defender la fiabilidad de las apariciones del Resucitado. Presento una traducción literal del original griego.

Os hago saber, hermanos, el evangelio que os he anunciado...
Os he transmitido pues, ante todo, lo que también yo he recibido:

es decir, que Cristo murió por nuestros pecados según las Escrituras,
y que fue sepultado
y que resucitó al tercer día según las Escrituras,
y que se apareció (fue visto) a Kephas,
luego a los Doce.
Después de esto se apareció (fue visto) a más de quinientos hermanos a la
vez vez: la mayor parte de ellos vive todavía, mientras que algunos han
muerto.
Después se apareció (fue visto) a Santiago,
luego a todos los Apóstoles.
Por último entre todos se me apareció también a mí, como a un aborto.

El análisis filológico[386] se remonta a las raíces arameas y hebreas
del texto.

- «Os he transmitido... habéis recibido». Son los verbos de las escuelas rabínicas. Pablo, que se había formado en la escuela del rabino
Gamaliel, conocía bien estos verbos técnicos.
- «Que murió... y que fue sepultado... y que ha resucitado... y que
se apareció...» cuatro proposiciones coordinadas, con sujeto idéntico;
es una secuencia típica de la narración oral, exenta de proposiciones
subordinadas, en el estilo semítico y no griego. Notad el *paralelismo
antitético*, de uso semítico: los primeros dos verbos son negativos, te-
rrenos (*murió, fue sepultado*), mientras que el tercero y el cuarto son
positivos, divinos, contraponen totalmente el sentido (*resucitó, apareció*).
- «Por nuestros pecados». No pertenece al léxico paulino, que usa
generalmente el singular el *pecado* (50 veces). Es de notar el significado salvífico atribuido a la muerte de Jesús; a la luz de las profecías.
Se cita en efecto a Isaías 53,5: «ha sido atravesado por nuestros pecados». Evidentemente las explicaciones del Resucitado habían dado
luz sobre esta profecía.
- «Según las Escrituras». Es también ésta una expresión no paulina. Pablo cuando refiere una cita bíblica usa siempre el singular:
«como dice la Escritura» (11 veces), o bien dice explícitamente, «como
dice Isaías». Es la resurrección la que ha abierto una nueva comprensión de todas las profecías bíblicas, que si no permanecían incomprensibles.
- «Ha resucitado» (*egheghertai*). Morfológicamente es un perfecto
pasado, mientras que Pablo usa siempre el aoristo (*egherthe*) y nunca
el perfecto. Es un *pasado teológico*, típicamente semítico, conforme

---

[386] Benedicto XVI dedica diez páginas al análisis de este texto en *Gesù di
Nazaret*, II, Libreria Editrice Vaticana, Città del Vaticano 2011, pp. 279-289.
Se puede consultar también JEREMIAS J., *Le parole dell'ultima cena*, Paideia,
Brescia 1973, con un profundo análisis filológico en las páginas 120-123. Ge-
neralmente todos los estudiosos de la resurrección aportan un análisis deta-
llado de este texto esencial.

al estilo inaugurado por Jesús. Notad los tiempos verbales: «murió...fue sepultado... apareció» son todos "aoristos", indican una ación pasada, instantánea. Mientras el perfecto verbal «ha sido resucitado» expresa una acción cumplida en el pasado, cuyos efectos permanecen con eficacia en el presente. Brota este sentido: Jesús fue resuscitado y continua siéndolo; permanece en su nuevo y definitivo estado de resucitado.

- «Al tercer día» (*lit.* «en el día, en el tercero»). Es una construcción aramea con la posposición del numeral, precedido por el artículo. Es la única construcción posible en arameo; Pablo no la usa nunca en sus escritos. Es precisamente este *tercer día* el que se convertirá en el *día del Señor* (*dies dominica*), el domingo que sustituye al sábado, día sagrado de los hebreos. Otra confirmación de la importancia decisiva de la resurrección.

- «*Kephas*». Nombre arameo, originario de Jerusalén. Pablo usa siempre *Simón* o *Pedro*. Es de notar que *Kephas* está en dativo, mientras que en griego tras un pasado (*ofthe: fue visto*) esperaríamos un *upò + genitivo*. El dativo es en cambio la construcción requerida por el correspondiente hebreo *apareció*, intransitivo, típico de las apariciones divinas en el Antiguo Testamento. La construcción ha sido por tanto pensada en arameo y después traducida al griego.

- «Los Doce»: tampoco ésta es expresión paulina; Pablo usa los *apóstoles*.

- Son de notar las *repeticiones,* (*según las Escrituras*) y la secuencia de los verbos típicos del *kerygma* (*murió, fue sepultado, resucitó y apareció*); secuencia paratáctica, recitativa, según el estilo semítico, para favorecer la memorización.

- La referencia explicita a *Kephas* y a *Santiago*, que estaban incluidos en los *Doce*, da a entender que la fórmula fue acuñada en Jerusalén, de hecho Kephas y Santiago eran precisamente las autoridades de la comunidad de Jerusalén, como dice Pablo mismo (Gal 2,9).

- Como ha hecho notar Gerhardsson[387], el texto presenta hasta 8 *simanim* = palabras-reclamo (*key-word* o *catch-word*) en el inicio de cada versículo, como un reclamo para la memoria. Los *simanim*, en las escuelas rabínicas, ayudaban a la memoria facilitando la repetición. Los primeros 4 *simanim* introducen cuatro proposiciones: «que (*oti*) murió... y que (*oti*)... y que (*oti*)...» Los otros 4 *simanim* introducen la lista de los testimonios: «después (*eita*)... después de ello (*epeita*)...después (*eita*)...» Confirman el ambiente semítico de origen.

Esta fórmula tan antigua, como resulta por los semitismos, es suficiente para demostrar que probablemente ya en los años treinta los primeros cristianos, conscientes de la excepcionalidad del suceso del

---

[387] o. cit., p. 143.

que habían sido testigos, habían codificado en una fórmula esencial, recitativa, los conceptos fundamentales del credo cristiano. Según la tradición rabínica, la formulación refiere en los primeros cuatro verbos el anuncio extraordinario y en la secuencia sucesiva el elenco de los testigos, en base a la Escritura que requería siempre al menos dos o tres testigos (Dt 17,6). Notad que son citados sólo hombres, para que el testimonio resultara incontestable por el pueblo de Israel. Los tribunales judíos en efecto no aceptaban el testimonio femenino. Sólo los posteriores relatos evangélicos nos han precisado que los primeros testigos fueron las mujeres.

El análisis filológico nos demuestra que Pablo tiene inserta en su carta una fórmula preexistente que ya circulaba en los primerísimos años después de la resurrección, probablemente en arameo. Al menos seis expresiones, en efecto, no pertenecen al léxico de Pablo (*según las Escrituras, por nuestros pecados, ha resucitado, en el día en el tercero, Kephas y los Doce*). Existen al menos cinco arameísmos (*os he transmitido... he recibido, fue resucitado, fue visto por..., en el día en el tercero, Kephas*). J. Jeremías escribió: «De todo esto resulta con certeza que el kerygma no es formulado por Pablo, sino que es de origen judío-cristiano; probablemente deriva de la más antigua comunidad de lengua aramea»[388].

Pablo traspone un esquema de anuncio que tiene la fuerza vinculante y autorizada de una *fórmula de fe*, con carácter prioritario respecto a las posteriores redacciones de los Evangelios. En efecto vendrá retomada tal cual, cuatro siglos después, en el *Credo* Constantinopolitano proclamado cada domingo por los cristianos. Una confirmación de cómo la transmisión de la fe ha traspasado hasta 2.000 años sin sufrir alteración alguna.

Estamos por tanto frente a un texto histórico decisivo para confirmar la fiabilidad del suceso. Leamos un comentario de los obispos italianos sobre este primer anuncio:

> El suceso de la Pascua mantiene el núcleo germinal de todo el proceso de transmisión del Evangelio, como nos testimonia San Pablo. Escribiendo hacia la primavera del año 56 a la Iglesia de Corinto, el apóstol recuerda a sus lectores haber él mismo "transmitido", en el momento de la fundación de la comunidad, hacia el año 51, el mensaje 'recibido' por él, a su vez, en el momento de su conversión, hacia el año 36. A través de esta tradición ininterrumpida se remonta al suceso básico de toda la historia de la salvación: la muerte y resurrección de Cristo (cfr. 1 Cor 15, 1-5)[389].

[388] JEREMIAS J., *Le parole dell'ultima cena*, o. cit., p. 123.

[389] Commissione Episcopale Italiana per la dottrina della fede, l'annuncio e la catechesi, *Questa è la nostra fede,* Nota pastorale sul primo annuncio del Vangelo, Roma, 15 mayo de 2005.

También Benedicto XVI atribuye el núcleo de este texto «a los años treinta, por tanto un verdadero testimonio de los orígenes»[390].

Vemos por tanto que la documentación histórica es muy "cerrada". No deja espacio para mitos o leyendas creados a lo largo de los siglos. Las primeras gemas preciosas del anuncio nos demuestran que no ha habido una evolución legendaria o mitificación, sino que desde el principio estaba consolidado y cristalizado el núcleo genético de la fe.

Los mayores historiadores del gran cambio

Añado algunas palabras sobre los hechos después de las apariciones del Resucitado.

La comunidad comienza a vivir el mensaje moral de Jesús, en el amor fraterno, en compartir los bienes, en la oración común de alabanza (Hch 4,32). El desánimo de la cruz es sustituído por la confianza y por la adoración del Maestro resucitado que es proclamado como el Señor, el *Hijo de Dios*. Las profecías que parecían incomprensibles y desmentidas, son en cambio explicadas en los primeros discursos de Pedro, referidos en los Hechos. Las tres grandes directivas proféticas que preanunciaban al Mesías como Hijo de David (Sal 2; Sal 110...), como Hijo del Hombre (Dan 7,13-14) y como Siervo sufriente de Dios (Is 42–53) se armonizan en una visión de conjunto, con una explicación que podía haber sido desvelada sólo por el Resucitado: «Les abrió la mente para comprender las Escrituras» (Lc 24,45. Cfr. también Lc 24,13-32). Estas tres líneas proféticas son citadas y explicadas después de la resurrección (Lc 24,7; Hch 1–13). La victoria mesiánica no debía ser interpretada como una victoria militar de un Mesías guerrero, sino como una victoria espiritual, testimoniada por la resurrección. El Resucitado demuestra la victoria del amor de donación (*agape*) que se sacrifica para convertir al pecador. No quiere la muerte del pecador, sino que se convierta y viva. Nosotros que llegamos 2.000 años después podemos comprender lúcidamente el sentido de estas profecías: los poderosos de entonces, Pilato, Caifás, Herodes, Tiberio... han sido derrotados por la historia, mientras el crucificado el Siervo sufriente de Dios, es desde hace 2.000 años ¡el vencedor! Sólo ahora podemos entender en qué sentido el Mesías ha quebrado como vasos de arcilla (Sal 2,9) a los reyes de la tierra.

Y ¿cómo han podido entenderlo los discípulos, hace 2.000 años, después de que el Maestro había sido humillado y crucificado? La única explicación posible es que han visto de verdad que el crucificado había resucitado y han escuchado sus explicaciones (Lc 24,45). Negar por tanto el suceso de las apariciones del Resucitado significa no sólo ir en contra de todos los documentos que nos han llegado, sino

---

[390] BENEDETTO XVI, *Gesù di Nazaret*, II, o. cit., p. 279.

también hacer totalmente incomprensible el cambio de época que le siguió. Es como si nosotros quisiéramos quitar el pilar básico de un edificio y pretendiésemos que todo el edificio permaneciese todavía en pie.

También los máximos estudiosos contemporáneos definen las apariciones del Resucitado como explicación necesaria de la historia posterior, como el anillo de unión indispensable para dar razón del paso de la vergüenza del escándalo al coraje del anuncio.

Escribe Martin Dibelius, colaborador de R. Bultmann: «Debe haber sucedido algo que en breve tiempo no sólo cambió completamente el estado de ánimo de los discípulos, sino que también les hizo capaces de desempeñar una nueva actividad y de fundar la primitiva comunidad cristiana. Este algo es el núcleo histórico de la fe pascual»[391].

El jesuíta australiano Gerald O'Collins, profesor universitario en Boston, Melbourne y Roma, coordinador de un Congreso ecuménico sobre la resurrección, precisa:

> Se debe añadir a cuanto dice M. Dibelius, que Jesús murió de una muerte vergonzosa y escandalosa. En seguida, a pesar de la crucifixión, los discípulos comenzaron a difundir el cristianismo en el nombre de aquel que había sido tan innoblemente derrotado. También H. Küng busca hacer justicia al cambio verdaderamente extraordinario que sucede en la actitud de los discípulos[392].

Leamos pues las palabras del teólogo suizo Hans Küng, incansable estudioso de las religiones y promotor de una ética mundial: «Estamos frente al enigma histórico del inicio del cristianismo... Vemos nacer, inmediatamente después del completo fracaso de Jesús y su muerte deshonrosa, y difundirse casi explosivamente, precisamente en el nombre de un fracasado, este mensaje y esta comunidad»[393].

Gerd Theissen, profesor en la Universidad de Heidelberg, respecto a los primeros testimonios, escribe: «Sobre la autenticidad de estos testimonios no puede haber dudas, en el sentido de que proceden todos de personas que atestiguan en buena fe una experiencia por la que han sido superados»[394].

En el Nuevo Testamento tenemos hasta 20 relatos de estas apariciones a personajes individuales o en grupo. Notad: Pedro había renegado de Jesús, Pablo había perseguido a los secuaces, Santiago y los apóstoles eran inicialmente incrédulos, Tomás no se fiaba, la misma María Magdalena y las Piadosas mujeres no se esperaban mínimamente el encuentro con el Resucitado. ¡No se puede ciertamente

---

[391] DIBELIUS M., *Jesus*, Westminster Press, Berlin 1949, pp. 121 ss.

[392] O'COLLINS G., *Gesù risorto*, Queriniana, Brescia 2000, pp. 115-116.

[393] KÜNG H., *Tornare a Gesù*, Rizzoli, Milano 2013, p. 257.

[394] THEISSEN G., Merz A., *Il Gesù storico*, Queriniana, Brescia 2007, p. 599.

decir que nos han relatado las proyecciones de sus expectativas! ¡O de sus alucinaciones! Éstas últimas son siempre individuales y nunca colectivas. Notad además que las alucinaciones se cultivan en la imaginación personal y hemos visto que el pueblo de Israel imaginaba un Mesías glorioso, vencedor, restaurador del reino. «El Dios que se identifica con el Crucificado resucitado comporta una radical conversión respecto al modo mismo de concebir a Dios... respeto al imaginario religioso humano y también al del pueblo de Israel»[395].

Los textos que hemos examinado nos manifiestan una pluralidad del lenguage (*egheiro=despertar, anastasis=resurrección, zoopoieo=dar la vida, upsoo=enaltecer, doxazo=glorificar*), *de* fórmulas de anuncio (*teológica, cristológica, soteriológica*), de himnos (Flp 2,6-11; Ap 22,20), de discursos (Hch 1-4 ss.), *de* relatos de apariciones en lugares diferentes (en *Jerusalén y en Galilea*) a personas diferentes (*a las mujeres, a los apóstoles, a Pablo, a los discípulos...*); todo esto nos hace entender que no hubo antes una interpretación proyectada. Al contrario fueron experiencias extraordinarias, diversificadas, a determinados testimonios y formuladas con un lenguaje que excluye una interpretación proyectada. En resumen nos encontramos frente a la irrupción de lo sobrenatural que lleva a la fe, y no a un embrollo proyectado.

Hans Kessler, profesor en la Universidad de Frankfurt, autor de una excelente monografía sobre la resurrección, resume todos estos discursos en estos términos:

> Entre Viernes santo y Pascua, y el nacimiento de la comunidad, hay para los discípulos un hiato infranqueable. Se requería el auto-testimonio del Crucificado resucitado para colmar ese foso. El suceso a testimoniar no fue constituido por experiencias subjetivas, reflexiones, discusiones... los discípulos no aportan elaboraciones personales, sino que sencillamente invitan a creer... Podemos hablar con certeza histórica de encuentros, automanifestaciones del Resucitado. El encuentro está sin duda anclado en lo históricamente controlable. Podemos tener una prueba empírica histórica. Nuestra decisión de creer no es de hecho arbitraria, sino que tiene sus buenas razones[396].

Hemos así concluído el discurso sobre el *tercer pilar* de las ciencias históricas.

Resumamos: todos los historiadores están de acuerdo en que lo *primero,* fue la derrota de la cruz.

Está ante los ojos de todos el *después*: la difusión entusiasta del alegre mensaje. Este cambio enorme entre dos situaciones

---

[395] MAGGIONI B., PRATO E., *Il Dio capovolto,* Cittadella, Assisi 2014, pp. 152-153.

[396] KESSLER H., *La risurrezione di Gesù Cristo*, Queriniana, Brescia 1999, pp. 210-216.

incontestables y diametralmente opuestas no se puede comprender sin las apariciones del Resucitado.

Naturalmente las conclusiones son siempre personales, porque afectan a nuestra conciencia individual, condicionada por muchísimos factores. Los creyentes pueden, de todos modos, liberarse del complejo de inferioridad respecto a los laicos iluministas y cientificistas. Verdaderos iluministas son precisamente los creyentes que consiguen dar una explicación histórica de los hechos. Veraderos oscurantistas son los que rehusan estudiar los documentos históricos objetivamente.

Podemos afirmar con conciencia crítica que los Evangelios están bien documentados. La razón nos ha llevado al umbral del misterio. El papel de las ciencias históricas se detiene aquí.

CAPÍTULO IV

LAS PRINCIPALES OBJECTIONES

Los evangelistas ¿no eran testigos "parciales"?

Nuestro discurso podría concluir aquí. Sin embargo no podemos omitir las preguntas y objeciones más frecuentes. «Los Evangelios no son libros *imparciales*. La fe era el prejuicio de los evangelistas, que estaban *iideologizados, adoctrinados!* Por tanto su testimonio no es neutral, objetivo».

Para nosotros que conocemos los totalitarismos del Novecientos, las palabras *adoctrinamiento* y *deformación ideológica* proyectan una sombra oscura sobre qualquier testimonio histórico.

Nada de todo esto sucedió en los primeros cristianos. La fe no ha sido nunca ¡impuesta! Antes bien, sucedió precisamente lo contrario: ¡los primeros cristianos fueron perseguidos durante casi tres siglos! ¡Y existía el riesgo de ser condenados a muerte por haber elegido la fe!

Y además se debe deshacer de una vez por todas el prejuicio absurdo, según el cual la historicidad de un suceso requeriría la neutralidad del narrador y excluir los testimonios oculares en cuanto interesados. ¡Para qualquier hecho histórico la voz más autorizada es la de los testigos oculares! ¿Qué sentido tiene excluir precisamente a los protagonistas de un suceso? Para cualquier historiador la primera persona a interpelar es el testigo directo. Después obviamente se deberá verificar este testimonio, pero en cada caso esta voz es imprescindible. Nadie nunca ha soñado excluir a los testigos directos.

Y además nadie nunca podrá encontrar un tesgtigo "neutral". ¿Qué quiere decir neutral? ¿Que no toma posición? ¿Que es amorfo? Entonces no puede y no debe decir nada. Apenas dice algo, está inevitablemente "interesado", toma posición. Por tanto pretender la "neutralidad" es pretender el absurdo, lo imposible. Sería como ponernos entre paréntesis a nosotros mismos. Más bien debemos pretender la comparación de las fuentes, la coherencia narrativa y la concatenación de los hechos, la ausencia de fanatismo, como hemos visto. La filosofía hermenéutica de H. G. Gadamer nos ha aclarado de una vez por todas que no es posible una objetiva "neutralidad", ni un olvido de sí mismos[397]. Nosotros conocemos el mundo en el interior de

---

[397] GADAMER H.G., *Verità e metodo,* Bompiani, Milano 2000, sobre todo pp. 559 y ss.

nuestro horizonte hermenéutico, con todos sus prejuicios de los cuales no podemos nunca prescindir. Debemos en cambio ser conscientes de estos prejuicios y estar dispuestos a su revisión crítica.

Ahora bien, del análisis de los relatos evangélicos resulta que la fe en el Resucitado no era ciertamente un prejuicio engañoso de los discípulos, porque estaban todos desconcertados y desaparecidos por el miedo a tener el mismo final que el Maestro. Si en pocos días este terror se convierte en un coraje y un entusiasmo temerario, evidentemente la causa no puede ser más que un suceso desconcertante externo, y todos los textos nos cuentan en efecto las apariciones del Resucitado. Es de notar además que el estilo comunicativo de estos relatos no denota ciertamente fanatismo o énfasis sino un sereno y sobrio testimonio de hechos. Los textos nos describen una actitud desencantada y crítica, ajena a cualquier fanatismo; hablan en efecto de una inicial «incredulidad y dureza de corazón» (Mc 16,14), de «dudas» (Mt 28,17), «desatinos» (Lc 24,11 «aquellas palabras les parecieron a ellos como un desatino y no les creían»), «resignación» (Lc 24,21 «nosotros esperábamos que sería él el que habría liberado a Israel... pero con todo esto, han pasado ya tres días...»), estupor y espanto (Lc 24,37 «sobresaltados y llenos de miedo, creían ver un fantasma»).

No nos encontramos frente a testimonios "parciales", con el prejuicio de la fe, sino al contrario, todos los testimonios partían desde el miedo, desde la desilusión y la dispersión. Como escribió H. Küng: «No fue la fe de los discípulos la que resucitó a Jesús para ellos, sino que fue el Resucitado por Dios quien los recondujo a la fe... El mensaje de la resurrección es sí testimonio de fe, pero no un producto de la fe»[398]. Walter Kasper, uno de los mejores teólogos contemporáneos, definido por el Papa Francisco como «un cardenal que hace teología de rodillas»[399], nos explica en estos términos cómo las expectativas (el *horizonte hermenéutico*, diría Gadamer) de los discípulos estaban desorientadas:

> Ni siquiera los discípulos más cercanos a Jesús, al final (tras su muerte en la cruz) sabían qué pensar de su Maestro... La impotencia, la pobreza e insignificancia... llegaron al culmen último y desconcertante... La historia y el destino de Jesús mantienen un interrogante abierto, al que sólo Dios puede dar respuesta... es precisamente éste el contenido de la confesión de fe en la resurrección de Jesús[400].

---

[398] KÜNG H., *Essere cristiani,* Mondadori, Milano 1976, p. 421.

[399] Discurso de apertura del consistorio extraordinario sobre la familia, 20 de Febrero 2014.

[400] KASPER W., *Gesù il Cristo,* Queriniana, Brescia 2013, pp. 165–166.

Además, como observa René Girard[401], si se mira el texto evangélico, se descubre cómo no puede haber sucedido que los autores hubieran elaborado autónomamente el mensaje. Porque ellos refieren también ¡lo que no consiguen comprender! Los autores son intermediarios pasivos, portavoces de una inteligencia superior. La ignorancia del mensajero garantiza la autenticidad del mensaje.

Yo añadiría que la honestidad de los primeros testimonios se alcanza también por el llamado *criterio del embarazo,* muy revalorizado por los historadores más recientes. Por ejemplo J. P. Meier lo cita incluso como el primer criterio de fiabilidad histórica. Vemos en efecto que los Evangelios nos cuentan también las culpas y los defectos de los autores mismos. Los evangelistas han contado también hechos embarazosos que habrían podido callar para hacer humanamente más verosímil la narración. Por ejemplo han sostenido que María había concebido «por obra del Espíritu Santo», han descrito el llanto de Cristo, los defectos personales de los discípulos y sus culpas, como preguntarse quién era el más grande entre ellos, las negaciones de Pedro, su falta de fe durante la Pasión, han dado a conocer los sufrimientos y las humillaciones del Maestro... Han escrito que los primeros testigos de la resurrección fueron las mujeres, aunque el testimonio femenino no era jurídicamente aceptado en aquella época. Los evangelistas no querían, en resumen, "adaptar" la narración a los oyentes, sino contar los hechos tal como eran, aunque esto les costara burlas y persecuciones y aunque no lograran entender el sentido de los hechos. Aunque los hechos les parecieran "embarazosos", los han contado igualmente.

¿Existen fuentes históricas no cristianas?

De todas formas no tenemos sólo los textos cristianos, tenemos también otras fuentes históricas, de autores no cristianos. Éstos, aun no siendo testimonios directos de los hechos, garantizan una documentación 'laica' de la existencia histórica de Cristo y con frecuencia nos ofrecen noticias interesantes. Nos demuestran que Jesús era conocido también por los no cristianos. Plinio el Joven (120 d.C. aproximadamente) atestigua a Trajano la difusión del cristianismo en Bitinia (Turquía) y conoce la periodicidad de las asambleas cristianas para cantar himnos «a Cristo como a un Dios»[402]. Tácito (117 d.C. aproximadamente) escribe: «El autor de este nombre, Cristo, bajo el emperador Tiberio había sido condenado al suplicio por el procurador Poncio Pilato»[403]. Suetonio (120 d.C. aproximadamente) describe a

---

[401] GIRARD R., *Il capro espiatorio*, Adelphi, Milano 1987.
[402] PLINIO EL JOVEN, *Epístola X*, 96.
[403] TACITO, *Anales,* XV, 44.

los cristianos como «superstición nueva y maléfica»[404]; por impulso de «Chresto», ellos provocaron tumultos en Roma[405].

Son especialmente estudiados los testimonios de hebreos no cristianos. Mara Bar Serapión (70 d.C.), en una carta en sirio, nombra con respeto a un «sabio rey de los Judíos», llevado a la muerte por la propria nación, la cual por esto habría sido castigada por Dios con la destrución de Jerusalén y con la diáspora del pueblo.

Más explícito y detallado es el historiador Flavio Josefo, hebreo conducido como esclavo a Roma después del año 70, que escribió las *Antiguedades judías* entre el año 93 y el 94. Nos ha dejado el célebre *Testimonium flavianum,* que aun estando contenido en todos los manuscritos, fue puesto en duda a partir del siglo XVI. Según algunas críticas se trataría de una interpolación cristiana. Leamos el texto, muy significativo:

> En aquel tiempo apareció Jesús, un hombre sabio, *aunque es necesario llamarlo hombre*; en efecto fue obrador de cosas extraordinarias (*paradoxa*), un maestro de hombres que acogían con gusto la verdad. Él atrajo a sí a muchos judíos y también griegos. *Éste era el Cristo.* Y cuando Pilato, por una acusación llevada por nuestros jefes, lo condenó a la cruz, a pesar de ello no se vinieron abajo aquellos que desde el principio lo habían amado. Él en efecto se les *apareció al tercer día, nuevamente vivo*, habiendo ya dicho los divinos profetas éstas y miles de otras cosas admirables respecto a él. Y todavía hoy no ha venido a menos la tribu (*fule*) de aquellos que a causa de él son llamados cristianos[406].

La tecnología informática nos ha permitido controlar palabra por palabra este párrafo y resulta que todos los vocablos (sospechosos de *"cristianos"*) son utilizados por Flavio Josefo también en otros lugares, además también con elevada frequencia. Por tanto no debería haber objeciones sobre la autenticidad. Añadamos que algunos términos (*tribù, acoger con gusto, cosas extraordinarias, hombre sabio*) no son frecuentes en el léxico de los Evangelios. Por tanto en este texto existe al menos un núcleo que se remonta ciertamente a Flavio Josefo. Este párrafo es importante porque documenta que existe un testimonio del primer siglo sobre la historicidad de Jesús, también más allá de la fe cristiana. He evidenciado en cursiva las frases que podrían ser interpolaciones (=añadidas por los amanuenses) cristianas: *"aunque es necesario llamarle hombre"*, *"Él era el Cristo* (traducción del hebreo 'Mesías')", *"se les apareció al tercer día, nuevamente vivo"*. Según J. P. Meier[407] el párrafo arriba citado sería atribuible a Flavio Josefo, mientras que estas tres frases podrían haber sido añadidas en

---

404 SUETONIO, *Nerón*, 16.

405 SUETONIO, *Claudio*, 25,4.

406 FLAVIO JOSEFO, *Antigüedades Judías*, XVIII, 63-64.

407 MEIER J.P., o. cit., vol. 1.

siglos posteriores por los amanuenses cristianos. Contra esta hipótesis, un poco académica, se debe precisar que todos los términos de estas tres presuntas interpolaciones se presentan habitualmente en el léxico de Flavio Josefo. Por tanto no hay ningún motivo filológico para contestar la autenticidad del *testimonium*. La sola objeción se refiere al contenido de estas tres frases. Nos encontramos frente a una contradicción de los historadores laicos: dicen que no existen testimonios laicos de la resurrección, pero cuando para su desgracia es hallado este testimonio, entonces dicen que es ¡una falsificación!

Dejemos a los academistas la *querellas*, lo importante es la conclusión arriba referida: en el mundo antiguo, también no cristiano, tenemos testimonios ciertos sobre la historicidad de Jesús.

Confrontemos ahora la consistencia de las fuentes antiguas sobre algunos personajes coetáneos de Jesús. Cicerón tiene por biógrafo a Plutarco, que escribe 70 años después. Augusto tiene cuatro biógrafos Plutarco, Suetonio, Tácito y Apiano, los cuales escriben entre 80 y 120 años después. Tiberio tiene dos biógrafos: Tácito y Suetonio, a unos 80 años de distancia. Cristo tiene 8 escritores coetáneos, a una distancia de entre 20 y 70 años: Mateo, Marcos, Pablo, Lucas, Pedro, Santiago, Judas Tadeo, Juan.

Un historiador no puede incluso ignorar que además de los 27 textos canónicos del Nuevo Testamento, tenemos todos los otros testimonios paleocristianos y no tenemos ningún motivo para excluirlos de las fuentes históricas. Podemos recordar la *Didajé* (probablemente 70 d.C.), la *Carta de Clemente Romano a los Corintios*, la *Carta de Ignacio de Antioquía*, el *Pastor de Hermas,* la *Carta de Bernabé,* la *Carta a Diogneto,* la *carta de Papías*, la *Carta de Policarpo*, las dos *Apologías de San Justino*. Todos son escritos del siglo primero o segundo. He recordado ya que con las citas de estos autores se podría reconstruir el texto entero de los cuatro Evangelios canónicos. Más que *un ebreo marginal,* como lo ha definido J. P. Meier, Jesús parece ser el centro de la historia ya en los inicios del siglo segundo.

¿Y los evangelios apócrifos?

Son muy frecuentes las preguntas sobre los evangelios apócrifos, que han resultado casi una moda tras los últimos descubrimientos divulgados por novelas y filmes de actualidad. «¿Por qué el Vaticano ha ocultado la historia verdadera de Jesús, el relato de los apócrifos? ¿Por qué en las iglesias no se habla de ellos nunca? El cristianismo ha sido la religión vencedora, pero ¡había muchas otras comunidades disidentes que contaban otra historia sobre Jesús!»

Es verdad que además de los *Evangelios canónicos*, hoy tenemos también los llamados *evangelios apócrifos*, es decir *ocultos*, como fueron definidos en el siglo I. Los principales, cerca de una veintena, han permanecido literalmente ocultos durante siglos y sólo en los últimos 200 años han sido descubiertos algunos papiros rarísimos y con frecuencia incompletos, sobre todo en Egipto. ¿Por qué permanecieron ocultos? ¿Por qué fueron considerados *no canónicos*?

Hemos visto ya en el primer capítulo que la predicación oral de los orígenes seguía reglas precisas de fidelidad. De esta tradición, dentro del siglo I, tomaron forma escrita todos los libros del Nuevo Testamento, los *textos canónicos,* porque eran conformes a la regla o *canon* apostólico. En particular los cuatro Evangelios están atestiguados como fuentes canónicas por Papías de Hierápolis, Justino de Siquén, Ireneo de Lión, Clemente romano y otros autores protocristianos, todos antes del final del siglo II. El primer documento que enumera el *canon* completo del Nuevo Testamento es el llamado *Canon muratoriano,* que se remonta al 180-190 aproximadamente. Este *canon* fue definido en base a estos criterios: la antigüedad (todos los libros fueron escritos dentro del siglo I), la *apostolicidad* (todos concuerdan con la transmisión fiel de la predicación apostólica) y la *universalidad o catolicidad* (debían ser aceptados por las comunidades de Roma, Alejandría, Antioquía, Jerusalén y de las demás comunidades fundadas por los Apóstoles).

Es comprensible que en el siglo segundo, tercero y cuarto, con la difusión del cristianismo por todo el mundo antiguo, se difundiera también la falsificación de la doctrina original. Los falsificadores han existido siempre en la historia y algunos filósofos, sobre todo en Egipto, aprovecharon la circunstancia favorable para poner en circulación sus pensamientos como si fueran un Evangelio apostólico, pero ¡sin tener en cuenta las comunidades fundadas por los Apóstoles y tampoco las ciencias históricas actuales!

Vayamos con orden y partamos de aquella situación histórica.

Los *evangelios* que no respondían a los criterios de antigüedad, apostolicidad y universalidad no podían ser incluidos en el canon apostólico y fueron bien pronto marginados de las comunidades cristianas, por esto permanecieron *apócrifos* (ocultados).

Como se ve, estos criterios se sitúan dentro de la fe cristiana y hoy podrían ser tachados de sectarismo. Un historiador laicista podría decir: «Los cristianos han marginado y falseado todos aquellos textos que contaban la historia verdadera de Jesús».

Nosotros hoy podemos tranquilamente rebatir esto gracias a las ciencias históricas laicas. La filología, la papirología y la historiografía filosófica nos ofrecen un arma científica. Podemos aplicar criterios laicos a los apócrifos, estudiando su forma lingüística, el carácter paleográfico de los manuscritos y su contenido filosófico.

Veamos en primer lugar una clasificación de ellos. Los apócrifos se concentran sobre dos temas poco desarrollados por los Evangelios canónicos y muy interesantes para la fantasía y curiosidad popular: la historia de la infancia de Jesús (*apócrifos de la infancia*) y las últimas revelaciones del Resucitado sobre los últimos tiempos, sobre el destino futuro (*apócrifos gnósticos*).

Para el primer tema podemos recordar el *Protoevangelio de Santiago* y el *Evangelio de la infancia*, atribuído a Tomás, que contienen poco o nada de las acciones de Jesús durante el ministerio público. Satisfacen la curiosidad popular sobre la infancia de Jesús, con detalles que muestran la ignorancia de las instituciones judías y con un lenguaje no semítico.

En lo que respecta al segundo tema tenemos el *Evangelio apócrifo de Pedro,* del que poseemos un sólo fragmento (probablemente 120 - 140 d.C.). Es el único que escribe la escena de la resurrección, con tonos espectaculares, presentando a un Jesús resucitado «cuya cabeza sobrepasa los cielos, acompañado por dos hombres cuyas cabezas alcanzan el cielo». Como se ve, se confirma el hecho histórico de la resurrección, pero se utiliza un estilo comunicativo legendario, totalmente extraño a los Evangelios canónicos.

Los evangelios apócrifos gnósticos

Un discurso aparte requieren, en cambio, los evangelios gnósticos. Los más célebres son los cuatro apócrifos de Nag Hammadi (un pueblecito egipcio) escritos en lengua copta (la forma más reciente del antiguo egipcio, con numerosos préstamos del griego): el *Evangelio de Tomás, de Felipe, de María y de la Verdad.* Se han hecho famosos también gracias al *Código da Vinci,* de Dan Brown. Los manuscritos son del siglo IV, por tanto se datan a más de 300 años de los hechos. No es difícil desenmascarar a estos falsificadores que han querido expandir su filosofía gnóstica mezclándola con la anterior tradición sinóptica. Observemos atentamente algunas citas extraídas de estos apócrifos.

«El que descubra la interpretación de estas palabras no gustará la muerte»[408]. Por tanto la salvación viene del conocimiento, no de las obras de bien.

«El alma es una cosa preciosa puesta en un cuerpo despreciable»[409]. Teoría platónica, que ningún hebreo habría escrito, porque en la Biblia el cuerpo fue creado por Dios, es «¡cosa buena!». No puede ser «despreciable».

---

[408] *Evangelio de Tomás,* n.1.

[409] *I vangeli gnostici,* editado por MORALDI L., Adelphi, Milano 1994, p.

"Si nos hacemos como niños, ¿entraremos en el reino?" le preguntaron los discípulos. Él les respondió: "Cuando de dos hagáis uno, cuando hagáis la parte interna como la externa, la parte externa como la interna y la parte superior como la inferior, cuando del varón y de la mujer hagáis un único ser de modo que no haya más ni varón ni mujer, ... entonces entraréis en el reino"[410].

El léxico es abstracto, filosófico, incluso contradictorio (*parte interna, externa, superior, inferior...*). Palabras incomprensibles para un lector común. Solo unos pocos "elegidos" podían interpretarlo, o ¡tratar de interpretarlo!

Simón Pedro les dijo (a los discípulos): "María debe marcharse ¡fuera de nosotros! Porque las mujeres no son dignas de la vida". Jesús dijo: "He aquí que yo la conduciré hasta hacer de ella un varón, con el fin de que logre ser un espíritu vivo igual a vosotros varones. Puesto que cada mujer que se hace varón entrará en el reino de los cielos"[411].

Cualquiera comprende fácilmente que esta valoración negativa de la feminidad es extraña al pensamiento bíblico que dedica palabras muy diferentes a la maternidad de María y la dignidad de las mujeres, primeros testigos de la resurrección. Las palabras del autor que se hace pasar por el apóstol Tomás derivan de la filosofía neoplatónica y gnóstica que infravaloraba el cuerpo y la procreación. Se desmienten así las fantasías de Dan Brown que nos quería hacer creer que estos evangelios ¡exaltaban a la mujer! No sólo eso, sino que Dan Brown, desconocedor de que el *Evangelio de Felipe* definía a Magdalena como "amiga" de Jesús, ha querido hacernos creer que el término *"koinonos"* era hebreo y significaba "esposa", mientras que es griego y significa "amiga".

Las citas podrían continuar, pero para no aburrir al lector propongo a continuación un análisis crítico objetivo, a la luz de las ciencias históricas.

Desde el punto de vista filológico, el léxico es extraño al lenguaje semítico. Aparecen términos como «emanaciones, pléroma divino, eones, fases de la luna, cámara nupcial, exceso de la luz en la deficiencia», etc. Ningún rastro de los arameísmos superabundantes en los Evangelios canónicos. Los autores no eran ciertamente ¡testigos oculares de la predicación de Jesús!

Desde el punto de vista filosófico las tesis de estos apócrifos son absolutamente incompatibles con el cristianismo. El lector no habrá de esforzarse para reconocer en estos textos una filosofía dualista (el

---

[410] *Evangelio de Tomás*, n. 22.
[411] *Ibid.*, n. 114.

cuerpo es considerado *despreciable,* «el mundo tuvo origen en una transgresión»), gnóstica (la salvación está en el conocimiento) y maniqueísta (la mujer entrará en el reino si se hace varón). Como escribe J. P. Meier[412], el mito gnóstico que se extrae sobre todo del *Evangelio de Tomás,* distingue un reino de la luz, con espíritus divinos, contrapuesto al mundo material. Este último es por tanto malvado, malo. El sexo es considerado por tanto un mal y se condena el rol de la mujer por aprisionar nuevos espíritus en los cuerpos. Solo pocos privilegiados, los filósofos gnósticos, gracias al solo conocimiento, podrán liberarse del mundo material malo. Como se ve este texto es una mezcla de panteísmo y politeísmo, con mitologías de procedencia iraní, egipcia, neoplatónica, mezcladas con algunas citas de tipo sinóptico.

Añadiría que el tema quizás más fuerte contra la fiabilidad de estos escritos es la falta de citas del Antiguo Testamento. En los evangelios gnósticos, increíble decirlo, ¡no encontramos ninguna referencia a la historia de la salvación! No se citan nunca personajes bíblicos, mientras que en los Evangelios canónicos, Abrahán aparece 33 veces, Moisés 37 veces, David 38, Isaías 13. Evidentemente los autores de los evangelios gnósticos no eran ciertamente hebreos y por tanto no podían ser testigos directos de la vida de Jesús. La concepción gnóstica es ahistórica, atemporal, immaterial, absolutamente incompatible con el contexto cultural del judaísmo, que tiene una visión histórica, temporal y completa (espiritual y corporal) del hombre. La filosofía gnóstica se impone sólo desde el siglo II, sobre todo en Egipto, en un ambiente ciertamente extraño al judaísmo.

Desde el punto de vista paleográfico, finalmente, estos textos nos han llegado sobre manuscritos del siglo IV, descubiertos en 1945 en una biblioteca gnóstica del pueblecito egipcio de Nag Hammadi. El emplazamiento confirma un uso sólo local de los textos. Los manuscritos son además defectuosos y no podemos confrontarlos, porque ha aparecido ¡un solo ejemplar!

Ya tenemos bastante para afirmar que se trata de textos interesantes para conocer la Filosofía gnóstica difundida desde la mitad del siglo II hasta el siglo IV; pero son textos completamente fuera de lugar si los tomamos como fuentes sobre el Jesús histórico. Propiamente no pueden ni siquiera llamarse "evangelios", en cuanto que no tienen ninguna secuencia histórica de la vida de Jesús. Sería más pertinente definirlos como tratados filosóficos gnósticos. Es discutibile que se puedan definir como "cristianos", porque la Divinidad de Jesús es concebida sobre una perspectiva mitológica extraña al cristianismo.

Recientemente también ha sido publicado el *Evangelio gnóstico de Judas,* muy enfatizado por los mass media, gracias a la traducción

---

[412] MEIER J.P., o. cit., vol. 1, pp. 127-154.

difundida en todo el mundo por *National Geographic* en el 2006. El entusiasmo se ha enfriado en seguida cuando se le han aplicado también a este manuscrito las ciencias históricas contemporáneas. Desde el punto de vista filológico, el léxico es completamente extraño al contexto judío. Jesús es definido como perteneciente al «reino de Barbel», que es una divinidad femenina egipcia del mito gnóstico. Se habla de «estrellas divinas» que tienen incluso el poder de guiar la vida humana. Se dice que un ángel, *Saklas,* es el creador de los hombres. Para el pueblo hebreo todas estas afirmaciones son ¡blasfemias! Desde el punto de vista paleográfico, además, el *Evangelio de Judas* nos ha llegado sobre un único manuscrito, muy defectuoso, que se remonta al siglo IV, en lengua copta. Se trata por tanto de un escrito muy lejano a los hechos. Finalmente desde el punto de vista filosófico encontramos un trasplante cosmológico mítico, en el que se habla de *arcontes,* de espíritu *autogenerado,* de *eón iluminado,* de *luminarias...* en un laberinto confuso de espíritus y divinidades. Tampoco este texto es de hecho un Evangelio, sino una exposición de la cosmología gnóstica, que toma en préstamo algunas frases de la tradición sinóptica para dar prestigio a la mitología.

Los criterios laicos de autenticidad

Entonces ¿por qué no sólo la Iglesia ha excluído del canon estos evangelios apócrifos, sino que también los historadores laicos consideran como no fiables estas fuentes sobre Jesús?

Para responder, retomamos los criterios de fiablidad de las fuentes históricas:

a) El *criterio de la antigüedad.* Obviamente una fuente más antigua es más fiable. Los Evangelios canónicos han sido escritos a los 30-60 años de los hechos, mientras que para los apócrifos la distancia es superior a los 100, 200 o 300 años.

b) El *criterio lingüístico y cultural.* Es el criterio decisivo, a mi parecer. Hemos visto que los Evangelios canónicos tienen estructuras sintácticas y léxico de origen hebreo o arameo, por tanto, han sido escritos por testigos directos de la predicación aramea del Maestro. Los apócrifos en cambio están escritos además en copto o egipcio, con léxico neoplatónico, extraño al arameo. Hablan de «fases de la luna, emanaciones, reino de Barbel, ángel Saklas...», terminología abstracta y filosófica, extraña al contexto cultural en el que vivía Jesús. La cultura de los apócrifos no tiene nada que compartir con el judaísmo: el cuerpo y la materia son considerados «despreciables», la cosmología es politeísta y panteísta, quedan discriminados todos aquellos que ignoran estas «verdades», la feminidad es incluso despreciada. En resumen estamos ante un mundo cultural *totalmente otro* respecto a los Evangelios canónicos. El hecho de que nos hayan llegado sólo rarísimos manuscritos y por lo demás incompletos y defectuosos, no depende ciertamente de una censura eclesiástica, sino del carácter esotérico y críptico de la gnosis. Se trataba de un círculo restringido de intelectuales cuyo lenguaje era incomprensible a los de fuera, como el lector ha podido fácilmente constatar con los ejemplos antes referidos. Estos filósofos se relacionan probablemente con la tradición sinóptica y con la joanea, conocen, en efecto, algunas citas de los Evangelios canónicos, pero éstas son sólo un pretexto para después introducir las contaminaciones filosóficas y mitológicas gnósticas.

c) El criterio de multiple testificación. Las noticias son más fiables si están referidas por más fuentes indipendientes. Muchos relatos fabulosos y legendarios de los apócrifos se encuentran sólo en algún manuscrito aislado. Los hechos centrales de la vida de Jesús son atestiguados, en cambio por todos los libros del Nuevo Testamento, por los primeros escritores cristianos y también por varios apócrifos.

En conclusión son precisamente los criterios laicos de los historiadores los que excluyen a los apócrifos como fuentes fiables para conocer el Jesús histórico. El Vaticano ¡no tiene nada que ver con su exclusión! Como ha escrito J. P. Meier:

> Nuestras únicas fuentes independientes sobre Jesús histórico se reducen a los cuatro Evangelios, a pocos datos esparcidos en otros sitios del Nuevo Testamento y a Flavio Josefo y Tácito... Pienso que los evangelios apócrifos y los códices de Nag Hammadi no nos ofrecen nuevas informaciones fiables o dichos auténticos, indipendientes del Nuevo Testamento. Lo que encontramos en estos documentos posteriores es más bien la reacción a escritos del Nuevo Testamento...por parte de cristianos fantasiosos... o gnósticos que desarrollaban un sistema místico especulativo[413].

Desgraciadamente, como ya he dicho, en la historia, los falsificadores han existido siempre. Para ellos era difícil no aprovechar una ocasión tan golosa. Podían vender su Filosofía incluso como "Evangelio" escrito por los apóstoles de Jesús: por Tomás, Felipe, Pedro, Santiago..., como anuncio de una fe que se estaba difundiendo por todo el mundo antiguo y que gozaba de un prestigio creciente. Pero no habían contado con la crítica histórica iluminista y científica de nuestros días, que ha desmentido estas pretensiones absurdas de contaminar el mensaje moral cristiano con una falsificación discriminatoria, machista y politeísta.

---

[413] MEIER J.P., o. cit., vol. 1, p. 155.

Capítulo V

La luz del Santo Sepulcro

Un sentido a esta vida

Como conclusión de este estudio, podemos responder de modo más completo a la pregunta inicial. Recordad: « ¿Qué sentido tienen hoy, para nosotros, que vivimos en el dos mil, todos estos estudios sobre el pasado, sobre la Síndone, sobre los Evangelios? ¿No estamos orientados al futuro más que al pasado?».

Esta pregunta no mira sólo a la Síndone y los Evangelios, sino que extiende nuestra mirada sobre un horizonte mucho más vasto y profundo. Es una pregunta sobre el sentido de toda nuestra vida. La pregunta más importante.

Ya hemos entendido todos que las preguntas sobre el placer, sobre el éxito, sobre el poder tienen sólo un valor parcial. No satisfacen plenamente la necesidad de sentido. Las neurosis en masa que hacen sufrir a tantos hombres de hoy, no son debidas a la falta de placer, o de éxito, sino a la falta de significado, al nihilismo de quien no cree en nada. Cuando una persona se siente inútil, le parece que su vida no tiene ningún sentido y cae en la crisis más profunda, la crisis de significado.

Lo dejó muy claro el filósofo y psicoanalista Victor E. Frankl, fundador de la *logoterapia,* hoy difundida en todo el mundo. En su texto *A la búsqueda de un significado de la vida*[414] se opone a la teoría freudiana, explicando que la necesidad del placer sensebile no es la más importante. Es más bien una especificación de otra necesidad, más vasta y más profunda, que afecta no sólo a los sentidos, sino también a la inteligencia y los sentimientos.

Frankl comprendió la profundidad de esta pregunta gracias a su experiencia de supervivencia en tres *lager* nazis[415]. En aquella

---

[414] FRANKL V.E., *Alla ricerca di un significato della vita*, Mursia, Milano 1974. Se vendieron diez milones de copias en los Estados Unidos, donde fue considerado por el *Congress Library* uno de los diez libros más influyentes del siglo XX.

[415] Frankl contó, con palabras conmovedoras, su experiencia en el libro *Ein Psychologe erlebt das Konzentrationslager* (Un psicólogo en los lager), publicado per vez primera en 1947. Vendió al menos nueve millones di copias. Frankl ha sido galardonado con cerca de 30 doctorados honoris causa por

situación extrema, vio que lograban sobrevivir sólo aquellos que encontraban una motivación, una finalidad por la que continuar combatiendo y esperando. También en otras situaciones de extrema dificultad ha encontrado una contraprueba. Algunos sondeos demuestran que la casi totalidad de los toxicodependientes americanos ha iniciado ese recorrido porque pensaba que la vida no tenía sentido. Porcentajes muy altos de alcólicos dicen lo mismo[416].

Desde estas situaciones extremas, comprendemos que no podemos contentarnos con la sola pregunta instintiva, inmediada. Nuestra mirada trasciende la visión inmediata y cotidiana y busca un sentido más completo, capaz de satisfacer nuestra sed de amor, de relaciones humanas, de conocimiento. Esta pregunta se manifiesta de modo dramático en los *lager*, en la toxicodependencia y en el alcoholismo, pero naturalmente emerge en cada uno de nosotros, en la vida de todos los días[417].

Frankl refiere que en sus conferencias en 200 Universidades de todos los continentes encontró miles de jóvenes buscando este significado existencial. Un e-mail representativo de esta búsqueda, enviado por un joven americano, resume todo lo que hemos visto: «He conseguido un buen título de estudios, tengo un coche de lujo, seguridad financiera, disponiblidad de relaciones sexuales... Ahora debo sólo explicarme qué significa todo esto»[418].

A esta pregunta debe responder la conciencia personal. No existe una respuesta universal. Cada uno debe descubrir día tras día, a partir de su situación irrepetibile, una meta por alcanzar. En los laberintos de la existencia, es precisamente la luz del Resucitado la que nos garantiza que nuestra vida tiene siempre, y a pesar de todo, un significado. Nos ha sido revelado que hemos nacido para amar, que debemos luchar contra las discriminaciones, porque cada persona tiene la dignidad de un hijo de Dios. Hay abierto para todos nosotros un horizonte de resurrección que nos hace superar el miedo a la muerte. Nos ha sido desvelado que nuestra vida está en las manos de un Padre misericordioso.

A la luz de dos mil años de cristianismo podemos comprender mejor el significado del rayo de luz que continua brillando desde el Santo sepulcro, del Resucitado. Es una fuente desde la que se ha iniciado la

---

Universidades de todo el mundo, y sus 34 libros ha sido traducidos a más de 20 lenguas, incluídas el chino y el japonés.

[416] FRANKL V.E., *Alla ricerca di un significato della vita*, o. cit., pp. 16-18.

[417] FRANKL V.E., *Alla ricerca di un significato della vita*, o. cit., p. 16. «Entre los miles de estudiantes interpelados, pertenecientes a 48 universidades americanas, el 78 % veía como fin a alcanzar: *encontrar un significato en la propia vida*».

[418] FRANKL V.E., *Alla ricerca di un significato della vita*, o. cit., p. 13.

más grande revolución de la historia. Y nos indica también un camino por recorrer, una dirección, un sentido.

Sólo el amor es creíble

El Evangelio es el texto más revolucionario de la historia, porque nos ha enseñado a amar. Ha transformado radicalmente nuestras ideas sobre el amor, que es el sentimento más importante para todos nosotros. Veamos más de cerca esta revolución ética.

En las culturas antiguas el concepto de amor era asumido muy bien por el *eros* de los griegos. Tenemos de él una esplendida descripción en los textos platónicos y en la poesía griega y latina. El *eros* era concebido como un amor posesivo que quería dominar sobre el otro. Un sentimento sediento de belleza y perfección. Se dirigía siempre hacia lo más perfecto, lo más fuerte, mientras que descartaba lo débil. El *eros* buscaba la propria satisfacción egocéntrica, quedaba circunscrito al placer inmediato (*carpe diem*: aprovecha el momento, porque escapa) y acababa con el final de la vida terrena. Estaba volcado al círculo estrecho de los familiares. Al máximo se extendía a la propia gente, mientras se convertía en odio agresivo hacia los enemigos.

Este concepto griego del amor había sido aceptado también en la cultura romana. Eran emblemáticas las divinidades, en la mitología augusta, que habían dado origen a la cultura de Roma: *Marte y Venus,* el dios de la guerra y la diosa del amor erótico[419]. Las estatuas de esta pareja de dioses eran expuestas en todas la fiestas públicas, durante los juegos, en los anfiteatros, plazas, teatros, construidos en las principales ciudades de todo el mundo entonces conocido[420]. Así toda la población del imperio podía hacer propios los mitos fundadores los mitos fundadores de aquella civilización. El *eros* (*Venus*), como sed posesiva, era siempre discriminante y se convertía en odio (*Marte*) hacia quien obstaculizaba este deseo de dominio. El sacrificio de miles de gladiadores en todo el mundo antiguo era la contraseña dramática de esta concepción ética.

Con el Evangelio entró en la historia un nuevo modo de amar, que ha cambiado totalmente todos los esquemas antiguos, hasta el punto de que en los Evangelios no se usa nunca el término *eros,* para indicar el amor, sino siempre el término *agape* (o *charis* = don gratuito).

No es que el *eros* tuviese que ser borrado. El *eros* era sólo el inicio del amor humano, era el instinto natural, pero debía ser completado

---

[419] Zanker P., *Augusto e il potere delle immagini,* Einaudi, Torino 1989.

[420] Los hallazgos arqueológicos han identificado al menos 170 anfiteatros romanos diseminados en el territorio del Imperio, del cual eran eficaces medios de propaganda (Weber C.W., *Panem et circenses,* Garzanti, Milano 1986, pp. 30-31*).*

y purificado con el amor revelado por el Evangelio, el *agape* cristiano. Un amor donativo, gratuito, que quiere servir al otro, que se inclina hacia los últimos, hacia quien es más débil, para ensalzarlo a la dignidad de hijo de Dios. Un amor que sabe perdonar y amar también a los enemigos y que no se detiene en el presente, sino que se extiende más allá de la muerte. Ésta ha sido la gran revolución moral que ha cambiado al mundo, incluso, aunque no hayamos caído en la cuenta de ello, a través de los manuales de historia, porque no ha habido campos de batalla ni conquistadores y caudillos.

En la historia, a ningún hombre, a ningún filósofo, le pasó nunca por la mente que se pudiera amar como se nos ha revelado en el Evangelio. El amor como *agape* es la irrupción en la historia de una revelación no explicable humanamente, sobrehumana.

Ha habido numerosas revoluciones importantes: la americana, la francesa... pero se trataba de cambios institucionales, políticos, que no transformaban el corazón del hombre. Éste permanecía atormentado por la rabia y por la violencia. La revolución cristiana ha cambiado, en cambio, precisamente el corazón del hombre y ha sido inspiradora de todos los derechos humanos fatigosamente conquistados en los dos milenios posteriores.

Una precisión es indispensable en este momento. *Eros* y *agape* parecen dos formas de amor incompatibles. Parece, en una primera lectura superficial, que el *agape* deba borrar al *eros*. Si así fuera deberíamos renunciar a ser humanos, deberíamos suprimir nuestra naturaleza. En realidad, los primeros oyentes del Evangelio conocían bien las Escrituras. Todos tenían familiaridad con el *Cantar de los Cantares* que quitaba cualquier duda sobre lo positivo del *eros*. Como ha explicado claramente Benedicto XVI[421], el *eros* es la primera manifestación del amor humano, una tendencia natural, que tiene un valor insuprimible. Nosotros hemos nacido todos gracias al *eros,* a la atracción entre los dos sexos. Sobre esta tendencia natural, el Evangelio inyecta una energía de donación, capaz de inclinarse hacia quien es más débil. El amor evangélico no quita lo humano, sino que lo completa y perfecciona[422]. Veamos ahora con más detalle cuánto el *agape* ha cambiado la historia.

¿Cómo ha podido cambiar el mundo?

Ha sido precisamente la luz del Resucitado, con su revelación sobre el amor, la que ha cambiado el mundo, gradualmente, a lo largo

---

[421] BENEDETTO XVI, Lettera enciclica *Deus caritas est*, Libreria Editrice Vaticana, Città del Vaticano 2006.

[422] *"Gratia perficit naturam, non tollit"* (SAN TOMMASO D'AQUINO, *Summa Theologiae I*, 1, 8, ad 2): *"La gracia divina* (el agape, en este caso) *no suprime la naturaleza* (eros), *sino que la lleva a la perfección".*

de los siglos. Reflexionemos: el Resucitado aparece a los discípulos, y no busca ninguna venganza, ningún triunfalismo, no es un caudillo militar o político, sino que confía a esta pequeñísima comunidad la misión de difundir este nuevo modo de amar. Parecía una misión imposible.

El hombre moderno no tiene idea de cómo el *agape* ha cambiado el mundo. Un rápido recorrido sobre las relaciones humanas más importantes nos puede ayudar. Obviamente la siguiente visión de conjunto no pretende esconder las incoherencias de la historia. Debemos siempre distinguir la luz extraordinaria del Resucitado, del Evangelio, de los escándalos de los cristianos a lo largo de los siglos.

Observemos, para comenzar, la condición de la *mujer* antes del Evangelio: estaba infravalorada y con frecuencia humillada por un machismo envilecedor. Esta condición de sufrimiento de las mujeres estaba difundida por todas las culturas antiguas. El amor entendido como *eros* posesivo hacía en efecto muy difícil una relación igualitaria de reciprocidad afectiva. Sólo con la revelación del amor cristiano, la mujer conquista su plenitud y su valor de igualdad respecto del hombre. La figura de María, Madre de Dios, ha sido de generación en generación el punto de referencia para la dignidad de la mujer, aunque la emancipación femenina ha sido un camino lento, y no todavía plenamente realizado. El *eros* llevaba irresistiblemente al dominio y a la instrumentalización; pero si el amor auténtico es servir al otro, no tiene ya sentido el machismo.

Prosigamos nuestro recorrido. En las culturas antiguas, el *niño* no era respetado en su dignidad, sino que era considerado como inferior, porque no siendo todavía adulto, se le podía manipular y también abandonar o suprimir cuando no respondía a los cánones de integridad física. Con frecuencia se les imponía la profesión y el matrimonio. El Evangelio nos ha enseñado en cambio que la educación de los niños es el sentido de la vida de los adultos y es la medida del valor de una cultura. El amor cristiano como atención hacia los más pequeños y los más débiles ha dado un vuelco a las prioridades. Naturalmente en la historia ha habido y hay todavía muchas injusticias hacia la infancia, pero éstas, tras el mensaje evangélico, no pueden ya tener ninguna legitimidad.

Millones de *esclavos*, en todas las culturas antiguas, eran explotados de manera inhumana. En la época de Octavio Augusto, en Italia los esclavos eran aproximadamente dos millones sobre una población de cinco o seis millonesi[423]. Una situación análoga, si no peor,

---

[423] Hopkins K., *Conquistatori e schiavi, sociologia dell'Impero romano*, Boringhieri, Torino 1984, p. 113.

caracterizaba todas las sociedades antiguas, cuya estructura económica estaba siempre fundada sobre la esclavitud. Con el Evangelio se inició, para cada forma de esclavitud, un camino de emancipación, que desgraciadamente ha tenido recaídas y fallos, pero en general representa una meta para la humanidad entera. El Evangelio ha hecho sentirse en culpa a todos los esclavistas, porque ha revelado que cada hombre es digno de ser amado y respetado en sus derechos.

Antes del Evangelio el *enfermo* crónico era con frecuencia abandonado a su enfermedad. El *deficientemente hábil* podía ser suprimido. Durante las epidemias, en la antigüedad, la gente abandonaba a los enfermos, por miedo al contagio. Y los mismos médicos con frecuencia escapaban. Ha sido sólo con el cristianismo cuando se han construido los primeros hospitales porque el Evangelio nos ha enseñado que en la persona sufriente hay otro Cristo, digno de ayuda y de curación física y espiritual. La certeza de que el enfermo es un hijo de Dios, tiene abierto un nuevo horizonte ultraterreno, impedido al *eros*. Según algunos historiadores precisamente este cuidado de los enfermos favoreció una mayor resistencia de los cristianos a las trágicas epidemias que golpearon todo el imperio romano en el 165 y en el 250, segando hasta el 30 por ciento de la población[424]. Sólo con los Evangelios hemos entendido que, como ha escrito el Papa Francisco, «el individuo, cuanto más frágiles y vulnerables son sus condiciones de vida, tanto más es digno de ser reconocido por el valor que tiene. Y debe ser ayudado, amado, defendido y promovido en su dignidad»[425].

Concluyamos nuestro carrusel con el análisis de la *autoridad* en el mundo antiguo. Los poderosos dominaban y explotaban a los subditos, que eran instrumentalizados. La explotación de millones de esclavos y de soldados era una señal evidente. El Evangelio nos ha revelado, en cambio, que la autoridad es un servicio hacia los ciudadanos. Su misión no es la construcción de los imperios, sino una ayuda sobre todo hacia los últimos, hacia los más necesitados. Como hizo el Maestro que al final de su vida terrena, como símbolo de esta nueva concepción, quiso lavarles los pies a sus discípulos. Cuando la humanidad ha olvidado o despreciado esta enseñanza... han estallado un sinfín de guerras, con millones de muertos. Cuando la humanidad ha practicado precisamente este modelo de autoridad como servicio de amor hacia los más débiles, se ha producido una mejor distribución de las riquezas, ha aumentado la clase media, los pobres han disminuido y se ha reafirmado la colaboración pacífica entre los pueblos.

---

[424] STARK R., *Ascesa e affermazione del cristianesimo*, Lindau, Torino 2007, pp. 109–130.

[425] BERGOGLIO J.M. – PAPA FRANCESCO, *E' l'amore che apre gli occhi*, Rizzoli, Milano 2014, p. 198.

Naturalmente esta panorámica merecería otra profundización y desarrollo, pero los trazos delineados me parecen suficientes para extraer las conclusiones de nuestro viaje de búsqueda. Tras las indicaciones bibliográficas, los autores proponen una conclusión escrita a cuatro manos, que pretende resumir el mensaje para el hombre de hoy.

INDICACIONES BIBLIOGRÁFICAS

Elenco de los principales textos utilizables por el lector para profundizar.

- Agnoli Francesco, *Indagine sul Cristianesimo, come si costruisce una civiltà,* Piemme, Milano 2010.
- Aland Kurt, Aland Barbara, *Il testo del Nuovo Testamento,* Marietti, Genova 1987.
- Balthasar (Von) Hans Urs, *Solo l'amore è credibile,* Borla, Roma 1991.
- Bardy Gustave, *La conversione al cristianesimo nei primi secoli,* Jaca Book, 1981.
- Bergoglio Jorge Mario - Papa Francesco, *E' l'amore che apre gli occhi,* Rizzoli, Milano 2014.
- Boyarin Daniel, *Il Vangelo ebraico. Le vere origini del cristianesimo,* Castelvecchi, Roma 2012.
- Brambilla Franco Giulio, *Il crocifisso risorto. Risurrezione di Gesù e fede dei discepoli,* Queriniana, Brescia 1998.
- Carmignac Jean, *La naissance des Evangiles Synoptiques,* OEIL, Paris (France) 1984.
- Castellucci Erio, *Davvero il Signore è risorto. Indagine teologico-fondamentale sulla risurrezione di Gesù,* Cittadella, Assisi 2005
- Ceruti-Cendrier Marie-Christine, *I Vangeli sono dei reportages*, Mimep-Docete, Pessano con Bornago (MI) 2008
- Davis Stephen, Kendall Daniel, O'Collins Gerald (Ed.), *La risurrezione. Un simposio interdisciplinare sulla risurrezione di Gesù,* Libreria Editrice Vaticana, Città del Vaticano 2002.
- Dhanis Edouard (Ed.), *Resurrexit,* Actes du Symposium International sur la Résurrection de Jésus, (Rome 1970), Libreria Editrice Vaticana, Città del Vaticano 1974.
- Dunn James, *Gli albori del cristianesimo, voll 1/3,* Paideia, Brescia 2006.
- Dunn James, *Dal Vangelo ai Vangeli. Storia di una continuità ininterrotta,* Ed. San Paolo, Torino 2012.
- Ehrman Bart, *I Cristianesimi perduti. Apocrifi, sette ed eretici nella battaglia per le sacre scritture,* Carocci, Roma 2005.

- Frankl Victor Emil, *Alla ricerca di un significato della vita*, Mursia, Milano 1974.
- Frankl Victor Emil, *Uno psicologo nei lager*, Ares, Milano 2012.
- Gerhardsson Birger, *Memory & Manuscript, Oral Tradition and Written Transmission in Rabbinic Judaism and Early Christianity*, William B. Eerdmans Publishing Company, Grand Rapids, (Michigan) 1998.
- Flüsser David, *Jesus*, Morcelliana, Brescia 1997.
- Girard René, *Il capro espiatorio*, Adelphi, Milano 1987.
- Grelot Pierre, *L'origine dei Vangeli. Controversia con J. Carmignac*, Libreria Editrice Vaticana, Città del Vaticano 1989.
- Hopkins Keith, *Conquistatori e schiavi. Sociologia dell'impero romano*, Boringhieri, Torino 1984.
- Jeremias Joachim, *Teologia del Nuovo Testamento. Vol. 1: La predicazione di Gesù*, Paideia, Brescia 1976.
- Jeremias Joachim, *Abba*, Supplemento al Grande Lessico del Nuovo Testamento, Paideia, Brescia 1966.
- Jeremias Joachim, *Le parabole di Gesù*, Paideia, Brescia 1973.
- Jeremias Joachim, *Le parole dell'ultima cena*, Paideia, Brescia 1973.
- Jeremias Joachim, *Gesù e il suo annuncio*, Paideia, Brescia 1993.
- Kasper Walter, *Gesù il Cristo*, Queriniana, Brescia 2013[12].
- Kasper Walter, *Misericordia. Concetto fondamentale del Vangelo. Chiave della vita cristiana*, Queriniana, Brescia 2013.
- Kasser Rodolphe, Meyer Marvin, Wurst Gregor (Ed.), *Il Vangelo di Giuda*, National Geographic, White Star, Vercelli 2006.
- Kessler Hans, *La risurrezione di Gesù Cristo. Uno studio biblico, teologico-fondamentale e sistematico*, Queriniana, Brescia 1999.
- Küng Hans, *Essere Cristiani*, Mondadori, Milano 1976.
- Küng Hans, *Tornare a Gesù*, Rizzoli, Milano 2013.
- Lambiasi Francesco, *L'autenticità storica dei vangeli. Studio di criteriologia*, EDB, Bologna 1986.
- Latourelle René, *Miracoli di Gesù e teologia del miracolo*, Cittadella, Assisi 1987.
- Maggioni Bruno, Prato Ezio, *Il Dio capovolto. La novità cristiana. Percorso di teologia fondamentale*, Cittadella, Assisi 2014.
- Martini Carlo Maria, *Qualcosa in cui credere. Ritrovare la fiducia e superare l'angoscia del tempo presente*, Piemme, Milano 2010.
- Meier John Paul, *Un ebreo marginale. Ripensare il Gesù storico*, voll. 1/4, Queriniana, Brescia 2002/2009.
- Metzger Bruce M., *Il testo del Nuovo Testamento. Trasmissione, corruzione e restituzione*, Paideia, Brescia 1996.

- Metzger Bruce M., *Il canone del Nuovo Testamento. Origine, sviluppo e significato*, Paideia, Brescia 1997.
- Moraldi Luigi (Ed.), *Testi gnostici*, UTET, Torino, 1992.
- Moraldi Luigi (Ed.), *I Vangeli gnostici. Vangeli di Tomaso, Maria, Verità, Filippo*, Adelphi, Milano 1994.
- Moraldi Luigi (Ed.), *Tutti gli apocrifi del Nuovo Testamento. Vangeli*, Piemme, 2005⁵.
- Nestle Eberhard, Aland Kurt (Ed.), *Novum Testamentum Graece*, Deutsche Bibelgesellschaft, Stuttgart 2012, 28ª edizione.
- O'Collins Gerard, *Gesù risorto. Un'indagine biblica, storica e teologica sulla risurrezione di Cristo*, Queriniana, Brescia 2000².
- Ratzinger Josef - Benedetto XVI, *Deus caritas est*, Libreria Editrice Vaticana, Città del Vaticano, 2006.
- Ratzinger Josef - Benedetto XVI, *Caritas in veritate*, Libreria Editrice Vaticana, Città del Vaticano, 2009.
- Ratzinger Josef - Benedetto XVI, *Gesù di Nazaret, Parte I*, Rizzoli, Milano 2007. *Parte II*, Libreria Editrice Vaticana, Città del Vaticano 2011.
- Schulz Hans, *L'origine apostolica dei vangeli*, Gribaudi, Milano 1996.
- Schürer Emil, *Storia del popolo giudaico al tempo di Gesù Cristo*, voll. 1-2, Paideia, Brescia 1987.
- Theissen Gerd, Merz Annette, *Il Gesù storico. Un manuale*, Queriniana, Brescia 2007.
- Thiede Carsten Peter, D'Ancona Matteo, *Testimone oculare di Gesù*, Piemme, Casale Monferrato 1996.
- Scheler Max, *Il risentimento nell'edificazione delle morali*, Vita e Pensiero, Milano 1975.
- Schlier Heinrich, *Sulla risurrezione di Gesù Cristo*, Morcelliana, Brescia 2005.
- Segalla Giuseppe, *La ricerca del Gesù storico*, Queriniana, Brescia 2010.
- Stark Rodney, *Ascesa e affermazione del cristianesimo. Come un movimento oscuro e marginale è diventato in pochi secoli la religione dominante dell'Occidente*, Lindau, Torino 2007.
- Weber Carl, *Panem et circenses. La politica dei divertimenti di massa nell'antica Roma*, Garzanti, Milano 1986.
- Zanker Paul, *Augusto e il potere delle immagini*, Einaudi, Torino 1989.

CONCLUSIONES

Hemos llegado así a la conclusión de nuestro viaje: de la Síndone de Turín al núcleo germinal del Evangelio, la resurrección, que cierra el círculo, llevándonos al relámpago de luz de la Sagrada Tela.

Los relatos evangélicos, que durante los siglos han commovido al pueblo cristiano, hoy, gracias a las ciencias y a la tecnología, reciben una inesperada confirmación y nos llenan de una conmoción todavía más intensa. Los Evangelios habían sido más bien lacónicos y esenciales. Con pocos verbos habían resumido un drama desconcertante: «fue flagelado... entretegieron una corona de espinas... lo crucificaron... vio y creyó». Nosotros hoy, gracias a la Síndone, podemos casi tocar con la mano qué significaron realmente estas escasas palabras. Notad que los textos de la historia antigua para ningún otro personaje nos han transmitido una coincidencia de todos estos sufrimientos concentrados en un solo individuo.

Hemos visto que las características de la imagen sindónica nos orientan hacia la luz de la resurrección, la "madre de todos los milagros". No tenemos una explicación alternativa satisfactoria.

¿Cómo hizo el cuerpo torturado del crucificado para desaparecer de aquella tela, sin dejar trazas de desplazamientos, sin roturas o rastros? Una hipotética extracción manual habría inevitablemente producido estas alteraciones en el tejido y en la imagen.

¿Por qué el proceso de fibrinólisis de la sangre resulta interrumpido tras 36–40 horas?

¿Cómo se ha formado la imagen sindónica, tridimensional, derivada de una misteriosa deshidratación y oxidación de solo las fibrillas superficiales del tejido? La hipótesis científica más plausible es la de una radiación instantánea, con rayos ultravioleta potentísimos. Las ciencias históricas, tales como la papirología, la filología, la concatenación causal de los hechos, concuerdan con las ciencias físicas y bioquímicas, tales como la anatomía, la botánica, y las leyes de la transmisión de la luz.

Desde la radiación material, hemos pasado entonces al estudio de la radiación espiritual que desde el Resucitado se ha extendido a los primeros discípulos y después a todo el mundo. Hemos visto que los Evangelios han traído la más grande revolución ética de la historia. El camino de la humanidad fue marcado. Nos fue revelado un criterio de juicio sobre el bien y el mal con el que todos podemos estar de acuerdo. Sobre este criterio se basa el progresivo reconocimiento de los derechos humanos, independientemente de las distinciones de sexo, edad, etnia, fe o credo político. Aunque este reconocimiento está bien lejos de estar plenamente conseguido, el Evangelio nos ha indicado de todas formas la meta a alcanzar. Por eso un filósofo laico como Benedetto Croce ha dicho que «no podemos no decirnos cristianos».

Es además esta revolución ética la que testimonia la irrupción de lo sobrenatural en la historia. Todos nosotros debemos reflexionar en el hecho de que ningún hombre llegó a concebirla.

Quizás sea ésta precisamente la primera señal del origen divino de los Evangelios. Como escribió el gran teólogo, Hans Urs Von Balthasar, esta revelación de Dios que desciende de lo alto y se pone al servicio del hombre, con un amor nuevo y gratuito, dispuesto a perdonar y a amar a los enemigos, es el gran milagro que hace creíbles los Evangelios: sólo el amor es creíble.

Es importante la Síndone, son importantes los manuscritos, los arameísmos y la concatenación de los hechos, pero más importante todavía es la credibilidad del amor misericordioso. El estudio con método histórico-crítico de los Evangelios, extraordinariamente confirmados por la Sagrada Síndone, nos ha ayudado a comprender mejor la credibilidad del amor.

Los Autores

Fig. 1 – Jean Gaspard Baldoino, Sepultura del cuerpo de Jesus envuelto en la Síndone, siglo XVII, Capilla de la Sagrada Síndone, Niza (Francia).

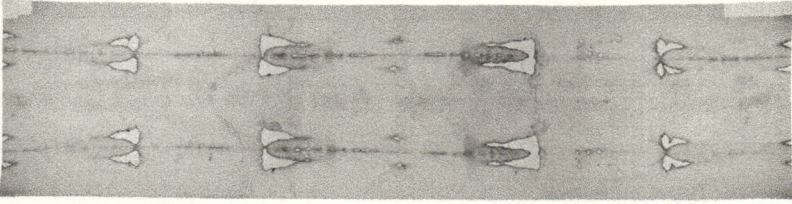

Fig. 2 – La Síndone (del griego Sindon, sábana) es un lino de color amarillento, realizado en época muy antigua. Su medidas son de 442 por 113 cm
(Archidiócesis de Turín, 2002).

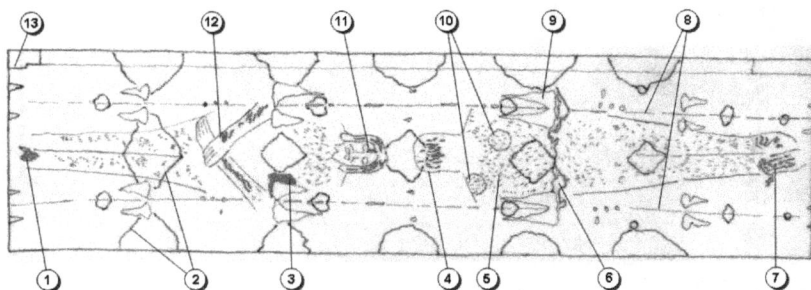

Fig. 3 – Lectura de la Síndone (Maurizio Paolicchi): 1. Herida de clavo en el pie derecho. 2. Halos causados por agua. 3. Herida de lanza en el costado. 4. Heridas de espinas en la cabeza. 5. Golpes de flagelo. 6. Colada de sangre en la zona lumbar. 7. Herida de clavo en el pie derecho. 8. Líneas carboniza-das producidas por el incendio de 1532. 9. Agujeros triangulares producidos por el incendio de 1532. 10. Escoriaciones en los hombros debidas al transporte del *patibulum*. 11. Heridas de espinas en la frente. 12 Heridas de clavo en la muñeca izquierda. 13 Zona de extracción para la datación radiocarbó-nica.

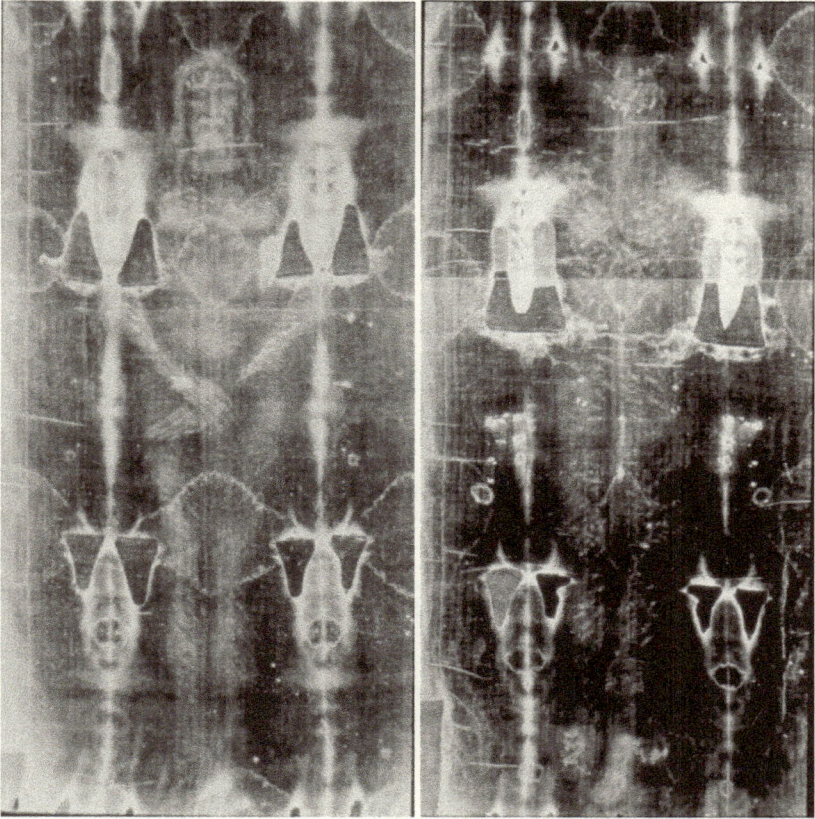

Fig. 4 – Síndone, negativo fotográfico frontal y dorsal (Vernon Miller, 1978).

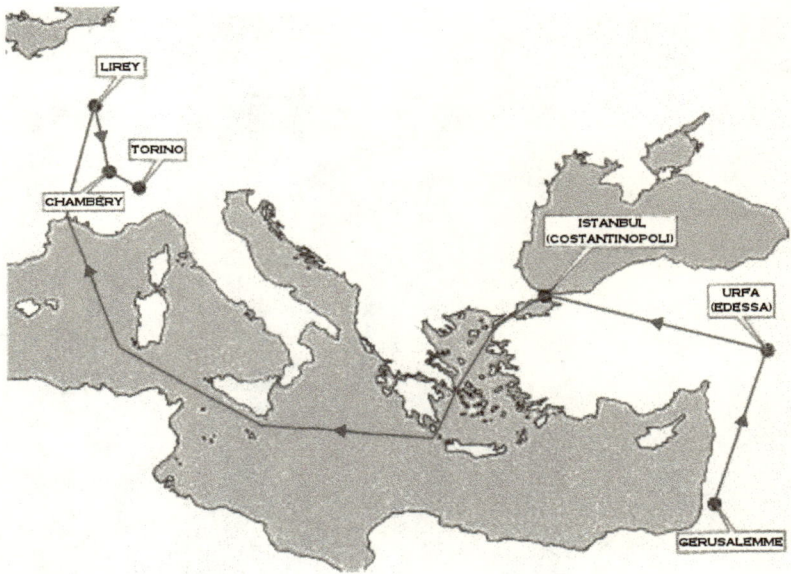

Fig. 5 – El viaje de la Síndone desde Jerusalén hasta Turín (Maurizio Pao-licchi).

Fig. 6 – La teca que guarda la Síndone en la Catedral de Turín (Aldo Gue-rreschi).

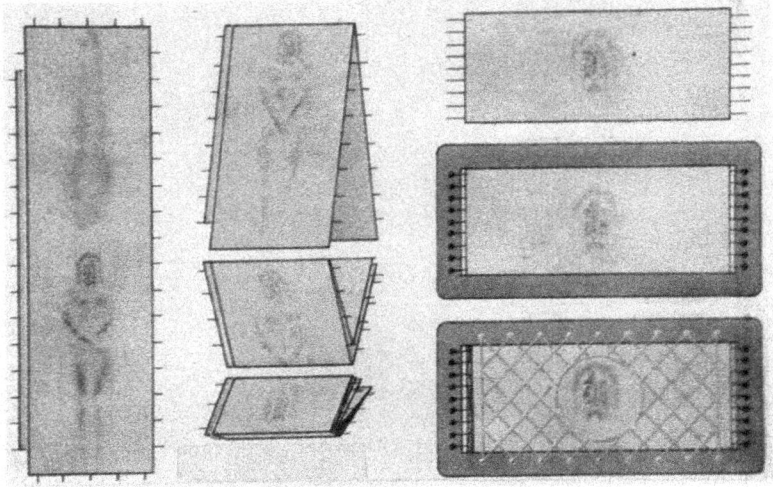

Fig. 7. Muy probablemente el Mandylion era la Síndone plegada (Ian Wilson).

Fig. 8 – Tadeo, el Rey Abgar y santos, Iconos del siglo X, Monasterio de Sta. Catalina del Monte Sinaí (Ian Wilson).

Fig. 9 – Códice Pray, Fol 27v, 1192-1195 (Biblioteca Nacional Széchenyi, Budapest, Hungría).

Fig. 10 – Comparación entre el rostro de la Síndone (izquierda), el rostro de Templecombe, Inglaterra, siglo XIII-XIV (centro) y el Santo Rostro de la Catedral de Jaén, España, siglo XIV (derecha) (Ian Wilson.

Fig. 11 – *La imago pietatis* de la Basílica de los SS. Cuatro Coronados, Roma, siglo XIV (Heinrich Pfeiffer).

Fig. 12 – El crucifijo sindónico (Giulio Ricci).

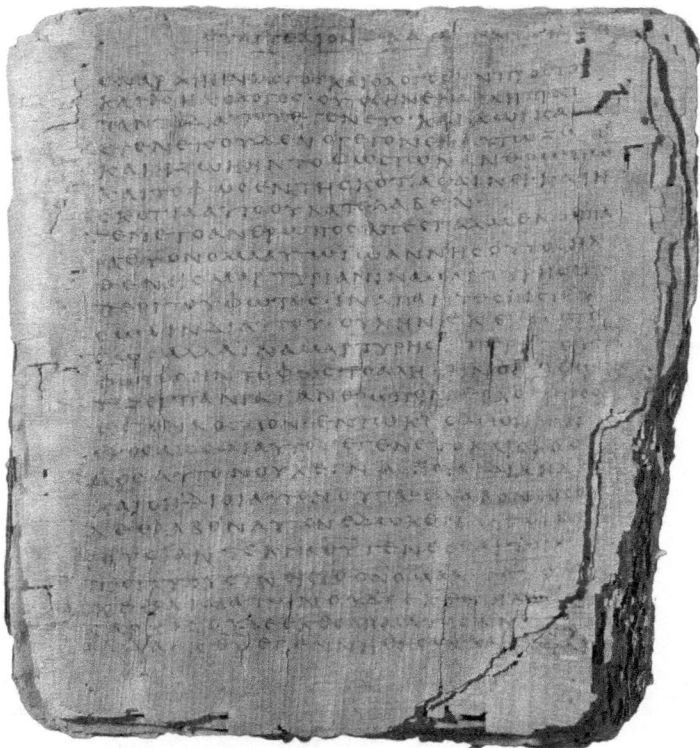

Fig. 13 – Papiro Bodmer II (P 66) - Conservado en la *Biblioteca Bodme-*
riana de Cologny (Ginebra), fue publicado en 1956 y suscitó gran sensación
entre los estudiosos, porque fue datado por el prof. Herbert Hunger de Viena
no más allá de la mitad del siglo II. Contiene buena parte del Evangelio de
Juan en 104 páginas. Este manuscrito concuerda perfectamente con los manuscritos mayores del siglo IV (*Códice Vaticano, Sinaítico, Alejandrino...*).
Demuestra así una fidelidad rigurosa en la transcripción de los amanuenses.
¡No hay ningún rastro de manipulaciones, interpolaciones o añadidos! Gracias a manuscritos antiquísimos como éste estamos seguros de que hoy leemos el mismo texto escrito por los evangelistas.

Fig. 14 – Papiro Rylands (P52) conservado en la *J. Rylands Library* de Manchester, es quizás el más antiguo manuscrito de los Evangelios. Se remonta al 125 aprox., según la datación del prof. Colin H. Roberts, después confirmada por filólogos posteriores. Contiene Jn 18, 31-33. Tiene las dimensiones de una tarjeta de crédito. Es un fragmento de un manuscrito de "bolsillo" encontrado junto a un soldado en Egipto. El evangelio de Juan debe, por tanto, remontarse al menos al 90/100, porque para llegar desde Éfeso – donde fue escrito el original - a Egipto debió transcurrir, más o menos, una generación. El papiro contiene 114 letras griegas, concordantes perfectamente con todos los manuscritos posteriores.

Fig. 15 – Papiro 7Q5 – Es un fragmento conservado en la *Rockefeller Library* de Jerusalén y descubierto en la gruta séptima de Qumran. Contiene sólo 11 letras alfabéticas completas y otras 8 parciales, dispuestas en 5 líneas. En base al estudio de José O'Callaghan, confirmado por comparaciones con ordenador con todas las combinaciones posibles en la literatura griega, resulta compatible sólo con Mc 6, 52-53. Este papiro, como todos los manuscritos de Qumran, no puede ser posterior al 68 después de Cristo, año en el que la comunidad esenia selló los textos en las grutas, antes de ser masacrada por la legión romana *Fretensis*. El descifrado propuesto por O'Callaghan ha sido contestado por otros estudiosos que, sin embargo, no conocían todavía la prueba informática, o la negaban.

Fig. 16 – *El copista Eadwine*, MS R.17.1, Canterbury, c. 1150-60, *Trinity College*, Cambridge, Reino Unido. Los amanuenses desarrollaban un paciente trabajo de copia con notable fatiga. A estos miles de anónimos "obreros" del Evangelio les debemos una inmensa gratitud.